예수, 하나님 아들

JOHN

| 김영길 지음 |

쿰란출판사

머리말

목회자의 가장 큰 사역은 설교이다. 담임목사라면 1년에 최소한 100회에서 많게는 400회 가까이 강단에 서야 한다. 나도 어림잡아 35년 동안 1만 번 정도 설교한 것 같다. 설교의 본문은 늘 단편적이다. 그래서 은퇴 후에 성경을 가슴으로 읽어보기로 했다. 성경 각권을 개괄적으로 읽어보고 싶었다.

은퇴한 지 2년째다. 그동안 가슴으로 성경을 읽다가 발견한 보화들이 한두 가지가 아니다. 가슴으로 창세기를 읽었고, 마태복음을 읽었고, 출애굽기와 민수기를 읽었다. 이번에는 네 번째로 요한의 복음서를 읽었다. 읽다가 사도 요한을 만났다. 그의 음성을 가까이에서 들었다. 정말로 대단한 분이었다. 성품이 뚜렷하고, 목적이 분명하며, 가장 중요한 것이 무엇인지 우선순위를 구별할 줄 아는, 그래서 누구보다도 더 훌륭한 목자의 심성을 지닌 분이었다.

얼마 전에 스페인의 바르셀로나를 방문했다. 어떤 분이 거기에 가거든 꼭 구엘 가우디의 건축물들을 보고 오라고 했다. 부끄럽게도 그곳에 가기 전까지는 '구엘'은 이름이고 '가우디'가 성(姓)인 줄 알고 있었다. 그런데 그것이 아니었다. 구엘 가우디는 두 사람의 이름이었다. 안토니 가우디(Antonio Gaudi, 1852-1926)는 천재 건축가였고, 유세비 구엘(Eusebi Guell, 1849-1918)은 가우디로 하여금 위대한 건축을 하도록 도와주었던 재정 후원자였다. 바르셀로나에 머무는 사흘 내내 나는 가우디의 건축물들만 돌아보았다. 작품마다 특이하고 경이로웠다.

가우디의 작품 중에 '까사 밀라'가 있다. '그 돌'(The Stone)이라는 의미의 '라 페드레라'(La Pedrera, 1906-1910)로 더 잘 알려진 건물이다. 그 건물을 둘러보는 동안 한국어로 녹음된 안내 헤드셋을 사용했다. 첫 부분에 나오는 말이 내 발걸음을 멈추게 했다.

> "가우디는 이렇게 말했습니다. 아무 것도 창조하려고 하지 마십시오. 그 대신 하나님께서 창조하신 세계에서 무엇인가를 읽어내려고 하십시오."

아닌 게 아니라 가우디의 모든 작품들은 자연세계에서 얻은 아이디어들로 가득 채워져 있었다. 식물들, 곤충들, 바다 속의 해초들, 물고기를 포함한 짐승들, 모든 작품 중에 그가 창조해 낸 것은 하나도 없었다. 감탄이 저절로 나왔다. 그런데 가우디의 말이 주었던 충격의 파장은 뜻밖에 다른 방향으로 퍼져 나가고 있었다.

바르셀로나를 여행하면서 나는 끊임없이 '가슴으로 읽는 성경, 요한복음'을 생각하고 있었다. 요한복음은 모든 그리스도인들에게서 가장 사랑받는 책인데, 어떻게 하면 더 멋있게 풀어낼 수 있을까, 어떻게 하면 새로운 내용으로 채울 수 있을까, 생각할수록 가슴이 짓눌려 왔다. 내 능력의 한계 때문이었다. 마음뿐만 아니라 근육까지 경직되는 느낌이었다. 가우디의 말이 내 정수리를 치고 지나간 때가 바로 그 무렵이었다.

"창조하려고 하지 마십시오. 다만 창조된 세계를 읽어내십시오."

그날 나는 무엇인가 새로운 작품을 만들어내야 한다는 강박관념으로부터 자유 할 수 있었다. 가슴에 평안이 밀려왔다. 호텔로 돌아와서 조용히 요한복음을 펼쳐 읽기 시작했다.

"태초에 말씀이 계시니라. 이 말씀이 하나님과 함께 계셨으니 이 말씀은 곧 하나님이시니라. 그가 태초에 하나님과 함께 계셨고 만물이 그로 말미암아 지은 바 되었으니 지은 것이 하나도 그가 없이는 된 것이 없느니라. 그 안에 생명이 있었으니 이 생명은 사람들의 빛이라. 빛이 어둠에 비치되 어둠이 깨닫지 못하더라"(요 1:1-5).

갑자기 은혜의 대양(大洋)으로 걸어 들어가는 느낌이 들었다. 마음속에 있던 무거운 짐이 사라졌다. 은퇴 후 '가슴으로 읽는 성경'을 저술하기 시작했을 때부터 그렇게 하기로 작정하지 않았던가? 가슴의 귀를 열어 성경에서 들려오는 하나님의 음성을 들어보기로 하지 않았던가? 내가 하나님의 말씀에 무엇을 더할 수 있을까? 언감생심, 감히 무슨 색을 덧입힐 수 있다는 말인가? 어떻게 감히 요한복음에 무엇인가 더하려는 주제넘은 생각을 했을까?

나는 그날 오후 깊은 사색에 잠겼다. 교만했던 마음을 뉘우치며 주의 자비하심을 간구했다. 그리고 광활한 축복의 말씀 속으로 믿음의 첫발을 내딛으면서 표현할 수 없는 흥분감에 사로잡혔다.

나는 마음으로 단단히 결심했다.

'사도 요한과 함께 손잡고 걸어가리라.'

이 책의 출판을 위해 수고하신 쿰란출판사의 이형규 장로님과 여러 직원들에게 진심으로 감사합니다. 그리고 뒤에서 기도하며 도와주신 TMF의 임원들과 회원들에게 감사의 마음을 전합니다.

차례

머리말 _ 02

서론 사도 요한의 가슴 속으로 _ 009

제1장 예수님은 누구신가?

요한복음 1:1–18 _ 023

제2장 표적과 믿음

요한복음 1:19–12:50 _ 047

이야기 하나 / 재키 플린저(Jackie Pullinger) _ 119

이야기 둘 / "예수님은 누구신가?" _ 202

제3장 제자들에게 주신 교훈과 대제사장의 기도

요한복음 13–17장 _ 233

이야기 셋 / 희망을 실은 트럭 _ 264

이야기 넷 / 스트레스 극복하기 _ 279

제4장 수난과 부활

요한복음 18-20장 _ 297

제5장 "네가 나를 더 사랑하느냐?"

요한복음 21장 _ 317

이야기 다섯 / "나는 공산주의자요" _ 328

가슴으로
읽는
성경 4 JOHN

서론

사도 요한의 가슴 속으로

요한은 예수님의 열두 제자 가운데 제일 오래 살았다. 이레니우스(Irenaeus)는 주후 177년에 이런 글을 남겼다.

"우리 주님의 제자였던 요한, 그 자신이 예수님의 가슴에 기대었던 요한이 그가 살던 소아시아의 에베소에서 복음서를 발간했다."

이레니우스는 폴리캅(Polycarp)의 제자였고, 폴리캅은 요한의 제자였다.

훗날 주후 230년에 클레멘트(Clement)는 이렇게 기록하고 있다.

"마지막으로, 요한은 다른 복음서에 육체적인 사건들이(bodily facts) 분명하게 기록되어 있다는 것을 알고 나서, 그의 친구들의 간곡한 권유를 따라, 영적인 복음서(spiritual gospel)를 만들었다."

이런 광경을 상상해 보자. 요한의 나이가 지긋해졌을 무렵, 제자들과 친구들이 그에게 말했다.

"요한 사도여, 교회에 여러 가지 이단들이 생겨나고, 예수 그

> 리스도에 대하여 올바로 이해하지 못하고 있습니다. 이미 기록된 복음서에는 예수님이 육체로 계실 때의 이야기들을 자세히 들려주고 있습니다. 이제는 예수님께서 오셔서 이루신 영적인 사역에 대한 복음서가 필요합니다. 부디 사도께서 우리 주 예수님께로부터 듣고 보았던 일들을 잘 정리하여 남겨 주시기 바랍니다."

마침 요한도 그런 생각을 하고 있었으리라. 이제 세상을 떠날 시간이 다가오고 있었다. 세월이 지나면서 예수님의 말씀 중에 새롭게 이해가 된 내용들도 많았다. 예수님께서도 이런 말씀을 하셨다.

> "내가 아직도 너희에게 이를 것이 많으나 지금은 너희가 감당하지 못하리라. 그러나 진리의 성령이 오시면 그가 너희를 모든 진리 가운데로 인도하시리니 그가 스스로 말하지 않고 오직 듣는 것을 말하며 장래 일을 너희에게 알리시리라"(요 16:12-13).

요한이 예수님의 말씀을 처음 들었을 때에는 많은 부분을 이해할 수가 없었다. "세상에서는 너희가 환난을 당하나 담대하라 내가 세상을 이기었노라" 같은 말씀도, "내가 너희를 고아와 같이 버려두지 아니하고 다시 너희에게 오리라"는 말씀도 그 당시에는 이해할 수 없었다. 그런데 세월이 지나면서 진리의 성령님께서 그 말씀들을 깨닫게 해주셨다. 그래서 요한은 예수님께서 하신 말씀뿐만 아니라 그 뜻도 함께 기록했다. 그것이 바로 요한복음에 많은 해설들이 첨가된 이유다.

요한복음은 사도 요한이 주후 85-95년 사이에 기록한 복음서다. 대부분의 학자들은 여기에 동의한다. 이미 마태, 마가, 누가의 복음서들이 교회에 존재하고 있었다. 그런데 왜 또 하나의 복음서가 필요했을까? 요한복음은 다른 복음서들과 다른 점이 많다. 중복된 이야기들은 과감하게 생략하고, 빠져 있던 이야기들은 적절한 자리에 채워 넣었다. 세 복음서들이라면 간단히 넘어갔을 법한 내용들을 요한은 길게 서술하고 있다.

요한은 우선 예수님의 탄생 이야기를 생략한다. 세례와 시험 받으신 이야기도 언급하지 않는다. 최후의 만찬이나 겟세마네 동산 이야기, 그리고 승천하신 이야기도 없다. 귀신을 쫓아내신 이야기도 없고 다른 복음서들에 나오는 비유도 없다. 요한은 다른 복음서들에 기록되어 있는 기적 이야기들을 대부분 생략한다. 그가 기록한 7개의 표적 중에서 다른 복음서와 중복되는 이야기는 단 2개뿐이다. 가나의 혼인잔치에서 물로 포도주를 만든 이야기, 가버나움에서 신하의 종을 고쳐주신 이야기, 예루살렘 성에 있는 솔로몬 전각에서 38년 된 병자를 고쳐주신 이야기, 나면서부터 앞을 보지 못하는 사람을 고쳐주신 이야기, 그리고 베다니에서 죽은 나사로를 살리신 이야기는 오직 요한복음에만 있다.

왜 요한은 다른 복음서들과 구별되는 글을 썼을까? 단순한 '구별됨'이 그의 집필 목적이었을까? 아니다. 그는 분명한 목적을 가지고 복음서를 썼다. 예수님께서 승천하시고 반세기가 지나가는 시점에, 왜 그토록 혹독한 핍박을 당하면서도 예수님을 믿어야 하는지, 앞으로 두고두고 교회가 지켜야 할 핵심 가치가 무엇인지, 자기 생전에 기록해 두어야 할 필요가 있었다.

요한은 그의 복음서 말미에 그의 집필 목적을 이렇게 기록하고 있다.

"예수께서 제자들 앞에서 이 책에 기록되지 아니한 다른 표적도 많이 행하셨으나 오직 이것을 기록함은 너희로 예수께서 하나님의 아들 그리스도이심을 믿게 하려 함이요 또 너희로 믿고 그 이름을 힘입어 생명을 얻게 하려 함이니라"(요 20:30-31).

요한의 집필 목적은 두 가지였다. 하나는 그의 복음서를 읽는 사람들로 하여금 '예수님께서 하나님의 아들 그리스도이심을 믿게 하려 함'이요, 다른 하나는 그들로 하여금 '믿고 그 이름을 힘입어 생명을 얻게 하려 함'이었다. 이 목적들은 둘이 아니고 하나다. 간단히 요약하면 '예수님을 믿고 영생을 얻게 하기 위함'이었다. 그 목적이 너무나 분명했기 때문에 다른 복음서에 기록된 이야기들은 생략했다. 그리고 '믿음'과 '영생'에 관한 사건들과 말씀들을 구슬 꿰듯이 연결했다. 요한의 가슴에는 '예수 믿고 영생을 얻어야 한다'는 심장 고동 소리가 요동치고 있었다.

요한은 '믿음'이라는 단어를 즐겨 사용했다. 자그마치 요한복음에 98회나 등장한다. 구절로 치면 84절이다. 놀라운 일이다. 우리가 흔히 '믿음의 책'으로 알고 있는 로마서에서도 믿음이라는 단어가 나오는 구절은 52절에 불과하다. 요한복음에서 '믿음'은 헬라어로 '피스튜오'(πιστεύω)라는 동사이다. 단 2회만 '피스토스'(πιστός)라는 형용사로 사용되었고, '피스티스'(πίστις)라는 명사로는 한 번도 사용된 적이 없다. 요한은 이 단어를 주로 현재 또는 분사형으로 사용함으로써 믿음의 역동성과 진행성을 강조하고 있다. 예수님의 하신 일을 보거나 들으면서 지금 그를 하나님의 아들로 믿으라는 말이다. 요한복음은 언제나 '믿을 것인가, 믿지 않을 것인가?'에 대한 결단을 요구한다. 그래서 예수님의 표적 이야기 다음에는 '믿는 자, 믿지 않는 자, 그리고 무관심한 자'로 반응이 확연하게 나누어진다. 요한은 예수님의 말씀을 듣는 사람들에게 '결단하는 믿음'을 요구하기 위해 그의 복음서를 기록했다.

요한복음에 나오는 '믿음'은 98회 중에 5회를 제외하고는 모두 예수님에 관한 내용이다. 대표적인 몇 구절을 들면 다음과 같다.

> "영접하는 자 곧 그 이름을 믿는 자들에게는 하나님의 자녀가 되는 권세를 주셨으니"(요 1:12).

> "예수께서 이 첫 표적을 갈릴리 가나에서 행하여 그의 영광을 나타내시매 제자들이 그를 믿으니라"(요 2:11).

> "하나님이 세상을 이처럼 사랑하사 독생자를 주셨으니 이는 그를 믿는 자마다 멸망하지 않고 영생을 얻게 하려 하심이라"(요 3:16).

믿음의 대상은 예수 그리스도이시다. 예수님이 하나님의 아들이시며 온 세계 만민을 구원하실 메시아이심을 믿어야 한다. '메시아'라는 단어는 신약성경 전체에서 요한복음에만 두 차례 나온다(요 1:41, 4:25). '하나님의 아들 예수 그리스도', 다른 말로 하면 '이 세상을 구원하기 위해 기름부음을 받고 오신 하나님의 아들 예수'라는 뜻이다.

그래서일까? 요한복음에는 유달리 '아버지'라는 단어가 자주 등장한다. 전체 스물한 장 중, 열일곱 장에서 '아버지'라는 단어가 골고루 나온다. 절수로 치면 117절이고 횟수로 치면 160여 차례다. 그중에 151회가 예수님께서 하나님을 아버지로 부르시는 경우다. 그렇게 함으로써 요한은 예수님이 우리를 구원하기 위해 세상에 오신 하나님의 아들이심을 강조하고 있다. 나머지 9회 중에서도 네 번은 '예수님의 아버지 하나님'이라는 뜻으로 요한 자신이 사용했다. 마태복음과 비교해 보면 그 차이가 더욱 뚜렷하다. 마태복음에는 '아버지'가 나오는 구절이 57절이다. 그중에 하나님 아버지에 대한 묘사는 단지 38회에 불과하다. 요한복음이 마태복음보다 네 곱절이나 더 많다.

다시 한 번 사도 요한의 저술 목적을 읽어보자.

> "예수께서 제자들 앞에서 이 책에 기록되지 아니한 다른 표적도 많이 행하셨으나 오직 이것을 기록함은 너희로 예수께서 하나님의 아들 그리스도이심을 믿게 하려 함이요 또 너희로 믿고 그 이름을 힘입어 생명을 얻게 하려 함이니라"(요 20:30-31).

이제 '생명'(조에, ζωή)에 대하여 살펴보자. 사복음서를 비교해 보면 특별한 차이점이 나타난다. '영생' 혹은 '생명'이라는 단어가 마태복음에는 7절, 마가복음과 누가복음에는 각각 5절씩 나온다. 그러나 요한복음에는 32절에 기록되어 있다('생명'이라는 단어로 16회, '영생'

이라는 단어로 19회 나온다). 특히 생명과 영생의 쓰임새가 확연히 구별된다. 하나님과 예수님에 관계되는 구절에서는 한 구절을 제외하고 모두 '생명'으로 표기되었다. 그러나 (구원받을) 사람과 관련해서는 모두 '영생'으로 쓰여 있다. 왜 그랬을까? 사람의 생명은 이 세상에 사는 동안 누리는 육체적 생명과 예수님을 믿고 영원한 나라에 이르도록 누리는 영원한 생명이 서로 다르다. 그래서 '영(원한) 생(명)'이라고 표기했다. 그러나 하나님의 생명은 달리 구별할 필요가 없다. 그분의 생명은 영원 전부터 참 생명이시니까.

지금까지의 내용을 요약해 보자. 요한은 예수님께서 행하신 많은 표적들 중에서 7가지(만일 요한복음 21장에 기록된 153마리의 고기를 잡은 이야기까지 포함하면 8가지)를 선별했다. 요한이 표적들을 선별한 목적은 무엇일까. 독자들로 하여금 예수님이 하나님의 아들 그리스도이심을 믿게 하고 또 그 이름을 힘입어 생명을 얻게 하려는 것이었다. 그래서 요한복음에는 '믿음', '아버지', 그리고 '영생'이라는 단어가 다른 세 복음서들보다 훨씬 더 많이 나온다. 그는 모든 사람들이 예수님을 믿고 영원한 생명을 얻어 하나님의 자녀들이 되기를 열망하며 그의 복음서를 저술했다.

나는 요한에게 두 가지의 질문을 하고 싶다. 하나는 '인간적으로 예수님을 가장 가까이에서 모셨던 그가 어떻게 예수님을 하나님의 아들로 믿게 되었을까?' 하는 질문이다. 다른 하나는 '사마리아 사람들에게 벼락이 내리기를 원했던 그가 어떻게 (이방인들을 포함하여) 모든 사람들이 예수님을 믿고 영생을 얻기를 원했을까?' 하는 질문이다.

첫 번째 질문의 대답을 듣기 원한다면 먼저 요한과 예수님의 관계를 알아보아야 한다. 기독교는 전통적으로 요한을 예수님의 사촌으로 이해한다. 내가 두 번째로 저술한 《제자 되기》(마태복음)에 기술하였던 내용을 여기에 옮겨본다.

성경학자들은 세베대의 아내가 예수님의 어머니와 자매지간이었을 것이라고 추측한다. 근거는 이렇다. 예수님의 십자가 곁에서 그의 죽으심을 끝까지 지켜보고 있던 세 여인들이 있었다. 마태, 마가, 요한복음은 그 이름들을 조금씩 다르게 기록하고 있다.

> "예수를 섬기며 갈릴리에서부터 따라온 많은 여자가 거기 있어 멀리서 바라보고 있으니 그 중에는 막달라 마리아와 또 야고보와 요셉의 어머니 마리아와 또 세베대의 아들들의 어머니도 있더라"(마 27:55-56).

> "멀리서 바라보는 여자들도 있었는데 그 중에 막달라 마리아와 또 작은 야고보와 요세의 어머니 마리아와 또 살로메가 있었으니"(막 15:40).

> "예수의 십자가 곁에는 그 어머니와 이모와 글로바의 아내 마리아와 막달라 마리아가 섰는지라"(요 19:25).

막달라 마리아는 세 군데 모두 나온다. '야고보와 요셉의 어머니 마리아'는 '글로바의 아내 마리아'일 것이다. 세 번째 여인은 '세베대의 아들들의 어머니'(마태복음), '살로메'(마가복음), '그의 이모'(요한복음)로 각각 다르게 묘사되고 있다. 그렇다면 세베대의 아내는 곧 '예수님의 이모'라는 추측이 가능하게 된다. 더구나 '예수님의 이모'라는 칭호가 요한복음에만 나온다. 요한이 '우리 어머니가 바로 예수님의 이모'라고 기록한 것이나 다름없다.

한 번은 예수님께서 그의 고향 나사렛의 회당에서 말씀을 가르치셨다. 고향 사람들은 "이 사람의 이 지혜와 이런 능력이 어디서 났느냐?" 하고 놀라면서 예수님을 배척했다. 예수님은 "선지자가 자기 고향과 자기 친척과 자기 집 외에서는 존경을 받지 못함이 없느니라"(막 6:4) 하고 말씀하시면서 나사렛을 떠나셨다.

다른 사람들은 다 믿어도 고향 사람들과 가족과 친척들은 예수님을 믿기가 어려웠다. 평소에 가까이 지내던 인간적인 관점에서 벗어날 수 없었기 때문이다. 그런데 사촌이었던 요한은 예수님을 하나님의 아들로 믿는 자들이 영생을 얻게 된다고 증언했다. 누구보다도 자신이 그렇게 믿었다. 어떻게 이런 믿음이 요한에게 가능했을까? 그는 예수님의 말씀으로 우리의 질문에 대답한다.

> "육으로 난 것은 육이요 영으로 난 것은 영이니 내가 네게 거듭나야 하겠다 하는 말을 놀랍게 여기지 말라. 바람이 임의로 불매 네가 그 소리는 들어도 어디서 와서 어디로 가는지 알지 못하나니 성령으로 난 사람도 다 그러하니라"(요 3:6-8).

그렇다. '성령으로 난 사람'이 아니면 아무도 예수님을 하나님의 아들로 믿을 수가 없다. 성령님께서 도우시니 예수님의 친동생 야고보도 '영광의 주 곧 우리 주 예수 그리스도에 대한 믿음'(약 2:1)을 갖게 되었다. 육신으로만 알고 있던 예수님을 향하여 '살아계신 하나님의 아들 그리스도'라고 고백하는 일은 천지가 개벽할 만한 일이다. 놀라운 반전이다. 죽었던 나무에서 새로운 가지가 나오는 현상이다. 이런 믿음은 사람의 지혜와 능력으로 얻을 수 없다. 오직 성령님의 도우심으로만 가능하다. 그리스도인들의 믿음은 하나님께서 주시는 온전한 선물이요 은혜다. 요한도 하나님의 은혜로 이런 진리를 깨달았다. 그리고 그가 깨달은 진리와 은혜를 우리에게 전해 주고 있다.

둘째 질문은 '요한이 이방인들을 향해 품었던 깊은 혐오감을 어떻게 버리게 되었는가?'이다. 한 번은 예수님과 제자들이 사마리아를 지나 예루살렘으로 가는 지름길을 택하셨다. 일반적으로 갈릴리의 유대인들은 불필요한 충돌을 피하기 위해 요단 강변으로 내려가는 길을 택했다. 아니나 다를까, 사마리아 사람들이 예수님의 가시는 길을 방해하고 나섰다. 그때 요한과 야고보가 화를 참지 못하며 이렇게 말했다.

> "주여 우리가 불을 명하여 하늘로부터 내려 저들을 멸하라 하기를 원하시나이까?"(눅 9:54)

대단히 과격한 말이다. 예수님께서 그들을 꾸짖으시고 다른 마을로 가셨다. 그런데 훗날 요한이 이방인들의 도시 에베소에 머물며 그들에게 복음을 전했다. 어떻게 이런 변화가 가능했을까? 이 질문에 대한 대답도 마찬가지다. 성령의 도우심으로 요한은 그의 불같은 성격, 특히 이방인들에 대한 극심한 편견에서 벗어날 수 있었다. 성령님만이 우리를 편견으로부터 자유하게 도우신다.

요한은 다른 제자들보다 훨씬 더 오래 살았다. 성경학자들은 대체로 요한이 주후 85-95년 사이에 그의 복음서를 기록했다는 데 의견을 같이한다. 네로 황제를 비롯하여 많은 로마의 왕들이 박해했지만 교회는 날이 갈수록 더 왕성하게 퍼져 나갔다. 유대인들보다 훨씬 더 많은 헬라인들이 교회로 들어왔다. 사람들이 많아지면 진리의 핵심이 모호해질 수 있다. 각기 다른 해석과 주장을 내놓기 때문이다. 예수님께서 죽으시고 부활 승천하신 지 반세기가 지나갈 무렵, 교회 안에 그런 현상들이 나타나기 시작했다. 사도 요한은 교회로 들어오는 구도자들에게 기독교의 진리를 분명하게 가르쳐야 할 필요를 느꼈다.

기독교가 시작할 무렵 가장 큰 위협은 헬라의 이원론(二元論)이었다. 헬라인들은 '물질은 악하고 영은 선하다'는 통념을 가지고 있었다. 헬라인들은 이 사상 때문에 기독교를 거부했다. 하나님이 물질세계를 창조하셨다는 기독교의 진리를 받아들일 수가 없었다. 하나님의 아들이 사람이 되어 세상에 오셨다는 진리도 불편했다. 영이 물질(육체)이 되었다는 말이었기 때문이다. 그래서 어떤 유대인 지성(知性)들이 절충안을 만들어냈다. 하나님께서 저급한 영적 존재를 통하여 이 세상을 창조했다고 타협했다. 결과적으로 천지를 창조하신 구약의 하나님은 저급(低級)한 신이 되고 말았다. 이런 사조(思潮)가 교회에도 들어왔다. 어떤 이들은 '예수님이 사람의 몸을 가진 것처럼 보이지만 사실은 영적인 존재'라고 주장하기도 했다. 그렇다면 예수님께서 육체로 당하신 십자가의 고난은 실제가 아닌 허상에 불과하게 된다.

진리는 변질되지 않는다. 진리는 타협할 수 없다. 진리는 더할 수도 없고 덜할 수도 없다. 그래서 진리는 영원하다. 요한은 기독교의 진리를 지키기 위하여 복음서를 기록하기로 했다. 실제로 요한복음에는 '진리'(알레떼이아, ἀλήθεια)라는 단어가 다른 세 복음서에 비해 훨씬 더 많이 나온다. '진리'는 마태복음에 2회, 마가복음에 4회, 누가복음에 3회 나오는데 대부분이 부정적 의미로 사용된다. 그러나 요한복음에는 무려 24회나 나온다. 그것도 거의 대부분 긍정적인 의미로 사용되었다. 요한은 그의 복음서를 통하여 하나님의 진리를 분명하게 선포하고 굳게 붙들었다.

요한복음에는 예수님의 말씀이 다른 복음서들보다 더 많이 기록되어 있다. 표적 다음에는 거의 대부분 예수님의 긴 설명의 말씀이 나온다. 요한이 예수님의 그 많은 말씀들을 과연 문자적으로 기억하고 있었을까? 우리는 다음 성경구절에서 그 단서를 발견할 수 있다.

> "내가 아직 너희와 함께 있어서 이 말을 너희에게 하였거니와 보혜사 곧 아버지께서 내 이름으로 보내실 성령 그가 너희에게 모든 것을 가르치고 내가 너희에게 말한 모든 것을 생각나게 하리라"(요 14:25-26).

성령님께서 예수님의 말씀을 생각나게 하셨을 뿐만 아니라 그 말씀의 의미까지 깨달을 수 있도록 요한을 도와주셨다. 그런 의미에서 요한복음은 다른 성경책들과 마찬가지로 '성령의 감동'으로 기록된 책이다.

요한복음의 줄거리는 크게 다섯으로 나누어진다.

1. 서술(1:1-18) - 사도 요한은 이토록 짧은 구절에서 그가 쓰려고 하는 복음서의 신학적 방향을 간단명료하게 서술하고 있다.
2. 일곱 가지 표적들(1:19-12:50) - 예수님께서 행하신 일곱 표적들 안에 자신을 세상에 드러내고 믿게 하시는 내용이 담겨있다.
3. 제자들에게 주시는 말씀들과 대제사장의 기도(13-17장)
4. 수난과 부활(18-20장)
5. 끝맺는 이야기, "네가 나를 더 사랑하느냐?"(21장)

이제 요한의 증언을 육성(肉聲)으로 들어보기로 하자.

제1장

예수님은 누구신가?

(요한복음 1:1-18)

"태초에 말씀이 계시니라"

// 요한복음 1:1-2 //

복음서마다 시작하는 방식이 다르다. 마가복음은 세례 요한의 설교로 시작하고, 마태복음은 예수님의 족보로 시작하며, 누가복음은 데오빌로에 대한 헌사(獻辭)와 세례 요한의 출생으로 시작한다. 그러나 요한복음은 '예수님은 누구이신가?'라는 질문과 대답으로 시작한다.

> "태초에 말씀이 계시니라. 이 말씀이 하나님과 함께 계셨으니 이 말씀은 곧 하나님이시니라. 그가 태초에 하나님과 함께 계셨고"(요 1:1-2).

여기에서 '말씀'은 예수 그리스도를 가리킨다. 우리는 이 구절을 다음과 같이 읽을 수 있다.

> "태초에 예수 그리스도가 계시니라. 예수 그리스도가 하나님과 함께 계셨으니 이 예수 그리스도는 곧 하나님이시니라. 예수 그리스도가 태초에 하나님과 함께 계셨고."

'예수'는 세상에 태어나실 때에 붙여진 이름이다. '그리스도'는 이스라엘 백성들이 기다리던 메시아, 곧 하나님께서 이스라엘을 구원하시기 위해 보내시겠다고 약속하신 '기름부음 받은 자'라는 칭호이다. 예수 그리스도는 태초부터 하나님의 아들에게 붙여진 이름이 아니다. 아마도 세상에 오시기 전에는 단순히 '성자(聖子) 하나님'으로 불리셨을 것이다.

요한은 첫 구절에서 예수님에 관한 중요한 세 가지 진리를 선포한다. 첫째로, 예수님의 영원성이다. 구약의 창세기는 "태초에 하나님이 천지를 창조하시니라"는 구절로 시작하고, 신약의 요한복음은 "태초에 말씀이 계시니라"로 시작한다. '천지'는 창조된 시점이 있지만 '말씀'은 천지가 창조되기 전에 이미 존재하고 계셨다. 히브리서 기자는 아브라함에게 떡과 포도주를 주었던 멜기세덱을 성자 하나님의 표상으로 여겼다.

> "이 멜기세덱은 살렘 왕이요 지극히 높으신 하나님의 제사장이라. 여러 왕을 쳐서 죽이고 돌아오는 아브라함을 만나 복을 빈 자라. 아브라함이 모든 것의 십분의 일을 그에게 나누어 주니라. 그 이름을 해석하면 먼저는 의의 왕이요 그 다음은 살렘 왕이니 곧 평강의 왕이요, 아버지도 없고 어머니도 없고 족보도 없고 시작한 날도 없고 생명의 끝도 없어 하나님의 아들과 닮아서 항상 제사장으로 있느니라"(히 7:1-3).

히브리서 기자는 멜기세덱을 하나님의 아들과 닮았다고 했다. 이유는 그에게 아버지도 없고 어머니도 없고 족보도 없고 시작한 날도 없고 생명의 끝도 없기 때문이다. 아버지와 어머니가 없다는 말은 그가 피조물이 아니시라는 말이다. 시작한 날도 없고 생명의 끝도 없다는 말은 그의 영원성을 말한다. 그래서 멜기세덱은 하나님의 아들과 닮았다. 다른 말로 하면 하나님의 아들은 영원하신 분이다.

요한이 선포한 두 번째 진리는 예수 그리스도의 인격성이다. 그는 홀로 계신 분이 아니다. 하나님과 함께 인격적인 교제를 하고 계셨다. 그와 하나님은 절대로 분리될 수가 없었다. 그래서 예수님은 "나와 아버지는 하나이니라"(요 10:30)고 담대하게 선언하셨다.

세 번째 진리는 예수 그리스도의 신성이다. 요한은 "이 말씀은 곧 하나님이시니라"고 단언했다. 요한복음 10장에서 예수님이 "나와 아버지는 하나이니라"고 말씀하실 때에 유대인들이 예수님을 돌로 치려고 달려들었다. 이유를 묻는 예수님에게 그들은 "네가 사람이 되어 자칭 하나님이라 함이니라"고 대답했다. 요한은 이 사건을 통하여 다시 한 번 예수 그리스도가 하나님이심을 증언했다. 하나님과 함께 계신 그분이 곧 하나님이시라는 말씀은 무슨 뜻인가? 아버지 하나님과 아들 하나님의 구별을 의미한다. 다른 말로 하면, 아버지도 아들도 모두 하나님이시라는 말씀이다. 여기에 성령 하나님을 더해서 우리는 '삼위일체 하나님'이라고 부른다.

요한복음은 이 세 가지 진리의 터전 위에 세워진 좋은 소식이다.

'말씀'에 대하여 좀 더 생각해 보자. '말씀'은 헬라어로 로고스(λόγος)이다. 헬라인들에게 있어서 로고스는 단순한 말(word)이 아니고 최고의 생각(mind)이었다. 그들은 로고스를 '우주만물을 다스리는 신의 생각'이라고 이해했다. 그래서 요한이 "태초에 말씀(로고스)이 계시니라"고 할 때에 헬라인들은 최고의 신을 연상했다.

한편, 유대인들은 "태초에 말씀이 계시니라"고 할 때 하나님을 연상했다. 유대인들에게 있어서 '말'은 곧 인격을 의미했고, 하나님의 말씀은 하나님 자신의 임재하심을 의미했다. 하나님의 말씀을 거역하는 자는 곧 하나님 자신을 거절하는 자였다. 하나님은 그의 말씀을 보내셔서 그의 일을 이루게 하셨다. 하나님의 입에서 나가는 말씀에 절대능력이 있었다.

> "이에 그들이 그들의 고통 때문에 여호와께 부르짖으매 그가 그들의 고통에서 그들을 구원하시되, 그가 그의 말씀을 보내어 그들을 고치시고 위험한 지경에서 건지시는도다"(시 107:19-20).

> "내 입에서 나가는 말도 이와 같이 헛되이 내게로 되돌아오지 아니하고 나의 기뻐하는 뜻을 이루며 내가 보낸 일에 형통함이니라"(사 55:11).

그러므로 요한이 "태초에 말씀이 계시니라"고 할 때, 이 글을 읽는 헬라인이나 유대인이나 자연스럽게 그 말씀을 이해할 수 있었다. 물론 그들의 이해가 완전한 것은 아니었다. 그래서 요한은 그의 복음서를 통하여 헬라인이나 유대인들이 가지고 있던 잘못된 생각들을 바르게 고쳐주는 작업을 했다.

천지를 창조하신 분

// 요한복음 1:3 //

"만물이 그로 말미암아 지은 바 되었으니 지은 것이 하나도 그가 없이는 된 것이 없느니라"(요 1:3).

이 한마디로 사도 요한은 교회에 스며들어오는 '영지주의'(靈智主義)라는 이단을 물리쳤다. 영지주의는 자기들만이 '특별한 영적 지식'을 가지고 있는데, 그 지식에 의하면 물질세계를 지은 구약의 하나님은 악하고 신약의 예수님은 선하다는 주장이었다. 영지주의자들은 헬라의 이원론적 사상으로 성경을 이해하려고 했다. 그러나 요한은 세상을 지으신 분이 바로 예수님, 곧 성자 하나님이었다고 단언했다. 하나님의 아들이 모든 것을 지으셨다. 성경은 하나님이 천지를 지으시고 보시기에 좋았더라고 하였다.

이 구절에서 우리는 몇 가지 진리를 읽어낼 수 있다. 먼저 하나님의 아들이 창조의 모든 영역에 관여하셨다. 어느 한 부분만 지으신 것이 아니다. 요한은 "지은 것이 하나도 그가 없이는 된 것이 없느니라"는 절대부정을 통하여 절대긍정을 강조했다. 성자 하나님은 성부 하나님과 하나이시다. 성부, 성자, 성령 삼위일체 하나님은 천지를 창조하는 일에 있어서 언제나 함께하셨다.

바울은 만물을 지으신 예수님에 대하여 이렇게 말했다.

"그는 보이지 아니하는 하나님의 형상이시요 모든 피조물보다 먼저 나신 이시니, 만물이 그에게서 창조되되 하늘과 땅에서 보이는 것들과 보이지 않는 것들과 혹은 왕권들이나 주권들이나 통치자들이나 권세들이나 만물이 다 그로 말미암고 그를 위하여 창조되었고, 또한 그가 만물보다 먼저 계시고 만물이 그 안에 함께 섰느니라"(골 1:15-17).

하나님께서 창조하신 세계는 동식물과 우주 천체뿐만 아니라 세상의 모든 나라와 권세도 포함된다. 이런 세계를 하나님의 아들이 직접 창조하셨다. 그가 없이는 아무것도 존재할 수 없다. 바울도 성부 하나님과 성자 하나님께서 함께 창조사역을 하셨다고 기록하고 있다.

"그러나 우리에게는 한 하나님 곧 아버지가 계시니 만물이 그에게서 났고 우리도 그를 위하여 있고 또한 한 주 예수 그리스도께서 계시니 만물이 그로 말미암고 우리도 그로 말미암아 있느니라"(고전 8:6).

생명과 빛과 어두움

// 요한복음 1:4-5 //

"그 안에 생명이 있었으니 이 생명은 사람들의 빛이라. 빛이 어둠에 비치되 어둠이 깨닫지 못하더라."

세상에 오신 하나님의 아들 예수 그리스도 안에 생명이 있다. 그리고 이 생명은 사람들의 빛이다. 왜 만물의 빛이라 하지 않고 '사람들의 빛'이라고 했을까? 사람만이 하나님의 형상과 모양대로 지음을 받았기 때문이다. 전류가 흐른다고 해서 모든 물체가 빛을 내는 것은 아니다. 오직 전구(電球)만 빛을 낸다.

그런데 사람들이 그 빛을 깨닫지 못했다. 어둠 속에 묻혀 있기 때문이다. 사람이 범죄하고 하나님을 떠나자 빛은 사라지고 어둠이 내려앉았다. 어둠 속에 있는 사람들은 빛을 받을 수가 없다. 전선이 끊어지면 전구는 빛을 낼 수 없다. 누군가 전선을 연결해 주어야 한다. 예수님은 단지 빛을 전하기 위해 오시지 않았다. 빛을 다시 비추게 하기 위해 오셨다. 생명의 근원이 되시는 하나님께 우리를 연결시켜 주시기 위해 오셨다. 십자가 위에서 그의 생명을 내어놓으심으로 이 일이 가능하게 되었다.

요한복음에서 '생명'이라는 단어의 사용법이 특이하다. 하나님과 예수님에게 사용될 때에는 단순한 '생명'으로 기록된다. 그러나 사람과 연결될 때에는 대부분 '영생'으로 표기된다. 예수님 안에 있는 생명은 그 자체가 영원한 생명이다. 그러나 사람에게는 육체의 생명과 구별되어야 했다. 그래서 '영원한 생명'이라는 표현을 사용했다. 예수님을 믿는 모든 사람들에게 하나님께서 그의 생명을 주신다. 그 생명이 우리에게 주어지면 영원한 생명이 된다.

예수님의 제자들은 세상의 빛이 되었다. 예수님의 생명이 그들에게 연결되었을 때 세상 사람들은 그들에게서 빛을 볼 수 있었다. 그것은 자연적인 빛이 아니었다. 그들의 변화된 삶을 통하여 나타나는 특별한 빛이었다. 예수님은 제자들에게 빛이 되라고 하지 않으셨다. 빛을 비추라고 하셨다. 이미 빛이 되었기 때문이다. 그들 속에 있는 영원한 생명이 빛을 발하고 있었다.

빛에 대하여 증언한 세례 요한

// 요한복음 1:6-8 //

누가복음에는 세례 요한의 출생에 대한 이야기가 나온다. 마태복음에는 세례 요한의 사역들이 비교적 자세하게 기록되어 있다. 마가복음에는 "회개하라"는 세례 요한의 선포가 맨 처음에 나온다. 그런데 요한복음에 나오는 세례 요한의 이야기에서는 한 가지 주장만 계속된다. 다름 아니고 세례 요한은 '빛이 아니고 빛을 증거하러 온 자'라는 주장이다. 세례 요한 자신도 그렇게 말했다. 왜 '세례 요한은 빛이 아니다'는 주장이 요한복음에서 그렇게 큰 비중을 차지하고 있을까?

사도행전 18장 24절 이하를 보면 아볼로라는 사람이 나온다. 그는 알렉산드리아에서 태어난 유대인으로서 '언변이 좋고 성경에 능통한 자'였다. 그는 일찍이 에베소에서 기독교를 받아들였고 예수에 관한 내용을 다른 사람들에게 자세히 가르치고 있었다. 그러나 그가 아는 것은 요한의 세례뿐이었다. "요한의 세례만 알 따름이라"는 말은 요한의 세례를 가장 중요하게 생각했다는 말이다. 그러자 바울에게서 복음을 온전하게 배운 브리스길라와 아굴라 부부가 그를 데려다가 하나님의 도를 더 정확하게 풀어 주었다. 그 후에 아볼로는 고린도 교회로 보냄을 받았다.

사도행전 19장 1절 이하를 보면 바울이 에베소를 방문한 이야기가 나온다. 에베소에도 예수님을 믿는 제자들이 있다는 말을 듣고 바울이 그들을 만나보았다. 그리고 "너희가 믿을 때에 성령을 받았느냐?" 하고 물었다. 그들이 대답했다. "아니라. 우리는 성령이 계심도 듣지 못하였노라." 바울이 다시 물었다. "그러면 너희가 무슨 세례를 받았느냐?" 그들이 대답했다. "요한의 세례니라." 이 구절들을 통하여 우리는 요한이 왜 그렇게 '세례 요한은 빛이 아니고 빛에 대한 증인'이라고 강조했는지 이해할 수 있다. 그 당시에 예수님보다 요한을 더 높이고 존중히 여기는 유대인들이 있었다. 잘못하면 복음이 변질될 수도 있었다. 요한은 이 점을 가볍게 생각하지 않았다. 이런 배경을 이해하면서 다음 구절들을 읽어보자.

> "하나님께로부터 보내심을 받은 사람이 있으니 그의 이름은 요한이라. 그가 증언하러 왔으니 곧 빛에 대하여 증언하고 모든 사람이 자기로 말미암아 믿게 하려 함이라. 그는 이 빛이 아니요 이 빛에 대하여 증언하러 온 자라"(요 1:6-8).

하나님의 자녀가 되는 권세

// 요한복음 1:9-13 //

예수님께서 생명을 주시기 위해 세상에 오셨지만 사람들은 그를 거절했다.

“참 빛 곧 세상에 와서 각 사람에게 비추는 빛이 있었나니, 그가 세상에 계셨으며 세상은 그로 말미암아 지은 바 되었으되 세상이 그를 알지 못하였고, 자기 땅에 오매 자기 백성이 영접하지 아니하였으나 영접하는 자 곧 그 이름을 믿는 자들에게는 하나님의 자녀가 되는 권세를 주셨으니, 이는 혈통으로나 육정으로나 사람의 뜻으로 나지 아니하고 오직 하나님께로부터 난 자들이니라.”

예수님께서 참 빛으로 세상에 오셨다. 참 빛으로 오신 예수님을 영접하려면 자신이 그동안 어둠 가운데 있었음을 고백해야 한다. 자신의 불완전함과 모자람을 시인해야 한다. 예수님 앞에 서는 자마다 그를 영접할 것인지 거절할 것인지 결정해야 한다.

예수님을 영접한다는 말은 예수님을 알게 된다는 말이다. ‘안다’(기노스코, γινώσκω)라는 말은 경험을 통해서 안다는 말이다. 배워서 아는 지식이 아니다. 세상을 지으신 성자 하나님께서 오셨지만 세상은 그분을 영접하지 않았다. 영접하지 않으니 그분을 경험으로 알 수가 없었다.

‘영접’(람바노, λαμβάνω)은 ‘주어진 것을 받는다’는 뜻이다. 하나님께서 세상을 사랑하사 그의 아들을 보내셨다. 영접하는 자는 예수님이 하나님의 아들이심을 믿음으로 받아들인다. 그들은 예수님을 따르며 그의 말씀을 듣고 순종한다. 점차 예수님을 경험으로 알게 된다. 그리하여 마침내 예수님을 구주로 영접하는 믿음을 고백하게 된다.

믿음을 고백하면 하나님의 자녀가 되는 특별한 권세가 주어진다. 여기에서 ‘하나님의 자녀가 되는’ 행위는 헬라어 문법으로 중간태다. 능동태와 수동태 사이에 있는 중간태(中間態)는 '다른 누군가의 행동에 내가 적극적으로 참여한다'는 의미다. 하나님께서 시작하신 행동에 믿음으로 참여하는 성도들의 행위를 가리킬 때 중간태가 사용된다. '하나님의 자녀 됨'은 우리의 행위가 아니다. 하나님의 행위다. 하나님께서 자녀 삼으시는 행위에 우리가 믿음으로 동참할 뿐이다.

말씀을 정돈해 보자. 성자 하나님께서 '예수'라는 이름으로 우리를 찾아오셨다. 우리는 예수님의 말씀을 듣고 그의 행하신 일들을 보면서 그가 우리를 구원하기 위해 오신 하나님의 아들이심을 믿는다. 이 믿음이 곧 그를 영접하는 행위이다. 그 순간 하나님께서 우리를 그의 자녀로 삼아주신다. 우리는 하나님의 자녀가 되는 특권을 믿음으로 받아들인다. 이것이 바로 구원의 과정이다.

구원은 혈통이나 육정으로나 사람의 뜻으로 이루어지지 않는다. 이 세상에 자동적으로 구원받을 수 있도록 태어난 사람은 아무도 없다. 유대인들은 자신들이 아브라함의 후손으로 태어났기 때문에 당연히 구원을 받는다고 잘못 생각했다. 구원은 인간의 의지로 이룰 수 없다. 구원은 오직 하나님께로부터 온다. 그러므로 구원은 은혜요 선물이다. 우리가 자주 사용하는 '구원받는다'는 말보다 더 좋은 표현은 없다. 예수님을 믿고 구원받은 사람들은 하나님께로부터 난 자들이다. 베드로는 이런 특권을 받은 사람들에 대하여 이렇게 선포했다.

"그러나 너희는 택하신 족속이요 왕 같은 제사장들이요 거룩한 나라요 그의 소유가 된 백성이니 이는 너희를 어두운 데서 불러

내어 그의 기이한 빛에 들어가게 하신 이의 아름다운 덕을 선포 하게 하려 하심이라"(벧전 2:9).

말씀이 육신이 되어

// 요한복음 1:14-18 //

"말씀이 육신이 되어 우리 가운데 거하시매 우리가 그의 영광을 보니 아버지의 독생자의 영광이요 은혜와 진리가 충만하더라…우리가 다 그의 충만한 데서 받으니 은혜 위에 은혜러라. 율법은 모세로 말미암아 주어진 것이요 은혜와 진리는 예수 그리스도로 말미암아 온 것이라. 본래 하나님을 본 사람이 없으되 아버지 품속에 있는 독생하신 하나님이 나타내셨느니라."

말씀이 육신이 되셨다. 하나님의 아들이 우리와 똑같은 사람이 되셨다. 처녀 마리아가 아들을 낳았다. 사람들은 이 말에 걸려 넘어진다. 어떻게 처녀가 아이를 낳을 수 있느냐고. 그 일이 왜 그렇게 어려운가? 천지를 창조하신 하나님께서 왜 그 일을 하실 수 없다고 생각하는가? 질문을 바꾸어야 한다. '어떻게 성자 하나님이 사람이 되셨는가?' 하는 질문보다 '왜 성자 하나님이 사람이 되셨는가?' 하고 물어야 한다. 질문이 올바르면 대답도 올바르다.

"우리 가운데 거하시매."

우리 가운데 거하시기 위해 하나님의 아들이 사람이 되셨다. '거하신다'(스케노오, σκηνόω)라는 단어는 요한복음에 한 번, 그리고 요한계시록에 네 번 더 나온다.

> "그러므로 그들이 하나님의 보좌 앞에 있고 또 그의 성전에서 밤낮 하나님을 섬기매 보좌에 앉으신 이가 그들 위에 장막을 치시리니"(계 7:15).

> "그러므로 하늘과 그 가운데에 거하는 자들은 즐거워하라"(계 12:12).

옛날 출애굽 시절에 하나님께서 이스라엘의 진중에 임하시고 그들과 함께 거하셨다. 진 밖에 텐트를 치게 하시고 그곳에서 모세와 만나셨다. 이 텐트를 가리켜 회막(會幕) 혹은 성막(聖幕)이라고 불렀다. 성막은 하나님께서 이스라엘을 만나시는 거룩한 처소였다.

> "…내가 거기서 너희와 만나고 네게 말하리라. 내가 거기서 이스라엘 자손을 만나리니 내 영광으로 말미암아 회막이 거룩하게 될지라"(출 29:42,43).

회막 위에는 언제나 하나님의 영광이 임하여 있었다. 낮에는 구름기둥이, 밤에는 불기둥이 그 위에 있었다. 회막에서 나올 때마다 모세의 얼굴에서 빛이 났기 때문에 얼마 동안 수건으로 얼굴을 가려야 했다. 하나님께서 이스라엘 백성들 가운데 거주하시기를 소원하셨다.

> "내가 이스라엘 자손 중에 거하여 그들의 하나님이 되리니 그들은 내가 그들의 하나님 여호와로서 그들 중에 거하려고 그들을 애굽 땅에서 인도하여 낸 줄을 알리라. 나는 그들의 하나님 여호와니라"(출 29:45,46).

요한은 말씀이 육신(사람)이 되신 사건을 하나님께서 이스라엘 진중에 거하셨던 사건과 동일시했다. 성자 하나님께서 사람과 함께 거하시기 위해 사람이 되어 오셨다. 마태는 이 사건을 '임마누엘'이라고 표현했다. 구약에서나 신약에서나 하나님은 항상 그의 백성들 가운데 계셨다. 하나님은 우리에게서 멀리 떨어져 계신 분이 아니다. 우리 안에 성전을 세우고 거하신다. 우리와 함께하기를 기뻐하신다. 우리를 통하여 영광 받기를 기뻐하신다. 회막 위에 하나님의 영광이 나타났던 것처럼 영광으로 우리를 덮어 주신다. 이것이 요한이 깨달은 비밀이었다.

> "우리가 그의 영광을 보니 아버지의 독생자의 영광이요 은혜와 진리가 충만하더라"(요 1:14).

하나님께서 우리에게 그의 영광을 보여주셨다. 그것은 우리 스스로 볼 수 있는 영광이 아니다. 모세는 "주께서 행하신 일을 주의 종들에게 나타내시며 주의 영광을 그들의 자손에게 나타내소서"(시 90:16) 하고 기도했다. 14절에서 '보니'라는 동사는 헬라어의 중간태이다. 하나님께서 그의 영광을 보여주시는 행위에 내가 자발적으로 동참한다는 뜻이다.

하나님께서 독생자 예수 그리스도의 영광을 제자들에게 보여주셨다. '독생자'(모노게네스, μονογενής)란 하나님께로부터 나오신 오직 한 분뿐인 아들이라는 뜻이다. 독생자라는 단어는 신약성경에 9회 나온다. 누가복음에 3회, 히브리서에 1회, 요한복음에 4회, 그리고 요한일서에 1회 나온다. 그중에서도 오직 요한만이 예수님을 독생자로 불렀다. 나머지는 예수님과 상관없이 사용된 '독생자'이다. 요한은 '독생자'라는 칭호를 통하여 예수님에 관한 중요한 네 가지 진리를 우리에게 전해주고 있다.

첫째, 예수님만이 우리에게 하나님의 영광을 보여주고 은혜와 진리를 전해 주신다.

> "말씀이 육신이 되어 우리 가운데 거하시매 우리가 그의 영광을 보니 아버지의 독생자의 영광이요 은혜와 진리가 충만하더라"(요 1:14).

둘째, 예수님 외에는 하나님을 우리에게 나타내 주실 다른 분이 없다.

> "본래 하나님을 본 사람이 없으되 아버지 품속에 있는 독생하신 하나님이 나타내셨느니라"(요 1:18).

셋째, 예수님만이 하나님의 온전한 사랑을 우리에게 전해 주실 수 있다.

> "하나님이 세상을 이처럼 사랑하사 독생자를 주셨으니 이는 그를 믿는 자마다 멸망하지 않고 영생을 얻게 하려 하심이라"(요 3:16).

넷째, 예수님을 통해서만 우리가 구원을 받을 수 있다.

> "그를 믿는 자는 심판을 받지 아니하는 것이요 믿지 아니하는 자는 하나님의 독생자의 이름을 믿지 아니하므로 벌써 심판을 받은 것이니라"(요 3:18).

> "하나님의 사랑이 우리에게 이렇게 나타난바 되었으니 하나님이 자기의 독생자를 세상에 보내심은 그로 말미암아 우리를 살리려 하심이라"(요일 4:9).

요한은 하나님의 영광을 '은혜와 진리'라는 두 단어로 표현했다. 그냥 '은혜와 진리'가 아니다. 충만한 은혜와 충만한 진리다. 하나님이 계신 곳에는 언제나 충만한 은혜와 충만한 진리가 존재한다.

요한은 "은혜 위에 은혜러라"고 기록했다. 이 말씀은 차고 넘치는(abundant) 은혜를 말한다. 하나님의 은혜는 다함이 없다. 계속되는 은혜다. 그칠 새 없이 부어주시는 은혜다. 날마다 새롭게 부어주시는 은혜다. 마치 분수대 위로 솟구치는 물처럼 넘치는 은혜다. 이미 받은 은혜 위에 덧입혀 주시는 은혜다(New NIV 성경은 "Out of his fullness we have all received grace in place of grace already given"이라고 풀어썼다).

'은혜 위에 은혜'는 최고의 은혜를 말한다. 모든 은혜 위에 뛰어난 은혜다. 그것은 용서(pardon)의 은혜요, 구속(redemption)의 은혜요, 보호하심(protection)의 은혜요, 거룩하게(sanctification) 하심의 은혜요, 능력(strength)을 주시는 은혜요, 천국까지 인도하시는(peace here, and heaven hereafter) 은혜다. 이 세상 어느 누구도 이런 은혜를 우리에게 베풀 수 없다.

'은혜 위에 은혜'는 쌓여가는 은혜를 말한다. 겹겹이 더해가는 은혜를 말한다. 점점 더 큰 그릇을 사용하여 부어 주시는 은혜를 말한다. 점점 더 커지고 깊어지는 은혜를 말한다. 그 은혜를 깨닫는 경험의 차원이 더 깊어지고 넓어지고 높아진다. 마치 화가가 화폭 위에 붓을 댈 때마다 그 그림이 더욱 아름다워지고 생동감이 넘치는 것과 마찬가지다.

인생을 살면서 우리는 다른 환경을 접하게 된다. 그리고 그 때마다 하나님의 놀라운 은혜를 경험하게 된다. 부요할 때의 은혜가 다르고, 가난할 때의 은혜가 다르다. 건강할 때의 은혜가 다르고, 병들었을 때의 은혜가 다르다. 얻었을 때의 은혜가 다르고, 잃었을 때의 은혜가 다르다. 젊은 시절의 은혜가 다르고, 노년의 은혜가 다르다. 핍박 받을 때의 은혜가 다르고, 평안할 때의 은혜가 다르다.

정상에 이르렀을 때의 은혜가 다르고, 계곡에 내려갔을 때의 은혜가 다르다. 확신에 넘치는 삶의 은혜가 다르고, 모호하게 보일 때의 은혜가 다르다. 평안할 때의 은혜가 다르고, 불안할 때의 은혜가 다르다. 인생의 계절마다 이런 은혜를 한없이 베풀어 주실 수 있는 분은 오직 하나님 한 분뿐이시다.

은혜는 우리를 향하신 하나님의 가장 선하신 생각과 행동이다. 이 은혜가 예수님의 말씀과 삶을 통하여 우리에게 선물로 주어진다. 풍성하게 주어진다. 감당할 수 없을 만큼 안겨 주신다. 하나님의 충만한 은혜가 우리를 구원으로 인도한다. 그 은혜가 우리로 하여금 하나님을 알고, 예배하고, 섬기게 한다. 그 은혜가 우리를 악한 자들로부터 보호해 준다. 그 은혜가 우리에게 필요한 모든 것들을 공급해 준다. 시편 91편은 하나님의 은혜로 살았던 성도의 간증이다.

"지존자의 은밀한 곳에 거주하며
전능자의 그늘 아래에 사는 자여,
'나는 여호와를 향하여 말하기를
그는 나의 피난처요 나의 요새요
내가 의뢰하는 하나님이라 하리니
이는 그가 너를 새 사냥꾼의 올무에서와
심한 전염병에서 건지실 것임이로다.
그가 너를 그의 깃으로 덮으시리니
네가 그의 날개 아래에 피하리로다.
그의 진실함은 방패와 손 방패가 되시나니
너는 밤에 찾아오는 공포와
낮에 날아드는 화살과
어두울 때 퍼지는 전염병과
밝을 때 닥쳐오는 재앙을 두려워하지 아니하리로다.

천 명이 네 왼쪽에서, 만 명이 네 오른쪽에서 엎드러지나
이 재앙이 네게 가까이 하지 못하리로다.
오직 너는 똑똑히 보리니 악인들의 보응을 네가 보리로다.
네가 말하기를 여호와는 나의 피난처시라 하고
지존자를 너의 거처로 삼았으므로 화가 네게 미치지 못하며
재앙이 네 장막에 가까이 오지 못하리니
그가 너를 위하여 그의 천사들을 명령하사
네 모든 길에서 너를 지키게 하심이라.
그들이 그들의 손으로 너를 붙들어
발이 돌에 부딪히지 아니하게 하리로다.
네가 사자와 독사를 밟으며
젊은 사자와 뱀을 발로 누르리로다.
하나님이 이르시되,
그가 나를 사랑한즉 내가 그를 건지리라
그가 내 이름을 안즉 내가 그를 높이리라.
그가 내게 간구하리니 내가 그에게 응답하리라.
그들이 환난 당할 때에 내가 그와 함께하여
그를 건지고 영화롭게 하리라.
내가 그를 장수하게 함으로 그를 만족하게 하며
나의 구원을 그에게 보이리라 하시도다."

은혜와 진리는 모세의 율법과 대칭관계에 있다. 원래 율법의 목적은 이중적이었다. 하나는 이스라엘 백성들로 하여금 거룩한 삶을 살도록 도와주는 안내서였다. 다른 하나는 하나님의 완전한 법 앞

에서 자신들의 연약함을 보여주는 거울이었다. 진정으로 율법을 지키려고 노력하는 사람은 율법을 완전히 지키는 일이 불가능함을 깨닫게 된다. 그래서 하나님의 도우심과 은혜를 구하게 된다. 그런데 바리새인들은 율법을 완전하게 지킬 수 있다고 생각했다. 하나님의 은혜를 거절하고 자신의 의로움을 자랑하려고 했다. 그래서 율법은 제구실을 할 수 없게 되었다.

독생자 예수 그리스도께서 은혜와 진리를 보여주셨다. 진리는 하나님의 의로우심과 우리의 불의함을 가리키고, 은혜는 우리의 범죄함과 하나님의 용서를 가리킨다. 이 둘은 나누어질 수가 없다. 은혜가 넘칠수록 진리가 깊어지고, 진리를 깨달을수록 은혜에 감격하게 된다. 은혜가 메마르면 진리도 오리무중처럼 느껴진다.

은혜와 진리가 충만하면 하나님의 영광이 삶 속에 가득하다. 은혜와 진리를 통하여 우리는 하나님을 더 깊이 알게 된다. 본래 하나님을 본 사람은 아무도 없다. 그런데 독생하신 하나님의 아들이 우리에게 하나님을 보여주셨다. 본래 진리를 아는 사람은 아무도 없었다. 그런데 독생하신 하나님의 아들이 알게 해주셨다.

신약의 '은혜'는 구약의 '인자'(헤세드)와 같은 말이다. 다윗의 시편을 보면 인자와 진리가 언제나 함께 등장한다.

> "여호와의 모든 길은 그의 언약과 증거를 지키는 자에게 인자와 진리로다"(시 25:10).

> "그가 하늘에서 보내사 나를 삼키려는 자의 비방에서 나를 구원하실지라. (셀라) 하나님이 그의 인자와 진리를 보내시리로

다"(시 57:3).

"그가 영원히 하나님 앞에서 거주하리니 인자와 진리를 예비하사 그를 보호하소서"(시 61:7).

"여호와여 나를 반기시는 때에 내가 주께 기도하오니 하나님이여 많은 인자와 구원의 진리로 내게 응답하소서"(시 69:13).

"주의 인자하심이 하늘보다 높으시며 주의 진실은 궁창에까지 이르나이다"(시 108:4).

하나님의 인자(은혜)와 진리를 경험하고 깨닫는 사람은 복 있는 사람이다. 하나님의 은혜를 볼 수 있는 사람, 그 은혜를 누리며 나눌 수 있는 사람은 복 있는 사람이다. 필립 얀시 목사님은 《하나님의 놀라운 은혜》라는 책에서 '하나님의 은혜는 틈새로 스며드는 빛과 같다'고 했다. 깨어진 사람, 틈이 벌어진 관계, 분열된 곳에 하나님의 은혜가 스며들 때에 기적이 일어난다.

2011년, 89세의 나이로 세상을 떠난 오리건(Oregon) 주의 연방상원의원이었던 마크 햇필드(Mark Hatfield)는 미국 대통령직에서 내려온 닉슨을 찾아 '산 크레멘트'(San Clemente)를 자주 방문했다. 과거에 마크 상원의원은 닉슨과 정치적 대립관계에 있었다. 사람들이 마크 상원의원에게 말했다. "당신은 어쩌자고 위험을 무릅쓰고 산 크레멘트를 드나듭니까?" 그는 이렇게 대답했다. "닉슨 씨에게 누군가 사랑하는 사람이 있음을 알리고 싶었습니다." 그는 크리스천이었다. 모든 사람들과 사랑의 관계를 맺은 그를 가리켜 사람들은 성 마가(Saint Mark)라고 불렀다. 우리 주변에는 하나님의 은혜가 필요한 사람들이 너무나 많다.

'은혜'라는 말보다 더 아름다운 말이 세상에 또 있을까?

1988년 6월 11일에 남아프리카공화국의 변화를 축하하기 위한 음악회가 런던 웸블리(Wembly) 경기장에서 열렸다. 그날 세계적인 록(Rock) 그룹들이 모여서 장장 열두 시간 동안 공연했다. 그들은 이미 술과 마약에 취해 있는 군중들을 더 흥분시켰다. 군중들은 '건즈 앤 로지스'(Guns N' Roses) 같은 록 그룹들에게 계속하여 앙코르를 외쳤다.

마지막 순서가 되었다. 소프라노 가수 제시 노만(Jessy Norman)이 무대 위로 올라섰다. 경기장의 조명이 꺼지고 그녀는 아무런 반주도 없이 '어메이징 그레이스'(Amazing Grace)를 부르기 시작했다. 소음이 사라지고 장내가 숙연해졌다. 그곳에 모인 7만여 명의 사람들은 마침내 그들이 잊어버리고 살았던 중요한 한 가지, 곧 '은혜'를 기억했다. 그리고 한목소리로 합창하기 시작했다. 다음의 주소로 유튜브에 들어가서 한 번 들어보시라. 흑백 화면이라 더 장엄하게 느껴질 것이다(www.youtube.com/watch?v=beJMovVXbf0).

우리는 이제부터 요한이 기록하고 있는 은혜와 진리를 살펴보려고 한다. 이 책을 다 읽은 후에 우리의 영혼과 삶 속에 하나님의 은혜와 진리가 충만하게 되기를 간절히 기원한다.

가슴으로
읽는
성경 4 JOHN

제2장

표적과 믿음

(요한복음 1:19-12:50)

"보라! 세상 죄를 지고 가는 하나님의 어린양이로다"

// 요한복음 1:19-34 //

요한은 다른 복음서들보다 세례 요한에 대하여 더 많은 구절들을 할애하고 있다. 왜 요한은 세례 요한에 대하여 그렇게 자세하게 기록했을까? 두 가지 대답이 가능하다.

첫째로, 당시 유대인들은 세례 요한에 대하여 필요 이상의 기대를 가지고 있었다. 어떤 사람들은 예수님을 믿으면서도 세례 요한의 세례를 받았다. 요한은 그들에게 세례 요한이 '예수님에 대한 증인 그 이상도 이하도 아니었다'는 사실을 확인시켜 줄 필요가 있었다.

둘째로, 성경학자들은 요한이 예수님을 만나기 전에 세례 요한의 제자였으리라는 데 대부분 동의한다. 그래서 세례 요한의 말을 그렇게 자세하게 기록할 수 있었을 것이다. 이제 요한이 전해준 이야기를 들어보자.

예루살렘에서 내려온 제사장들과 레위인들이 집중적으로 요한에게 질문을 던졌다.

"네가 누구냐?"

세례 요한이 드러내놓고 말했다.

"나는 그리스도(메시아)가 아니라."
"그러면 누구냐? 네가 엘리야냐?"
"아니라."
"그럼, 네가 그 선지자냐?"

그 선지자는 모세가 말했던 '나와 같은 선지자'(신 18:15)를 의미했다.

"아니라."
"(너는) 누구냐? 우리를 보낸 이들에게 대답하게 하라. 너는 네게 대하여 무엇이라 하느냐?"
"나는 선지자 이사야의 말과 같이 주의 길을 곧게 하라고 광야에서 외치는 자의 소리로라."

답답한 질문자들이 한 마디 더 물었다.

"네가 만일 그리스도도 아니요 엘리야도 아니요 그 선지자도 아닐진대 어찌하여 세례를 베푸느냐?"
"나는 물로 세례를 베풀거니와 너희 가운데 너희가 알지 못하는 한 사람이 섰으니 곧 내 뒤에 오시는 그이라 나는 그의 신발 끈을 풀기도 감당하지 못하겠노라."

사람들은 세례 요한의 말을 이해할 수가 없었다. 그의 뒤에 오시는 이는 또 누구인가? 그분이 얼마나 대단하면 요한이 그의 신발 끈을 풀어주는 것조차 감당할 수 없다고 하는가? 작심하고 세례 요한의 정체를 밝혀보려고 예루살렘에서 내려왔지만 헛수고였다.

그리고 이튿날이 되었다. 갑자기 세례 요한이 누군가를 바라보며 외쳤다.

> "보라. 세상 죄를 지고 가는 하나님의 어린양이로다. 내가 전에 말하기를 내 뒤에 오는 사람이 있는데 나보다 앞선 것은 그가 나보다 먼저 계심이라 한 것이 이 사람을 가리킴이라. 나도 그를 알지 못하였으나 내가 와서 물로 세례를 베푸는 것은 그를 이스라엘에 나타내려 함이라."

둘러보니 한 젊은이가 거기 서 있었다. 예수님이었다. 질문자들이 어제 마지막으로 물었던 "어찌하여 세례를 베푸느냐?"는 질문에 요한이 대답했다. 그가 세례를 주는 목적은 바로 이 사람을 이스라엘 백성들에게 나타내 보여주기 위함이라고 말했다.

> "내가 보매 성령이 비둘기같이 하늘로부터 내려와서 그의 위에 머물렀더라. 나도 그를 알지 못하였으나 나를 보내어 물로 세례를 베풀라 하신 그이가 나에게 말씀하시되 성령이 내려서 누구 위에든지 머무는 것을 보거든 그가 곧 성령으로 세례를 베푸는 이인 줄 알라 하셨기에 내가 보고 그가 하나님의 아들이심을 증언하였노라."

누가복음 1장을 보면 세례 요한의 어머니 엘리사벳은 예수님 어머니의 친족이라고 기록되어 있다. 그렇다면 세례 요한은 예수님에 대하여 전부터 알고 있었을까? 세례 요한은 두 번이나 “나도 그를 알지 못하였으나” 하고 말했다. 비록 육체적으로 알고 있었더라도 동생뻘 되는 예수가 메시아라고는 상상도 못했으리라.

그런데 세례를 받으러 오신 예수님 위에 성령이 비둘기같이 하늘로부터 내려와서 머물러 있었다. 그때 하나님께서 하셨던 말씀, 곧 “성령이 내려서 누구 위에든지 머무는 것을 보거든 그가 곧 성령으로 세례를 베푸는 이인 줄 알라”는 말씀이 기억났다. 기억날 뿐만 아니라 성령님께서 그에게 놀라운 계시를 깨닫게 해주셨다. 그래서 옆에 있는 자기 제자들에게 말했다.

“보라. 세상 죄를 지고 가는 하나님의 어린양이로다.”

요한도 그 말을 들었다. 당시에는 이해할 수 없는 말이었다. 그러나 훗날 제자들은 이사야 선지자의 예언이 예수님에게 성취되었다는 사실을 깨닫게 되었다. 그리고 이 말씀은 기독교가 예수님을 이해하는 중요한 근거가 되었다.

> “그가 찔림은 우리의 허물 때문이요 그가 상함은 우리의 죄악 때문이라. 그가 징계를 받으므로 우리는 평화를 누리고 그가 채찍에 맞으므로 우리는 나음을 받았도다. 우리는 다 양 같아서 그릇 행하여 각기 제 길로 갔거늘 여호와께서는 우리 모두의 죄악을 그에게 담당시키셨도다…그는 곤욕과 심문을 당하고 끌려갔으나 그 세대 중에 누가 생각하기를 그가 살아 있는 자들의 땅에서 끊어짐은 마땅히 형벌 받을 내 백성의 허물 때문이라 하

였으리요"(사 53:5-6,8).

요한복음에는 예수님께서 사탄에게 시험 당하신 이야기가 생략되어 있다. 만일 그 이야기가 요한복음에 들어와야 한다면 이 부분이 가장 적절한 곳이 될 것이다.

제자들을 부르심

// 요한복음 1:35-50 //

요한복음에는 제자들을 부르시는 장면이 다른 복음서들보다 더 간결하다. 이미 기록된 이야기들을 다시 반복할 필요가 없었을 것이다. 그러나 요한의 두 제자들이 예수님을 따라온 이야기, 그리고 빌립과 나다나엘의 이야기는 요한복음에만 나온다.

세례 요한이 예수님을 가리켜 '세상 죄를 지고 가는 하나님의 어린양'이라고 증언했던 뒷날, 그는 다시 한 번 "보라. 하나님의 어린양이로다" 하고 말했다. 곁에 있던 그의 제자 둘이 그 말을 들었다. 그 중의 하나는 베드로의 형제 안드레였다. 아마도 다른 제자는 요한 자신이었을 것이다. 이 두 사람이 예수님을 따르기 시작했다. 예수님께서 돌이켜 그들을 보시면서 "무엇을 구하느냐?" 하고 물으셨다.

이 장면을 다시 한 번 되돌려(rewind) 보자. 예수님께서 자기를 따라오는 그들을 보시고 물으셨다. 대화를 시작하신 분은 언제나 예수님이셨나. 예수님의 열두 제자들 중에 스스로 자원해서 된 사람은 아무도 없었다. 한결같이 예수님께서 그들을 부르셨다.

이번에도 두 사람을 부르셨다. 예수님은 "왜 따라오느냐?"고 묻지 않으셨다. "무엇을 구하느냐?"고 물으셨다. 좋은 대화는 언제나 한 단계씩 발전해 간다. 이제 그들은 예수님에게 무엇을 구하는지 대답해야 한다. 모든 그리스도인들도 예수님의 이 질문에 대답해야 한다. 우리는 무엇 때문에 예수님을 믿는가? 무엇을 구하고 있는가?

두 사람이 엉겁결에 대답했다.

"랍비(선생)여 어디 계시오니이까?"

그들은 예수님께서 머무시는 주소를 물었을까? 요즘 말로 "명함 한 장 주시겠어요?"라든지 "전화번호 좀 주시겠어요?" 이런 말이었을까? 아니다. 그들의 질문 가운데 '계시오니이까'(메노, μένω)라는 말은 요한복음에서 아주 중요한 의미를 지니고 있다. 신약성경에서 이 단어는 112절에 나온다. 그중에 요한의 복음서에서 33절, 그리고 그의 서신에 20절이 나온다. 요한은 이 단어를 주로 '거한다'는 의미로 사용했다. 대표적인 두 구절을 읽어보자.

"내 안에 거하라. 나도 너희 안에 거하리라. 가지가 포도나무에 붙어 있지 아니하면 스스로 열매를 맺을 수 없음같이 너희도 내 안에 있지(거하지) 아니하면 그러하리라"(요 15:4).

"너희는 처음부터 들은 것을 너희 안에 거하게 하라. 처음부터 들은 것이 너희 안에 거하면 너희가 아들과 아버지 안에 거하리라"(요일 2:24).

그러므로 두 제자들이 물었던 '어디 계십니까?'라는 질문은 존재론적(存在論的) 의미를 지닌다. 그들은 선생이었던 세례 요한이 "나는 아니고 그가 메시아다" 하는 소리를 여러 번 들었다. 그래서 그들이 예수님을 찾아와서 "당신은 누구십니까?" 하고 물었던 것이다. 예수님께서 대답하셨다.

"와 보라."

문자적으로 번역하면 '오라. 그러면 너희가 보게 될 것이다'(Come and you will see)라는 말이다. 성경에서 '본다'는 말은 자주 '알다', '깨닫다'는 의미로 사용된다. 예수님의 말씀은 '너희가 와서 보면 내가 누구인지 알게 될 것이다'라는 의미다. 그래서 그들은 오전 10시부터(요한이 로마 시간을 사용했다면) 예수님과 함께 지냈다. 그리고 틀림없이 예수님께로부터 진리의 말씀을 들었을 것이다. 그래야 다음 구절들이 이해가 된다.

"예수께서 이르시되, 와서 보라. 그러므로 그들이 가서 계신 데를 보고 그날 함께 거하니 때가 열 시쯤 되었더라. 요한의 말을 듣고 예수를 따르는 두 사람 중의 하나는 시몬 베드로의 형제 안드레라. 그가 먼저 자기의 형제 시몬을 찾아 말하되 우리가 메시아를 만났다 하고 (메시아는 번역하면 그리스도라), 데리고 예수께로 오니 예수께서 보시고 이르시되 네가 요한의 아들 시몬이니 장차 게바라 하리라 하시니라 (게바는 번역하면 베드로라)"(요 1:39-42).

예수님과 함께 거하면서 그들은 '메시아 예수'를 만났다. 그리고 자기 형제들에게 증인이 되었다. 기독교에 있어서 신앙생활은 '예수님과 함께 거하는(사는) 생활'이다. 은혜와 진리는 예수님과 함께 동행하는 삶 속에서만 경험될 수 있다. 그러므로 모든 그리스도인들은 매 순간 자신에게 물어야 한다.

'지금 나는 예수님 안에 거하고 있는가?'

이튿날 예수님께서 갈릴리로 가시는 길에 빌립을 만나시고 "나를 따르라" 하고 부르셨다. 이 말은 제자를 택하시는 전형적인 말씀이다. 제자는 예수님을 따르는 사람이다. 빌립은 안드레와 베드로와 함께 벳새다 마을 사람이었다. 지금의 벳새다는 갈릴리 호수의 서북쪽 1.6킬로미터쯤 위에 흔적만 남아 있다. 벳새다 유적지 앞으로 지금도 요단강이 흘러 내려가고 있는데 2천 년 전에는 호수가 마을 어귀까지 이르러 '어촌'이라고 불렸다.

빌립이 나다나엘을 찾아갔다. 그리고 '모세가 율법에 기록하였고 여러 선지자가 기록한 그이'를 만났다며 '요셉의 아들 나사렛 예수'라고 소개했다. 오래전 모세는 훗날 자기와 같은 선지자를 하나님께서 이스라엘에 보내실 것이라고 예언한 적이 있었다. 빌립의 말을 들은 나다나엘이 한 마디로 부인했다.

"나사렛에서 무슨 선한 것이 날 수 있느냐."

예나 지금이나 나사렛은 거룩한 인물이 나올 만한 곳이 아니었다. 나다나엘은 "와서 보라"고 재촉하는 빌립을 따라 마지못해 예수님께로 다가갔다. 그때 예수님께서 기다리셨다는 듯이 말문을 여셨다.

"보라. 이는 참으로 이스라엘 사람이라 그 속에 간사한 것이 없도다."
"어떻게 나를 아시나이까?"
"빌립이 너를 부르기 전에 네가 무화과나무 아래에 있을 때에 보았노라."
"랍비여 당신은 하나님의 아들이시요 당신은 이스라엘의 임금이로소이다."
"내가 너를 무화과나무 아래에서 보았다 하므로 믿느냐? 이보다 더 큰일을 보리라. 진실로 진실로 너희에게 이르노니 하늘이 열리고 하나님의 사자들이 인자 위에 오르락내리락하는 것을 보리라."

물론 예수님과 나다나엘 사이에 더 많은 대화가 오고갔을 것이다. 그러나 핵심은 예수님의 말씀의 능력이다. 그 말씀이 나다나엘로 하여금 "당신은 하나님의 아들이시요 이스라엘의 임금이로소이다"라는 놀라운 믿음의 고백을 하게 해주었다. 그 능력이 지금도 우리로 하여금 믿음의 고백을 하도록 도와준다.

요한복음에서 예수님이 제자들을 부르시는 장면은 이것이 전부다. 예수님의 제자들은 대단한 인물들이 아니었다. 전국적으로 공개채용된 사람들도 아니었다. 어부 몇 사람, 세금 거두는 사람, 평범한 동네 사람, 열심당원 등 대부분 이름 없는 사람들이었다. 소위 정치와 종교의 중심지인 예루살렘 출신은 하나도 없었다. 열두 제자들은 '누구나 예수님의 제자로 부르심을 받을 수 있다'는 긍지를 우리에게 심어 주었다.

첫 번째 기적, '물로 포도주를 만드시다'

// 요한복음 2:1–12 //

요한복음 2장 1절의 '사흘째 되던 날'은 제자들을 부르신 다음 날을 의미한다. 예수님께서 제자들을 데리시고 갈릴리 가나에 있는 혼인잔치에 참석하셨다. 가나는 나사렛으로부터 북쪽으로 12킬로미터쯤 떨어져 있는데 나다나엘의 고향이기도 하다(요 21:2).

그런데 결혼 잔치에 포도주가 떨어졌다. 굉장히 난처한 일이 일어났다. 앞으로 신랑은 '결혼 잔치에 포도주도 내어놓지 못한 사람'이라는 오명을 쓰고 평생 살아갈 것이다. 마리아가 그 집의 부엌 사정을 예수님께 알렸던 것을 보면 가까운 친척 사이였으리라.

> "예수의 어머니가 예수에게 이르되 저들에게 포도주가 없다 하니 예수께서 이르시되 여자여 나와 무슨 상관이 있나이까. 내 때가 아직 이르지 아니하였나이다. 그의 어머니가 하인들에게 이르되 너희에게 무슨 말씀을 하시든지 그대로 하라 하니라"(요 2:3-5).

왜 마리아가 예수님에게 "그 집에 포도주가 없다"고 했을까? 그리고 왜 하인들에게 "너희에게 무슨 말씀을 하시든지 그대로 하라"고 했을까? 우리는 예수님께서 공생애(公生涯)를 시작하신 30세 전까지 어떻게 사셨는지 충분한 지식이 없다. 그러나 마리아는 예수님께서 어떤 도움을 줄 수 있으리라는 확신을 가지고 있었다. 예수님께서 행하신 어떤 초자연적인 일을 마리아는 이미 경험했을지도 모른다.

예수님은 어머니의 요청을 정중히 거절했다. '여자여'(Lady)라는 칭호는 당시에 존경하는 어투로 사용되었다. 요한복음에서 '때'는 중요한 역할을 한다. '때'라는 단어가 모두 8회 나오는데 모두 하나님의 '때'를 의미한다. 그중 다섯 번은 '아직 때가 이르지 않았다'로, 세 번은 '때가 이르렀다'로 사용되었다. 예수님은 철저하게 하나님의 때를 따라 사셨다.

얼마나 시간이 흘렀을까. 갑자기 예수님께서 하인들에게 물을 떠다가 돌 항아리를 채우라고 말씀하셨다. '두세 통 드는 돌항아리'는 20-30갤런(80-120리터)이 들어가는 항아리였다. 유대인들은 이 항아리에 있는 물로 음식 먹기 전에 손을 씻었다. 물이 다 채워지자 예수님은 하인들에게 "이제 떠서 연회장에게 갖다 주라"고 하셨다. 포도주를 맛본 연회장이 신랑을 크게 치하했다.

"사람마다 먼저 좋은 포도주를 내고 취한 후에 낮은 것을 내거늘 그대는 지금까지 좋은 포도주를 두었도다"(요 2:10).

몇 년 전 이스라엘을 방문하고 갈릴리 해변에 있는 기노살 호텔(Ginosar Hotel)에 머문 적이 있다. 마침 그날 저녁 넓은 구내식당에서 혼인 피로연이 있었다. 연회장이 포도주 잔을 손에 들고 신랑신부와 함께 각 테이블을 찾아다니면서 노래와 춤으로 하객들의 흥을 돋우었다. 우리도 함께 박수를 치며 축하해 주었다. 요즘이야 하루 저녁으로 피로연이 끝나지만 예수님 시절에는 일주일씩 계속되곤 했다. 가나의 혼인 잔치도 그랬다.

왜 연회장이 새로 가져온 포도주를 맛보고 신랑을 칭찬했을까. 일반적으로 유대인들은 포도주에 3분의 1 정도의 물을 타서 마신다. 그런데 포도주가 부족하다 보니 부엌에서 더 많은 물을 섞었을 것이다. 연회장은 새로 가져온 포도주의 출처를 몰랐지만 하인들은 알고 있었다. 그렇게 해서 결혼 잔치는 계속되었다. 요한은 이 표적을 통하여 어떤 일이 일어났는지 한 마디 덧붙였다.

> "예수께서 이 첫 표적을 갈릴리 가나에서 행하여 그의 영광을 나타내시매 제자들이 그를 믿으니라"(요 2:11).

제자들은 이 표적을 통하여 예수님의 영광을 보았다. 그것은 예수님을 통하여 나타난 하나님의 영광이었다. 비록 마리아가 그 가정의 어려운 점을 예수님에게 알렸지만, 그리고 하인들이 예수님의 말씀에 기꺼이 순종했지만, 이야기의 핵심은 예수님께서 물로 포도주를 만드셨다는 데 있다. 예수님께서 표적을 행하시는 데 아무 도움도 필요 없었다. 예수님은 이 표적을 왕궁에서 행하지 않으셨다. 결혼 피로연에 사용할 포도주마저 넉넉하게 마련하지 못한, 아주 평범한 가정의 심각한 문제를 해결해 주셨다.

이 표적의 핵심은 무엇일까? 하나님의 자비하심이다. 이 표적의 열매는 무엇일까? 믿음이다. 모든 과정을 보고 있던 제자들이 예수님을 믿게 되었다. 믿음은 물로 만드신 포도주보다 더 큰 축복이 되었다.

제자들이 '그를 믿으니라' 할 때 그 믿음은 무엇을 의미하는가? 물이 포도주가 되었다는 물리적 변화를 믿었다는 말일까? 아니다. '그것을 믿으니라' 하지 않고 '그를 믿으니라'고 했다. 성경에서 믿음의 대상은 절대로 물질이 될 수 없다. 엄밀하게 말하자면 물은 이미 포도주로 변해 버렸다. 그 표적에 놀랄 수는 있겠지만 믿을 필요는 없다. 그러면 제자들의 믿음은 어떤 믿음일까?

"나도 그를 알지 못하였으나 나를 보내어 물로 세례를 베풀라 하신 그이가 나에게 말씀하시되 성령이 내려서 누구 위에든지 머무는 것을 보거든 그가 곧 성령으로 세례를 베푸는 이인 줄 알라 하셨기에 내가 보고 그가 하나님의 아들이심을 증언하였노라 하니라"(요 1:33-34).

제자들은 세례 요한의 증인을 믿음으로 받아들였다. 손을 씻어야 할 물로 포도주를 만들어 내신 예수님을 보면서 제자들(그들 중 두 명은 세례 요한의 제자였다)은 "그가 하나님의 아들이라"는 세례 요한의 증언을 믿게 되었다. 요한은 그의 복음서를 기록한 동기를 이렇게 말한다.

"오직 이것을 기록함은 너희로 예수께서 하나님의 아들 그리스도이심을 믿게 하려 함이요 또 너희로 믿고 그 이름을 힘입어 생명을 얻게 하려 함이니라"(요 20:31).

믿음은 하나님의 선물이다. 예수님은 제자들의 믿음을 도와주시기 위해 물로 포도주를 만드셨다. 제자들뿐만이 아니다. 예수님의 어머니 마리아도, 하인들도, 신랑도, 예수님을 믿는 축복을 받았다.

"그 후에 예수께서 그 어머니와 형제들과 제자들과 함께 가버나

> 움으로 내려가셨으나 거기에 여러 날 계시지는 아니하시니라"
> (요 2:12).

때마침 유대인의 유월절이 가까이 다가오고 있었다.

성전을 깨끗하게 하심

// 요한복음 2:13-25 //

예수님께서 유월절을 지키시기 위해 예루살렘으로 올라가셨다. 유월절은 많은 유대인 남자들이 예루살렘으로 모이는 절기이다. 그때가 되면 성전 바깥마당도 시끌벅적해진다. 제사에 사용할 짐승을 매매하고 성전에 세금으로 낼 동전을 바꾸어주는 장사꾼들의 호객 행위 때문이었다. 성전 관리(官吏)들은 멀쩡한 양이나 비둘기도 제사에 사용하는 데 흠이 있다며 거절했다. 그리고 이미 검증을 마친 짐승들을 상인들로부터 다시 사가지고 오게 했다. 관리와 상인들이 서로 짜고 하는 장사였다. 물론 배후에서 이익금을 챙기는 사람들은 제사장들이었다.

마태, 마가, 누가복음은 이 사건을 후반부에 기록하고 있다. 문장도 대동소이하다. 예를 들면 이런 식이다.

> "예수께서 성전에 들어가사 성전 안에서 매매하는 모든 사람들을 내쫓으시며 돈 바꾸는 사람들의 상과 비둘기 파는 사람들의 의자를 둘러 엎으시고 그들에게 이르시되 '기록된 바 내 집은

기도하는 집이라 일컬음을 받으리라 하였거늘 너희는 강도의 소굴을 만드는도다' 하시니라"(마 21:12-13).

그러나 요한은 이 사건을 복음서의 시작에 둔다. 예수님의 말씀도 조금 다르고 설명도 더 길다. 우선 예수님은 '내 집은 기도하는 집' 대신에 '내 아버지의 집'이라고 하셨다. 왜 복음서의 내용들이 서로 다를까? 아마도 예수님께서 두 가지 말씀을 다 하셨을 것이다. 요한은 예수님과 아버지 하나님의 관계를 더 중요하게 생각했다. 그래서 예수님의 입에서 나오는 '아버지'라는 말에 더 큰 무게를 두었다.

요한은 공관복음서에 없는 장면을 기억해냈다. 예수님께서 먼저 노끈으로 채찍을 만드셨던 장면이다. 이것은 예수님께서 성전에서 장사하는 사람들을 내쫓으신 행동이 즉흥적이 아니었음을 의미한다. 놀란 유대인들이 예수님에게 물었다.

"네가 이런 일을 행하니 무슨 표적을 우리에게 보이겠느냐?"

하나님께서 그렇게 시키셨다고 인정할 만한 표적을 보이라는 말이다. 다른 말로 하면, '도대체 네가 무엇인대 참견하느냐?'는 뜻이다. 예수님께서 대답하셨다.

"너희가 이 성전을 헐라. 내가 사흘 동안에 일으키리라."

동문서답(東問西答)이었다. 말도 안 되는 소리라며 핀잔을 주었다.

> "이 성전은 사십육 년 동안에 지었거늘 네가 삼 일 동안에 일으키겠느냐?"

헤롯 대제(大帝)는 이스라엘 백성들의 환심을 사기 위해 황금빛 찬란한 성전을 건축하기 시작했다. 그때까지 이스라엘은 스룹바벨이 지었던 작은 성전에서 제사를 드리고 있었다. 헤롯의 성전 건축은 주전 20년에 시작하여 주후 63년경까지 계속되었다. 그런데 그 성전을 헐고 사흘 만에 다시 짓겠다니, 말도 안 된다고 생각했다. 제자들도 마음속으로 같은 생각을 했을 것이다. 그러다가 예수님께서 사흘 만에 부활하신 후에야 그 말씀을 기억하고 두 가지 진리를 깨닫게 되었다. 한 가지는 성전을 향한 예수님의 열심이었다.

> "제자들이 성경 말씀에 주의 전을 사모하는 열심이 나를 삼키리라 한 것을 기억하더라"(요 2:17).

시편 69편 9절에 있는 말씀이다. 다윗은 억울한 일을 당할 때에 '주의 집'을 사모하며 그의 마음을 쏟아놓았다. 예수님은 아버지의 집이 회복되기를 간절히 원하셨다.

제자들이 깨달은 두 번째 진리는 예수님의 깨어진 몸이었다.

> "그러나 예수는 성전된 자기 육체를 가리켜 말씀하신 것이라. 죽은 자 가운데서 살아나신 후에야 제자들이 이 말씀하신 것을 기억하고 성경과 예수께서 하신 말씀을 믿었더라"(요 2:21-22).

여기에 제자들이 '믿었다'는 단어가 또 나온다. 이제 제자들의 믿음은 변할 수 없는 믿음이 되었다. 성령님의 도우심으로 믿었기 때문이다. 그런데 다음 구절에 '믿었다'는 말이 다시 나온다. 유월절을 지키기 위해 예루살렘에 모여든 많은 사람들이 예수님의 행하시는 표적을 보고 믿는 믿음이었다. 군중들의 믿음과 제자들의 믿음은 무엇이 다를까? 요한은 이렇게 회상하고 있다.

> "예수는 그의 몸을 그들에게 의탁하지 아니하셨으니 이는 친히 모든 사람을 아심이요, 또 사람에 대하여 누구의 증언도 받으실 필요가 없었으니 이는 그가 친히 사람의 속에 있는 것을 아셨음이니라"(요 2:24-25).

사람들은 예수님이 행하시는 표적을 보고 그의 이름을 믿었다. 그 믿음은 하나님께로부터 오는 믿음이 아니었다. 언제라도 "나는 믿을 수 없습니다" 하고 돌아설 수 있는 믿음이었다. 그래서 예수님은 그들을 신뢰하지 않으셨다. 그들의 도움을 필요로 하지도 않으셨다. 사람의 마음은 얼마든지 변할 수 있기 때문이다. 열 길 물속은 알아도 한 길 사람 속은 알 수 없다.

거듭나야 하리라

// 요한복음 3:1-15 //

요한복음 3장의 핵심은 '하나님의 아들 예수 그리스도를 믿는 자는 영원한 생명을 얻는다'는 진리이다. 요한은 3장 말미에서 '아버지와 아들, 믿음과 영생'에 대하여 강조하고 있다.

밤에 니고데모가 예수님을 찾아왔다. 요한복음에만 나오는 이야기다. 왜 하필 밤에 찾아왔을까? 다른 사람들의 눈을 피하기 위해서였을까? 아마도 한적한 시간을 택해서 왔을 것이다. 낮 시간에는 수많은 병든 사람들과 군중들 때문에 사사로운 대화를 나눌 수가 없었으니까. 내용으로 보면 니고데모와 예수님 사이의 개인적 대화였지만 그 자리에는 제자들도 같이 있었던 것 같다. 예수님의 가르침은 니고데모뿐만 아니라 제자들, 그리고 그 이야기를 읽는 우리 모두에게 주시는 예수님의 교훈이다.

"그런데 바리새인 중에 니고데모라 하는 사람이 있으니 유대인의 지도자라"(요 3:1).

요한복음 3장으로 들어가는 첫 단어가 '그런데'(δέ)이다. 이 단어는 '구별되는'이라는 의미가 있다. 즉, 니고데모는 2장 24-25절에 나오는 그런 '사람들'과 구별되는 사람이라는 뜻이다. 어떤 면에서 구별될까? 우선 사회적으로 구별된다. 니고데모는 유대교 선생(랍비)이었고 바리새인이었으며, 유대인들의 최고 의결 기관인 산헤드린(Sanhedrin)의 70명 중 하나였다. 간단히 말하면 그는 유대인을 대표하는 사람이었다. 그러나 예수님께서 그런 사회적 계층 때문에 니고데모를 우대하셨다는 증거는 없다. 그렇다면 무엇 때문에 예수님께서 한 개인과 그렇게 긴 대화를 나누셨을까?

니고데모가 예수님을 정중히 높이며 말했다.

"랍비여, 우리가 당신은 하나님께로부터 오신 선생인 줄 아나이다. 하나님이 함께하시지 아니하시면 당신이 행하시는 이 표적을 아무도 할 수 없음이니이다"(요 3:2).

'우리'라고 했다. 지도자들 중에 그런 생각을 하고 있는 사람들이 여럿이라는 말이다. 무슨 뜻일까? 요한복음 2장에서 예수님은 채찍으로 성전을 정결케 하셨다. 예수님께서 행하신 일을 보면서 바리새인들 중에 호감(好感)을 가진 사람들이 여럿 있었을까? 니고데모도 그들 중의 하나였을까?

니고데모가 예수님을 '선생'이라고 불렀다. 그렇게 함으로써 예수님을 자신들의 범주에 포함시켰다. 그런데 궁금한 점이 있었다. 왜 같은 선생인데 예수만 그렇게 많은 표적을 행할 수 있을까? 아마 니고데모는 표적에 관한 설명을 듣고 싶었을 것이다. 혹은 율법에 대하여 밤이 깊도록 '선생들만의 대화'를 나누고 싶었을 것이다. 그런데 예수님께서 뜬금없는 말씀으로 그의 의도를 산산이 조각내셨다.

"진실로 진실로 네게 이르노니 사람이 거듭나지 아니하면 하나님의 나라를 볼 수 없느니라"(요 3:3).

'거듭남'과 '하나님의 나라'는 그가 의도한 대화의 주제가 아니었다. 당황한 니고데모가 직구를 던졌다.

"사람이 늙으면 어떻게 날 수 있사옵나이까? 두 번째 모태에 들어갔다가 날 수 있사옵나이까?"(요 3:4).

자기처럼 늙은 사람이 어머니의 태 속에 다시 들어갔다가 나올 수 있는가? 말도 되지 않았다. 더구나 바리새인들이 주장하는 '의'가 아닌, '거듭남'으로 하나님 나라에 들어갈 수 있다니, 받아들이기가 힘들었다. 오늘 밤 모처럼 젊고 특별한 선생과 나누려던 대화가 여기서 끝나는가 싶었다. 그런데 예수님께서 전혀 다른 차원으로 니고데모를 인도해 주셨다.

> "진실로 진실로 네게 이르노니 사람이 물과 성령으로 나지 아니하면 하나님의 나라에 들어갈 수 없느니라. 육으로 난 것은 육이요 영으로 난 것은 영이니 내가 네게 거듭나야 하겠다 하는 말을 놀랍게 여기지 말라. 바람이 임의로 불매 네가 그 소리는 들어도 어디서 와서 어디로 가는지 알지 못하나니 성령으로 난 사람도 다 그러하니라"(요 3:5-8).

'진실로 진실로'라는 표현을 벌써 두 번이나 사용하셨다. '아멘, 아멘'이라는 뜻이다. 니고데모는 거듭남을 육체적으로 생각했다. 그렇다고 너무 심하게 니고데모를 몰아세우지는 말자. 생전 처음 들어보는 말이었을 터이니까…. 예수님의 말씀을 이해하려고 애쓰는 모습이 가상하지 않은가? 예수님의 의도는 니고데모를 혼란스럽게 만드시려는 것이 아니었다. 오히려 그가 진리를 깨닫게 되기를 간절히 원하셨다. 그의 발걸음이 헛되지 않기를 진심으로 바라셨다. 예수님 말고 거듭남에 대하여 가르쳐주실 분이 이 세상에 누가 있겠는가?

'거듭남'은 문자 그대로 '다시 태어남'(Born Again)이다. '거듭남'은 언제나 수동태로 사용된다. 다시 낳아지는 상태이기 때문이다. 예수님은 '거듭남'이라는 말을 여러 가지로 설명하셨다. 먼저 '물과 성령으로 다시 나는 것'이라고 하셨다. 이 '물'은 세례를 의미한다. 진정으로 회개하고 세례를 받을 때에 그 사람은 예수님과 함께 죽고 새 사람으로 다시 태어난다. 이런 믿음으로 세례를 받은 사람에게는 세례 그 자체가 '삶과 죽음'의 경계선이 된다. 바울의 말을 들어보자.

"무릇 그리스도 예수와 합하여 세례를 받은 우리는 그의 죽으심과 합하여 세례를 받은 줄을 알지 못하느냐? 그러므로 우리가 그의 죽으심과 합하여 세례를 받음으로 그와 함께 장사되었나니 이는 아버지의 영광으로 말미암아 그리스도를 죽은 자 가운데서 살리심과 같이 우리로 또한 새 생명 가운데서 행하게 하려 함이라"(롬 6:3-4).

성부와 성자와 성령의 이름으로 세례를 받은 사람은 새로운 자기 이해를 갖게 된다.

"그가 죽으심은 죄에 대하여 단번에 죽으심이요 그가 살아 계심은 하나님께 대하여 살아 계심이니 이와 같이 너희도 너희 자신을 죄에 대하여는 죽은 자요 그리스도 예수 안에서 하나님께 대하여는 살아 있는 자로 여길지어다"(롬 6:10-11).

초대교회는 세례를 지극히 중하게 생각했다. 세례는 죄에 대한 사망선고다. 세례 받은 사람은 죄에 대하여 죽어버린다. 다시는 죄를 지을 수가 없다. 그리고 그리스도 예수 안에서 하나님을 위해 살게 된다. 세례는 존재적인 변화를 의미한다. 물론 세례를 받는 행위로 구원을 얻는다는 말은 아니다. 그러나 구원받은 사람은 당연히, 그리고 반드시 세례를 받아야 한다. 세례는 몸으로 하는 신앙고백이다. 베드로는 이렇게 선포했다.

> "베드로가 이르되, '너희가 회개하여 각각 예수 그리스도의 이름으로 세례를 받고 죄 사함을 받으라. 그리하면 성령의 선물을 받으리니 이 약속은 너희와 너희 자녀와 모든 먼 데 사람 곧 주 우리 하나님이 얼마든지 부르시는 자들에게 하신 것이라 하고, 또 여러 말로 확증하며 권하여 이르되 너희가 이 패역한 세대에서 구원을 받으라 하니"(행 2:38-40).

베드로가 성령님의 지시를 받아 가이샤라에 있는 로마의 백부장 고넬료의 집을 방문했다. 이방인의 집이라 들어가기가 꺼림칙했지만 성령님께서 '내가 깨끗하게 하였다'고 하시니 거절할 수가 없었다. 그날 고넬료와 그 집에 있는 사람들이 예수 그리스도의 복음을 듣다가 성령세례를 받게 되었다. 예루살렘의 다락방에서 제자들에게 임하셨던 성령님께서 그들에게도 임하셨다. 그 광경을 보면서 베드로가 말했다.

> "이에 베드로가 이르되 이 사람들이 우리와 같이 성령을 받았으니 누가 능히 물로 세례 베풂을 금하리요 하고 명하여 예수 그리스도의 이름으로 세례를 베풀라 하니라"(행 10:47-48).

고넬료와 그의 가족들이 성령으로 거듭나는 순간이었다. 베드로는 이 놀라운 축복의 순간을 세례로 마무리 지었다. 그만큼 초대교회에서는 물세례를 중요하게 생각했다.

예수님께서 '물과 성령'으로 거듭나야 한다고 말씀하셨다. 물세례는 하나님의 말씀을 듣고 마음으로 동의하여 본인이 받지만 성령세례는 전적으로 하나님께서 하시는 일이다. 예수님은 회개하는 자에게 성령을 보내주시겠다고 약속하셨다. 성령님은 마치 바람이 임의로 불어오는 것처럼 의지적으로 행동하신다. 성령님께서 임하실 때에 우리는 예수님을 믿을 수 있고, 죄와 세상을 이길 수 있으며, 거룩한 삶을 살 수 있다.

'물과 성령으로 거듭나지 않으면', 이 말씀을 너무 신비한 쪽으로 해석하려고 하지 말자. '성령으로 거듭난다'는 말씀은 '성령의 도우심으로 예수님을 믿게 된다'는 뜻이다. 거듭남의 최종 목적은 예수님을 '나를 구원하신 주님'으로 믿고 영접하는 것이다. 성령님께서 우리를 그 길로 인도하신다. 바울은 성령님께서 하시는 일을 분명하게 기록하고 있다.

> "그러므로 내가 너희에게 알리노니 하나님의 영으로 말하는 자는 누구든지 예수를 저주할 자라 하지 아니하고 또 성령으로 아니하고는 누구든지 예수를 주시라 할 수 없느니라"(고전 12:3).

성령님의 도우심이 없으면 예수님을 믿을 수 없다. 육으로 사는 사람은 성령님과 상관없는 사람이다. 성령님과 동행하는 삶은 육으로 사는 삶과 전혀 다르다. 사람들은 변화된 그를 보고 크게 놀라게 될 것이다. 성경에 나오는 대표적인 인물이 오네시모이다. 그는 주인의 재물을 훔쳐가지고 도망쳤던 종이었다. 그러나 로마에서 바울을 통해 예수님을 믿게 된 후 전혀 새로운 사람이 되었다. 바울은 오네시모를 그의 크리스천 주인 빌레몬에게 돌려보내면서 편지에 이렇게 썼다.

> "그가 전에는 네게 무익하였으나 이제는 나와 네게 유익하므로 네게 그를 돌려보내노니 그는 내 심복(혹은 심장)이라"(몬 1:11-12).

그날 밤, 니고데모는 마치 가파른 언덕길을 숨차게 올라가는 느낌이었다. 한가한 저녁에 선생들끼리 덕담이나 나누려고 찾아온 니고데모의 느낌이 그랬다. 하늘나라에 대한 개념을 정리하기도 전에 거듭남이 나오고, 거듭남을 이해하기도 전에 물과 성령에 대한 말씀이 나왔다. 도무지 종잡을 수가 없었다. 그래서 탄식하듯이 말했다.

> "어찌 그런 일이 있을 수 있나이까?"

예수님의 대답이 마치 고삐를 조이는 것 같았다.

> "너는 이스라엘의 선생으로서 이러한 것들을 알지 못하느냐?"

'지금 내가 하는 말들'은 이스라엘의 선생이라면 당연히 알아야 할 내용이 아니냐는 반문이었다. 선생은 언제나 가르쳐야 할 내용을 미리 준비한다. 스스로 마음에 확신이 올 때까지 살펴보고 검증한다. 이스라엘 선생이라면 마땅히 하나님의 나라에 대한 고민을 하고, 그곳에 들어가는 길에 대하여 가르쳐야 하지 않겠느냐는 말씀이다. 그러다 보면 인간의 노력으로는 불가능하다는 사실을 깨닫게 될 것이고, 당연히 하나님의 영이신 성령님께 의존하게 되지 않겠느냐는 말씀이다.

좀 심하게 표현하면, '너는 이스라엘의 선생으로서 지금 직무유기를 저지르고 있지 않느냐?'는 힐문(詰問)이기도 했다. 니고데모는 더 이상 변명할 말이 없었다. 어느새 그의 말은 그치고 예수님의 말씀만 계속되었다.

"진실로 진실로 네게 이르노니 우리는 아는 것을 말하고 본 것을 증언하노라. 그러나 너희가 우리의 증언을 받지 아니하는도다. 내가 땅의 일을 말하여도 너희가 믿지 아니하거든 하물며 하늘의 일을 말하면 어떻게 믿겠느냐?"(요 3:11-12).

왜 예수님께서 갑자기 '우리'라는 복수를 사용하셨을까? 제자들을 포함하여 '우리'라는 말씀인가? 그럴 리가 없다. 제자들은 아직 그 범주에 들어가지 못한다. 여기에서 '우리'는 예수님과 세례 요한을 의미한다. 요한복음 1장에서 세례 요한은 하나님과 예수님과 성령님에 대하여 여러 차례 증언하였다. 물론 세례 요한의 '아는 것과 보는 것'은 예수님에 비하면 극히 제한적이다.

예수님은 다시 단수를 사용하시며, "내가 땅의 일을 말하여도 너희가 믿지 아니하거든 하물며 하늘의 일을 말하면 어떻게 믿겠느냐?"고 물으셨다. 땅의 일은 바람의 현상을 의미한다. 요즘이야 자세한 일기예보를 통하여 바람의 흐름을 알 수 있지만 그때만 해도 바람의 길을 예측할 수 없었다. 여기에서 믿음이 또 다시 중요한 위치를 차지한다. 하늘의 일은 어차피 우리가 알 수 없다. 하늘에서 내려오신 분의 말씀을 믿는 길 외에 다른 길이 없다.

> "하늘에서 내려온 자 곧 인자 외에는 하늘에 올라간 자가 없느니라. 모세가 광야에서 뱀을 든 것같이 인자도 들려야 하리니 이는 그를 믿는 자마다 영생을 얻게 하려 하심이니라"(요 3:13-15).

복음서에서 '인자'(人子)는 예수님께서 자신을 가리킬 때만 사용하셨던 특별한 칭호이다. 예수님은 자신이 하늘에서 내려왔다고 말씀하셨다. 내려오셨기 때문에 장차 하늘로 올라가실 것이라는 말씀일까? 문법적으로 볼 때 그런 뜻이 아니다. 문맥상으로도 어딘지 모르게 밋밋한 느낌이다. 다음에 나오는 '광야의 뱀' 이야기와의 연결점도 어색하다. 그렇다면 왜 예수님께서 이 말씀을 하셨을까?

우리 성경(개역개정)에는 "하늘에서 내려온 자 곧 인자 외에는 하늘에 올라간 자가 없느니라"고 번역되어 있다. 그러나 헬라어 어순(語順)대로 직역하면 '하늘로 올라간 자가 없다. 하늘로부터 내려온 자, 곧 인자 외에는'이다. 어딘가 미묘한 차이점이 느껴지지 않는가? '하늘로 올라간 자가 없다'는 말씀에서 '올라간다'는 동사는 완료형이다. 이 단어는 하늘로 올라가는 행위를 의미하지 않는다. 하늘에 계신 상태를 의미한다.

'하늘'은 하나님께서 계시는 곳이다. 성자 하나님으로서 예수님은 영원 전부터 하늘에 계셨다. 앞으로도 영원히 계실 것이다. 그래서 하늘의 모든 일을 아신다. 하나님의 모든 계획도 다 아신다. 그분이 이 세상에 내려오셨다. 이 세상에 내려오신 예수님은 하늘에서 영원 전부터 존재해 오신 분이시다. 그분 외에는 하늘로부터 세상에 내려오신 이가 없다. 그것이 바로 예수님께서 하시려는 말씀의 핵심이었다.

이렇게 이해하면 그 다음 말씀, "모세가 광야에서 뱀을 든 것같이 인자도 들려야 하리니"라는 말씀의 의미가 분명해진다. 하나님의 아들이 이 땅에 내려오신 목적은 모세가 광야에서 뱀을 든 것처럼 '들리기 위해서'라는 말씀이다. 예수님은 '인자'라는 단어를 두 번 사용하심으로써 이 두 문장을 하나로 묶어 주셨다. 다시 말하면, 하늘에 계셨던 그분이 바로 광야의 (청동구리) 뱀처럼 십자가 위에 들리셔야 할 분이라는 말씀이다.

모세가 광야에서 들었던 뱀을 이해하기 위해 잠시 구약으로 돌아가 보자. 이 이야기는 민수기 21장에 나온다. 40년 광야생활이 끝나고 이제 막 젖과 꿀이 흐르는 땅으로 들어갈 무렵이었다. 에돔 족속들의 방해 때문에 이스라엘 백성들은 먼 길을 돌아가야 했다. 길은 험하고 거칠었다. 원망이 나오기 시작했다. 원망은 마치 넝쿨식물처럼 일단 시작되면 끝이 없다. 이것저것 다 원망스러웠다. 그들은 40년 동안 매일 먹었던 만나에 대해서도 원망했다. 길이 거친데 왜 만나 이야기가 나와야 하는가?

"백성이 호르 산에서 출발하여 홍해 길을 따라 에돔 땅을 우회

하려 하였다가 길로 말미암아 백성의 마음이 상하니라. 백성이 하나님과 모세를 향하여 원망하되, '어찌하여 우리를 애굽에서 인도해 내어 이 광야에서 죽게 하는가? 이곳에는 먹을 것도 없고 물도 없도다. 우리 마음이 이 하찮은 (만나) 음식을 싫어하노라.' 하매"(민 21:4-5).

하찮은 음식이라니, 감사할 줄 모르는 백성에게는 만나가 하찮게 보이는가? 하나님께서 불처럼 강한 독을 가진 뱀들을 진중에 보내셨다. 이 일로 인하여 죽은 자들이 많아지자 그들은 즉시 회개하기 시작했다. (이스라엘 백성들은 원망도 잘하고 회개도 잘한다.) 모세는 하나님께서 지시하신 대로 놋뱀을 만들어 높은 장대에 달았다. 그러자 "물린 자마다 그것을 보면 살리라"는 하나님 말씀처럼 그 놋뱀을 쳐다본 자는 모두 살았다.

이 사건 이후로는 이스라엘 백성들이 젖과 꿀이 흐르는 땅에 들어갈 때까지 다시는 원망하지 않았다. 원망할 일이 없었기 때문이 아니다. 더 크게 원망할 만한 일이 있었지만 원망하지 않았다. 원망이 그쳤다. 원망이 그치니 죽음도 그쳤다. 원망할 때마다 백성들이 하나님의 심판을 받아 죽었으니까….

다시 예수님의 말씀으로 돌아가 보자.

"하늘에서 내려온 자 곧 인자 외에는 하늘에 올라간 자가 없느니라. 모세가 광야에서 뱀을 든 것같이 인자도 들려야 하리니 이는 그를 믿는 자마다 영생을 얻게 하려 하심이니라."

인자는 곧 예수님을 가리킨다. '인자' 대신에 예수님을 넣고 이렇게 풀어서 읽어보자.

'영원 전부터 하늘에 있어 왔던 나 외에는 하늘로부터 내려온 자가 없다. 내가 이 세상에 내려온 것은 옛날 모세가 광야에서 뱀을 든 것처럼 십자가 위에 들리기 위해서이다. 이제 누구든지 나를 믿는 자는 죽음에서 놓여나 영원한 생명을 얻게 될 것이다.'

예수님께서 이 세상에 오신 목적은 '들리시기' 위함이었다. 스스로 들리신 것이 아니다. 아버지 하나님에 의해 들려지실 것이다. 구원받는 길을 하나님께서 마련하셨다. 놋뱀도 하나님이 세우셨고 십자가도 하나님이 세우셨다. 우리는 믿기만 하면 된다. 거듭나는 길이 여기에 있다. 믿음의 눈으로 십자가를 바라보면서, 내가 죄인인 것을 고백하고, 예수님이 나를 대신하여 죽으심으로 내 죄가 용서받았다는 진리를 고백하며, 내가 예수 그리스도와 함께 죄에 대하여 죽었다는 사실을 믿음으로 고백하기만 하면 된다.

> "그러므로 이제 그리스도 예수 안에 있는 자에게는 결코 정죄함이 없나니 이는 그리스도 예수 안에 있는 생명의 성령의 법이 죄와 사망의 법에서 너를 해방하였음이라"(롬 8:1-2).

놋뱀이 원망을 그치고 죽음을 멈추게 한 것처럼 십자가 위에 달리실 예수님께서 이 세상에서 죄와 사망을 그치게 하셨다. 누구든지 그를 믿는 자들은 정죄(죄로 인한 죽음)에서 벗어나 영원한 생명을 얻게 된다. 이 우주적인 일을 하시기 위해 하늘에 계셨던 하나님의 아들이 세상에 내려오셨다. 그분 외에는 아무도 하늘에서 내려오신 이가 없다. 그분 외에는 누구도 세상을 구원하기 위해 십자가에 달리실 분이 없다. 오직 그분뿐이시다.

여기까지의 말씀을 다시 한 번 정리해 보자. 밤에 니고데모가 예수님을 찾아왔다. 선생들끼리 차원 높은 영적 대화를 나누고 싶어서였다. 예수님은 니고데모의 마음을 아셨다. 진리를 깨닫기 위해 애쓰는 그의 갈급함을 보셨다. 그래서 밤이 깊도록 말씀을 나누셨다. 물론 대화를 이끌어 가시는 분은 예수님이었다. 예수님께서 입을 여실 때마다 대화는 새로운 차원으로 발전되어 갔다. 요약해 보면 이런 식이다.

니고데모 : 당신은 하나님께로부터 오신 분입니다.

예수님 : 사람이 거듭나지 않으면 하나님의 나라를 볼 수 없다.

니고데모 : 나같이 늙은 사람이 어떻게 다시 태어날 수 있습니까?

예수님 : 거듭나야 한다는 말은 물과 성령으로 다시 나야 한다는 말이다. 육체가 아니고 영적으로 다시 태어나야 한다. 그것은 마치 바람이 임의로 부는 것처럼 신비한 변화이다.

니고데모 : 어찌 그런 일이 있을 수 있나이까?

예수님 : 너는 이스라엘의 선생으로서 이 일을 알지 못하느냐? 우리는 아는 것을 말하고 본 것을 증거한다. 그러나 너희가 그 증언을 받아들이지 않는구나.

니고데모 : …….

예수님 : 내가 땅의 일을 말하여도 너희가 믿지 아니하거든

하물며 하늘의 일을 말하면 어떻게 믿겠느냐?

니고데모 : …….

예수님 : 영원 전부터 하늘에 있던 나 외에는 하늘에서 내려온 자가 없다. 모세가 광야에서 뱀을 든 것처럼 들리기 위해 내가 하늘에서 내려왔다.

니고데모 : …….

예수님 : 내가 하늘에서 내려온 것은 나를 믿는 자들로 하여금 영생을 얻게 하려는 것이니라. 거듭난 자는 곧 나를 믿는 자니라. 이제 알겠느냐?

니고데모 : …….

우리는 니고데모가 어디까지 예수님의 말씀을 이해했는지 알 길이 없다. 당신이 니고데모라면 이해가 되었겠는가? 성령의 도우심 없이는 한 구절도 이해할 수 없는 말씀이다. 훗날 바리새인들이 예수님을 비난할 때에 니고데모는 담대하게 일어나서 이렇게 말했다.

"우리 율법은 사람의 말을 듣고 그 행한 것을 알기 전에 심판하느냐?"(요 7:51).

이로 보건대 니고데모는 그날 밤 예수님의 말씀을 어느 정도 깨달았음이 분명하다. 그는 예수님이 죽으신 후에 그의 몸에 사용할 몰약과 침향을 가져오기도 했다. 예수님의 말씀에 묵묵부답했던 니고데모를 답답하다고 폄하(貶下)하지 말자. 예수님께서 죽으시고 부활하시기 전까지는 아무도 그 말씀을 이해할 사람이 없었으니까. 제자들을 포함해서….

하나님의 사랑

// 요한복음 3:16-21 //

예수님의 말씀이 계속되었다.

"하나님이 세상을 이처럼 사랑하사 독생자를 주셨으니 이는 그를 믿는 자마다 멸망하지 않고 영생을 얻게 하려 하심이라."

이 말씀은 복음 중의 복음이다. 성경 전체의 핵심이다. 하나님께서 영원 전에 계획하셨고 영원토록 그 효력이 나타나게 될 우주적 사건이며 진리이다. 이 말씀은 완전하여 더할 것도 없고 덜할 것도 없다. 세상에 이보다 더 깊고, 완전하고, 효과적이며, 영원한 사랑은 없다. 빌리 그레이엄 목사는 이 한 구절로 평생 동안 설교했다. 이 말씀은 모든 주의 종들이 궁극적으로 선포해야 할 위대한 진리의 보고(寶庫)다. 이 말씀을 차분하게 음미해 보자.

"하나님께서 세상을 이처럼 사랑하사."

구원은 하나님께로부터 온다. 이 점이 세상 종교들과 다르다. 세상 종교들은 언제나 인간 편에서 구원의 문제를 추구한다. 그들의 신(神)은 만들어진 신이다. 그 신에게 부과된 사명은 인간이 생각해 낼 수 있는 범위를 벗어날 수가 없다. 그러나 우리가 믿는 하나님은 스스로 계신 분이시요, 우리를 구원하기 위해 찾아오신 분이시다. "하나님이 세상을 이처럼 사랑하사", 이 말씀은 하나님의 완전한 주도권(initiative)을 의미한다. 아무도 하나님을 향해서 "우리 좀 사랑해 주세요" 하고 부탁한 사람이 없다. 하나님께서 먼저 우리를 사랑하셨다.

'이처럼 사랑하사'는 하나님의 광대하심을 표현하고 있다. 세상을 '여기까지' 사랑하셨다는 말씀이다. 그 '여기'가 어디인가? 죄와 악이 가득한 세상, 미움과 분노와 살인이 횡행하는 세상, 속임과 억울함으로 한이 맺혀 있는 세상, 아무 소망도 가치도 없는 세상을 사랑하셨다는 말씀이다. 바울은 광대(廣大)하신 하나님의 사랑을 로마서 5장에서 이렇게 증거하고 있다.

> "우리가 아직 연약할 때에 기약대로 그리스도께서 경건하지 않은 자를 위하여 죽으셨도다. 의인을 위하여 죽는 자가 쉽지 않고 선인을 위하여 용감히 죽는 자가 혹 있거니와 우리가 아직 죄인 되었을 때에 그리스도께서 우리를 위하여 죽으심으로 하나님께서 우리에 대한 자기의 사랑을 확증하셨느니라. 그러면 이제 우리가 그의 피로 말미암아 의롭다 하심을 받았으니 더욱 그로 말미암아 진노하심에서 구원을 받을 것이니 곧 우리가 원수 되었을 때에 그의 아들의 죽으심으로 말미암아 하나님과 화목하게 되었은즉 화목하게 된 자로서는 더욱 그의 살아나심으로 말미

암아 구원을 받을 것이니라"(롬 5:6-10).

이 말씀 가운데 '때'라는 단어가 세 번 나온다. 첫 번째 '우리가 아직 연약할 때'는 '바로 그때'를 의미하는 '카이로스'(καιρός)이다. 나머지 두 번의 때는 그 '때'의 정황을 설명하고 있다. 다시 말하면, 우리가 연약할 때는 우리가 죄인 되었을 때이고, 동시에 우리가 하나님께 원수 노릇하고 있었던 때를 말한다. 바로 그때에 하나님께서 우리를 사랑하셨다는 말이다. 어거스틴은 "하나님은 우리 각 사람을 사랑하시는데, 마치 사랑할 대상이 그 사람 외에는 더 없는 것처럼 사랑하신다"고 했다. 얼마나 크고 놀라운 사랑인가.

"독생자를 주셨으니."

'주셨다'는 말씀은 '내어놓으셨다'(hand over)는 뜻이다. 때가 이르자 하나님은 그의 아들을 '죽을 것 같은 고민과 슬픔의 자리'에 내어놓으셨다. 그의 제자들에게 배신당하는 자리에 내어놓으셨고, 사람들에게 멸시와 수난을 당하는 자리에 내어놓으셨으며, 마침내 십자가에 위에서 죽임을 당하도록 내어놓으셨다. 필립 얀시는 《내가 알지 못했던 예수》라는 그의 책에서 이렇게 말했다.

"우리는 그 순간에 아버지 하나님께서 어떤 비명을 지르셨는지 아는 바 없다. 그저 상상이나 해볼 따름이다."

사랑은 느낌이 아니다. 말도 아니다. 사랑은 행동이다. 하나님의 사랑은 죄로 죽어야 할 죄인들을 위하여 그의 하나뿐인 아들을 보내셔서 대신 죽도록 하신 행동이었다. 다른 누구도 우리를 대신하여 죽어줄 수가 없다. 오직 예수님뿐이시다. 그분만이 죄가 없으시기 때문이다. 그래서 하늘로부터 내려오셨다. 십자가에 못 박혀 죽으시기 위해 내려오셨다.

"이는 저를 믿는 자마다."

왜 하나님의 사랑은 광대한가? 누구든지 그 사랑을 받을 수 있도록 경계와 구분을 무너뜨리셨기 때문이다. 유대인과 이방인 사이에 구별이 없다. 주인과 종 사이에 차별이 없다. 빈부귀천에 다름이 없다. 예수님을 믿는 자마다, 그가 내 죄를 대신하여 죽으셨음을 믿는 자마다, 그가 곧 하나님께서 보내주신 '구원의 주님'이심을 믿는 자마다, 누구든지 상관하지 않고 하나님의 '용서하시는 축복'을 받게 하셨기 때문이다. 이보다 더 간단하고 쉬운 방법이 어디 있겠는가? 믿음은 단순하다. 단순히 믿기만 하면 된다.

"영생을 얻게 하려 함이라."

사람의 모든 행동에는 목적이 있다. 어떤 목적은 선하고 어떤 목적은 악하다. 그러나 하나님께서 하신 일은 언제나 가장 선한 목적을 이루게 한다. 하나님께서 세상을 사랑하신 일, 그의 독생자를 십자가에 내어놓으신 일, 그를 구원의 주님으로 믿게 하신 모든 일들은 우리에게 영원한 생명을 주시기 위함이었다. 가장 고귀한 지

선(至善)의 목적이었다.

리처드 백스터(Richard Baxter, 1615-1691)라는 청교도 목사는 어렸을 때부터 움직이는 병원이었다. 만성병을 앓았고 10대부터 결핵을 앓았으며, 평생 소화불량과 신장결석으로 시달렸다. 두통과 치통과 팔다리 부종으로 고통을 받았고 말년에는 가끔 출혈도 했다. 그럼에도 불구하고 그는 늘 명랑하였으며 몸이 아프고 힘들 때에도 불평하지 않았다. 그는 45세가 되었을 무렵 '키더민스터'(Kidderminster) 성에 사는 사람들 2천여 명을 거의 다 전도했다. 그러나 청교도들에 대한 박해 때문에 목사직에서 쫓겨나게 되었다. 그는 150여 권 이상의 신앙서적을 저술하면서 당시뿐만 아니라 오늘에 이르기까지 하나님의 교회에 큰 축복을 물려주었다.

그가 질병으로 인한 고통과 여러 번의 투옥에도 불구하고 그렇게 활기찬 믿음의 생활을 했던 특별한 비결이 있었다. 그는 서른 살 때에 자신이 죽을지도 모른다는 생각이 들었다. 그때부터 그는 자기만의 신앙습관을 갖기 시작했다. 그것은 날마다 약 30분 동안 내세에 대하여 묵상하는 습관이었다. 훗날 하나님의 나라에 들어가서 보게 될 영광을 마음으로 그려보면서 하루를 시작했다.

그러자 육신은 질병으로 힘들었지만 마음과 영혼은 열정으로 가득 찼다. 백스터 목사는 그렇게 76세까지 장수하다가 하나님 나라에 갔다. 영생은 내세(來世)뿐만 아니라 현세에서도 놀라운 능력을 부어 주시는 하나님의 축복이다.

"하나님이 그 아들을 세상에 보내신 것은 세상을 심판하려 하심이 아니요 그로 말미암아 세상이 구원을 받게 하려 하심이라"

(요 3:17).

바울도 같은 말씀을 에베소서에 기록하고 있다.

> "너희는 그 은혜에 의하여 믿음으로 말미암아 구원을 받았으니 이것은 너희에게서 난 것이 아니요 하나님의 선물이라"(엡 2:8).

이 세상에서 가장 큰 선물은 그의 하나뿐인 아들을 우리를 위해 내어놓으신 하나님의 사랑이다. 어떤 사람은 이 사랑을 받아들이고 구원의 집으로 들어간다. 그러나 어떤 사람은 그 사랑을 거절하며 집 밖에서 방황한다.

> "그를 믿는 자는 심판을 받지 아니하는 것이요 믿지 아니하는 자는 하나님의 독생자의 이름을 믿지 아니하므로 벌써 심판을 받은 것이니라. 그 정죄는 이것이니 곧 빛이 세상에 왔으되 사람들이 자기 행위가 악하므로 빛보다 어둠을 더 사랑한 것이니라. 악을 행하는 자마다 빛을 미워하여 빛으로 오지 아니하나니 이는 그 행위가 드러날까 함이요, 진리를 따르는 자는 빛으로 오나니 이는 그 행위가 하나님 안에서 행한 것임을 나타내려 함이라 하시니라"(요 3:18-21).

예수님을 믿는 사람은 하나님의 심판을 걱정하지 않아도 된다. 예수님께서 우리를 대신하여 이미 심판을 받으셨기 때문이다. 그러나 믿지 않는 사람은 여전히 심판 아래 놓여 있다.

예수님께서 세상에 빛으로 오셨다. 빛을 사랑하고 사모하는 사람은 빛으로 나아오지만 어둠을 사랑하는 사람은 빛을 거절한다. 왜 그런가. 그들의 악한 행위가 빛 앞에 드러날까 두려워하기 때문이다. 죄로부터 벗어나기를 소원하는 사람은 빛으로 오신 예수님을 믿음으로 영접한다. 죄를 회개하고 용서함을 받는다. 그러나 자신의 죄와 악을 탄식하지 않는 사람은 그 빛을 피하여 어둠 가운데 살아간다.

우리 교회에서 진행하고 있는 영성 수련회 '감사 뜨레스 디아스'를 다녀온 어떤 중국 자매님의 간증이다. 그 자매님은 시댁 식구들에 대한 미움 때문에 남편과 법적인 별거에 들어갔다. 그러나 수련회에서 그 자매님은 자기가 멸망의 길로 걸어가고 있으며, 그 이유는 사탄의 거짓말을 믿었기 때문이라는 사실을 깨달았다. 그녀는 예수님을 만나고 무조건적인 하나님의 사랑을 받아들였다. 그리고 올바른 선택을 하기로 결정했다.

산에서 내려오던 밤에 남편을 찾아가서 용서를 구했다. 다음 날 아침에는 변호사에게 전화를 걸어서 이혼소송을 취하하겠다고 했다. 자초지종을 듣던 변호사가 웃으면서 "나도 그 사랑 좀 먹게 해 주시오" 하고 말했다. 그 주간은 고난주간이었다. 금요일 저녁에 성찬예배를 드리는데 남편이 교회 뒤편에 앉아 있었다. 처음 교회에 나온 남편은 찬송을 부르면서 울기 시작했다. 예배가 끝나자 남편이 말했다. "당신이 갑자기 밤중에 와서 잘못했다는 말이 나에게는 너무 큰 충격이었소. 이제는 온 가족이 함께 살 큰 집을 준비해야겠소."

하나님의 사랑을 받아들일 때에 그 가정에 빛이 임하고 화목하게 되었다. 만일 그 빛을 거절했다면 어떤 결과가 다가왔을까.

하나님의 사랑은 두 겹 사랑이다. 아버지 하나님은 그의 하나뿐인 아들을 우리를 위해 내어놓으셨고, 아들 하나님은 우리를 위해 그 자신을 버리셨다. 바울은 성부와 성자의 사랑을 이렇게 기록했다.

> "자기 아들을 아끼지 아니하시고 우리 모든 사람을 위하여 내주신 이가 어찌 그 아들과 함께 모든 것을 우리에게 주시지 아니하겠느냐"(롬 8:32).

> "…이제 내가 육체 가운데 사는 것은 나를 사랑하사 나를 위하여 자기 자신을 버리신 하나님의 아들을 믿는 믿음 안에서 사는 것이라"(갈 2:20).

인생의 가장 위대한 선택은 하나님의 사랑을 받는 것이다. 사람들이 하나님의 사랑을 받아들이지 못하는 이유는 두 가지다. 하나는 거절당한 아픔 때문이요 다른 하나는 빛보다 어둠을 더 사랑하기 때문이다. 상처를 치료받으려면 의사에게 먼저 보여주어야 한다. 하나님께 당신의 아픔을 보여드리라. 아픔과 고통을 말씀드려 보라. 상처는 숨길수록 깊어진다. 언젠가는 목숨을 내어놓아야 할지도 모른다. 하나님께서 우리를 아신다. 사랑하시고 용납하신다. 하나님께 용납된 사람은 이 세상 누구도 거절할 수 없다. 사랑받는 사람은 당당하게 살아갈 수 있다. 하나님의 사랑보다 더 큰 축복이 없다.

세례 요한의 마지막 증언

// 요한복음 3:22-30 //

누구나 자기가 속한 단체가 크게 되기를 원한다. 세례 요한의 제자들도 그랬다. 처음에는 온 유대 지방과 예루살렘 사람들이 세례 요한에게 나아와 죄를 자복하고 요단 강에서 세례를 받았다. 그런데 언젠가부터 사람들이 예수님에게로 몰려갔다. 예수님의 제자들도 세례를 베풀기 시작했다(요 4:2). 세례 요한의 제자들은 예수님을 가리켜 '선생님과 함께 요단 강 저편에 있던 이, 곧 선생님이 증언하시던 이'라고 불렀다. 어딘가 모르게 예수님을 자기 선생보다 낮게 보려는 말투다.

한 번은 세례 요한의 제자들과 유대인 사이에 '정결예식'(淨潔禮式)에 대한 논쟁이 일어났다. 정확하게 무엇에 관해 다투었는지는 알 수 없지만 논쟁하다가 예수님에 대한 원망이 그들의 마음에 들어왔다. 그래서 "사람이 다 그(예수)에게로 가더이다" 하고 불평했다. 그런데 세례 요한의 대답이 의외였다.

> "요한이 대답하여 이르되, '만일 하늘에서 주신 바 아니면 사람이 아무것도 받을 수 없느니라. 내가 말한바 나는 그리스도가 아니요 그의 앞에 보내심을 받은 자라고 한 것을 증언할 자는 너희니라. 신부를 취하는 자는 신랑이나 서서 신랑의 음성을 듣는 친구가 크게 기뻐하나니 나는 이러한 기쁨으로 충만하였노라. 그는 흥하여야 하겠고 나는 쇠하여야 하리라' 하니라"(요 3:27-30).

요한은 자신의 사명과 그 한계를 잘 알고 있었다. 그의 사명은 예수님이 그리스도(메시아)이심을 증언하는 일이었다. 얼마 후, 그가 감옥에 갇혔을 때에 잠시 예수님의 메시아이심을 의심한 적은 있지만 그 이상은 넘어가지 않았다. 그는 예수님에게로 사람들이 몰려가는 것을 보면서 오히려 크게 기뻐했다. 그는 신랑이 아니었다. 신랑의 친구였다. 신랑 되신 메시아 예수님의 사역이 점점 흥왕해 가는데 기뻐하지 않을 이유가 없었다.

초심(初心)은 처음에 품은 마음이다. 사람의 마음은 환경이 변할 때마다 덩달아 변한다. 교만함과 비열함 사이를 정처 없이 헤맨다. 그러나 세례 요한은 변함이 없었다. 수많은 사람들이 자신을 따랐지만 그는 '광야의 외치는 자'로서의 본분을 잃지 않았다. 그토록 많던 사람들이 갑자기 그의 곁을 떠나갈 때에도 의연했다. 예수님을 향한 그의 증언과 자세에 변함이 없었다. 오히려 그의 제자들을 예수님께로 보냈다. 제자들에게 '세례 요한은 메시아가 아니며, 메시아를 보여주기 위해 먼저 온 사람'이라고 증언하게 했다. 세례 요한은 "내가 와서 물로 세례를 베푸는 것은 그를 이스라엘에 나타내려 함이라"(요 1:31)고 말했다.

메시아로 오신 예수 그리스도를 위해서라면 자신의 모든 것을 내려놓을 수 있다는 말이다. 설사 자기 주변에 아무도 남지 않을지라도 자기는 메시아로 오신 예수님 때문에 기뻐하겠다는 선언이다. 세례 요한은 이처럼 사명의식뿐만 아니라 마음가짐에 있어서도 남달랐다. 모든 주의 종들은 세례 요한에게서 이 점을 배워야 한다. 우리 것은 없다. 아무것도 없다. 모두 예수님의 것들이다. 세례 요한이 들려주었던 진리의 말씀을 가슴에 새겨두자.

"그는 흥하여야 하겠고 나는 쇠하여야 하리라."

예수님은 세례 요한을 가리켜 "여자가 낳은 자 중에 세례 요한보다 큰 이가 일어남이 없도다"(마 11:11) 하고 칭찬하셨다. 요한은 3장을 마무리하면서 '믿음과 영생'에 대하여 다시 한 번 명쾌하게 정리했다.

"위로부터 오시는 이는 만물 위에 계시고 땅에서 난 이는 땅에 속하여 땅에 속한 것을 말하느니라. 하늘로부터 오시는 이는 만물 위에 계시나니 그가 친히 보고 들은 것을 증언하되 그의 증언을 받는 자가 없도다. 그의 증언을 받는 자는 하나님이 참되시다는 것을 인쳤느니라. 하나님이 보내신 이는 하나님의 말씀을 하나니 이는 하나님이 성령을 한량없이 주심이니라. 아버지께서 아들을 사랑하사 만물을 다 그의 손에 주셨으니 아들을 믿는 자에게는 영생이 있고 아들에게 순종하지 아니하는 자는 영생을 보지 못하고 도리어 하나님의 진노가 그 위에 머물러 있느니라"(요 3:31-36).

요한은 하늘에서 오신 예수님과 땅에서 난 종교적인 지도자들을 비교했다. 만물 위에 계신 예수님은 그가 하늘에서 보고 들으신 것을 말씀하신다. 그때 예수님의 말씀을 듣고 믿는 사람은 이렇게 말한다(인을 친다). "예수님에 대하여 증언하신 하나님은 거짓되지 않으시고 참되시다!"라고. 한편 예수님을 믿지 않는 사람은 그들의 불신앙을 말한다. "예수님에 대하여 증언한 하나님은 거짓말쟁이다"

라고. 요한은 이 말씀을 그의 첫 번째 편지에서 이렇게 강조하고 있다.

> "하나님의 아들을 믿는 자는 자기 안에 증거가 있고 하나님을 믿지 아니하는 자는 하나님을 거짓말하는 자로 만드나니 이는 하나님께서 그 아들에 대하여 증언하신 증거를 믿지 아니하였음이라"(요일 5:10).

예수 그리스도는 하나님의 말씀을 우리에게 전하신다. 아버지 하나님께서 아들 하나님이신 예수님을 사랑하셔서 만물을 그의 손에 맡기셨다. 예수님을 믿는 사람은 영원한 생명을 얻는다. 그러나 믿지 않는 자는 하나님의 진노가 그 위에 머물러 있다. 진노가 머물러 있지만 아직은 회개할 기회가 있다. 이런 의미에서 요한은 '희망의 복음'을 전하고 있다. 우리도 주변에 있는 불신자들에게 희망의 복음을 전해야 한다. 그것은 임박한 진노로부터 구원받으라는 선포이다.

예수님을 만난 사마리아 여인

// 요한복음 4:1-42 //

4장의 처음 여섯 절은 왜 예수님께서 유대를 떠나셔야 했는가에 대한 설명이다. 많은 사람들이 예수님을 추종하자 제자들이 세례를 주기 시작했다. 성경에는 예수님께서 제자들에게 세례를 주라고 분부하셨다는 말씀이 없다. 훗날에는 세례를 명하시겠지만 아직은 아니었다. 그런 식으로 사람들의 관심을 끄는 일은 예수님의 의도가 아니었다.

요한복음에는 예수님께서 자주 군중으로부터 피하시는 장면이 나오는데 이 경우도 그 중의 하나였다. 그러나 예수님께서 유대를 떠나 갈릴리로 가셔야 할 특별한 이유가 하나 더 있었다. 가시는 길에 사마리아 수가 성의 우물가에서 한 여인을 만나셔야 했기 때문이다. 이 여인은 니고데모와 여러 가지 면에서 비교되는 사람이다.

이스라엘의 선생이요, 바리새인이요, 산헤드린의 회원이었던 니고데모에게 진정으로 필요한 분은 하나님의 아들 예수 그리스도였다. 니고데모처럼 흠잡을 데 없는 사람도 영원한 생명(거듭남)을 얻어야만 하나님의 나라에 들어갈 수 있었다. 비록 훗날 니고데모가 예수님을 호의적으로 대변하고 그의 몸에 넣을 향을 가지고 무덤을 찾아오기는 했지만, 요한복음 3장에서는 그가 예수님에 대한 믿음을 고백했다는 증거가 없다. 예수님의 많은 말씀을 들었음에도 불구하고 그는 끝내 대답이 없었다.

대화로 시작한 요한복음 3장은 예수님 혼자 말씀하시다가 끝난다. 요한복음 3장은 세상 모든 사람들에게 중요한 질문을 던지고 있다. 그것은 곧 '예수님을 믿고 영생을 얻을 것인가, 아니면 믿지 않고 진노 아래 있을 것인가?' 하는 질문이다.

니고데모가 예루살렘에서 존경받는 인물이었다면 사마리아 수가 성의 여인은 멸시받는 사람이었다. 남왕국 유대의 수도였던 예루살렘은 그 이름만으로도 하늘 가까이 위치하는 것처럼 느껴졌다. 그

성에 사는 사람들은 하나님의 특별한 대우 아래 사는 것처럼 여겨졌다. 시인들은 예루살렘과 그 성에 사는 사람들을 노래했다. 그런가 하면 유대인들은 과거 북왕국 이스라엘의 수도였던 사마리아 사람들을 경멸했다.

물론 사마리아 사람들도 야곱의 후손이었다. 북왕국은 야곱의 열두 아들들 가운데 열 아들의 후손들로 구성되었다. 지파의 숫자로만 치면 북왕국이 이스라엘의 본줄기였다. 적어도 사마리아 사람들은 그렇게 생각하고 있었다. 그러나 남왕국 유대인들은 사마리아인들의 피 속에 이방인들의 피가 섞여 있다며 멀리했다. 그렇다면 예수님은 어떻게 생각하셨을까? 다른 복음서에 나오지 않는 이 두 사람, 존경받는 니고데모와 멸시받고 이름 없는 여인을 의도적으로 대비시키면서 요한은 예수님의 생각을 우리에게 들려주고 있다.

니고데모는 예수님에게 관심이 있었다. 이 여인은 예수님에게 무관심했다. 니고데모는 존경받는 산헤드린 회원이었다. 이 여인은 동네 사람들에게 버림받았다. 니고데모는 대화에 진지하게 임했다. 이 여인은 냉소하며 반박했다. 니고데모가 예수님을 찾아왔다. 예수님이 여인을 기다리셨다. 여인은 예수님에게 '제발 나 좀 내버려두라'는 식으로 얘기했다. 그러나 예수님은 '내가 너를 버려둘 수 없다'는 식으로 접근하셨다. 니고데모는 말없이 예수님을 떠났다. 그러나 이 여인은 결국 예수님을 '메시아'로 고백하게 된다. 이런 점들이 서로 달랐다. 이제 차근차근 살펴보도록 하자.

때는 정오(正午)였다. 제자들은 동네로 먹을 것을 사러 내려가고 예수님은 야곱의 우물 가에서 피곤한 몸을 쉬고 계셨다. 사실은 그 여인을 기다리고 계셨다. 이윽고 여인이 혼자서 우물을 찾아왔다.

예수님께서 여인에게 물을 좀 달라고 하셨다. 여인의 말투가 사뭇 공격적이었다.

> "당신은 유대인으로서 어찌하여 사마리아 여자인 나에게 물을 달라 하나이까?"(요 4:9).

표면적인 이유는 단순했다. 유대인과 사마리아인들은 피차 상종하지 않았기 때문이다. 그러나 여인의 마음속 깊은 곳으로 들어가 보면 적대의식으로 가득 차 있었다. 남편을 하나도 아니고 다섯이나 갈아치웠다. 그때마다 당사자는 물론 동네 사람들까지 여인과 원수가 되었다. 여인은 자기를 보호하려는 본성 때문에 이름난 싸움닭이 되어 있었다.

예수님은 여인의 반발에 개의치 않고 한 발 더 가까이 다가섰다.

> "네가 만일 하나님의 선물과 또 네게 물 좀 달라 하는 이가 누구인 줄 알았더라면 네가 그에게 구하였을 것이요 그가 생수를 네게 주었으리라"(요 4:10).

보통 사람이라면 여인의 차가운 말에 움칠하며 물러섰을 것이다. 그러나 예수님은 여인을 따뜻한 대화 속으로 초청하셨다. 물을 달라고 하시던 분이 갑자기 생수를 주시겠다고 하셨다. 그러기 위해서는 먼저 두 가지 조건이 선행되어야 했다. 하나는 '하나님의 선물이 무엇인지 안다면'이다. 다른 하나는 '물 좀 달라 하는 이가 누구인 줄 안다면'이다. 두 가지 모두 수수께끼 같은 말이었다.

예수님께서 말씀하신 생수(living water)는 '사람을 살리는 물'이다. 요한복음 7장에 가면 이 생수가 곧 성령님을 가리킨다고 말씀하셨다. 여인은 생수의 의미를 '아주 좋은 물' 정도로 이해했다. 도대체 어디에서 그 생수를 주겠다는 말인가? 그래도 어딘가 보통 사람들과 달라 보였다. 여인의 음성이 조금 부드러워졌다.

> "주여 물 길을 그릇도 없고 이 우물은 깊은데 어디서 당신이 그 생수를 얻겠사옵나이까. 우리 조상 야곱이 이 우물을 우리에게 주셨고 또 여기서 자기와 자기 아들들과 짐승이 다 마셨는데 당신이 야곱보다 더 크니이까?"(요 4:11-12).

'주여'라는 호칭이 그녀의 입에서 나왔다. 물론 우리가 부르는 '주님'은 아니다. 그래도 굉장한 변화다. 예수님의 초청에 여인이 반응을 보였다. 그렇지만 아직은 논쟁 중이다. 여인의 입장에서 보면 예수님의 말씀은 극히 비상식적이었다. 물 길을 그릇도 없이 어떻게 이 깊은 우물(지금도 약 30미터의 깊이라고 한다)에서 생수를 주겠다는 말인가. "당신이 우리 조상 야곱보다 더 큽니까?"라는 여인의 질문이 일종의 비아냥거림처럼 들린다.

이 우물은 야곱이 그의 자녀들과 짐승들을 기르는 데 사용되었다는 전설이 있었다. 그러나 구약에는 이 우물에 대한 기록이 없다. 그 여인은 조상 야곱의 그림자 속에 자신을 숨기려고 했다. 보통 사람이었다면 대화가 여기에서 끝났을 것이다. 그러나 예수님은 포기하지 아니하셨다.

> "이 물을 마시는 자마다 다시 목마르려니와 내가 주는 물을 마시는 자는 영원히 목마르지 아니하리니 내가 주는 물은 그 속에서 영생하도록 솟아나는 샘물이 되리라"(요 4:13-14).

니고데모에게 말씀하셨던 그 '영생'을 이 여인에게도 말씀하셨다. 그러나 여인은 또 한 번 빗나갔다.

> "주여 그런 물을 내게 주사 목마르지도 않고 또 여기 물 길으러 오지도 않게 하옵소서"(요 4:15).

마치 숨바꼭질 같다. 예수님은 여인의 현실 속으로 들어오시려 하고 여인은 메뚜기처럼 펄쩍 뛰며 달아난다. 여인뿐이겠는가. 하나님께서 우리를 찾아오실 때에 우리도 그렇게 도망 다니지 않았던가. 하나님의 선하심과 인자하심이 아니었다면 당신도 나도 구원받지 못했을 것이다.

드디어 예수님께서 여인의 실존을 붙잡고 흔드셨다.

> "가서 네 남편을 불러 오라."
> "나는 남편이 없나이다."
> "네가 남편이 없다 하는 말이 옳도다. 너에게 남편 다섯이 있었고 지금 있는 자도 네 남편이 아니니 네 말이 참되도다."

모처럼 여인의 입에서 진실한 말이 나왔다. 다섯 남편과 이혼했으니 그 상처가 얼마나 깊었을까. 여섯 번째 남자와 동거하고 있지만 그도 남편감이 아니었다. 얼마나 목마른 인생인가. 일반적으로 아내들은 결혼과 더불어 모든 것을 다 얻었다고 생각한다. 그런데 남편을 다섯이나 갈아보았지만 만족이 없었다. 여인의 인생은 엉망진창이 되었다. 빠져나올 길이 없었다. 모든 관계는 단절되고 삶의 기쁨도 사라졌다. 다만 극도의 목마름만 남아 있었다.

깊은 웅덩이에 빠진 사람이 "살려 달라"고 부르짖는 간절함이 그녀에게 있었다. 니고데모와 여인의 다른 점은 바로 그 '목마름'과 '간절함'에 있었다. 여인의 부르짖음이 목구멍 안에서 맴돌았다. 아무도 그 부르짖는 소리를 들을 수 없었다. 오직 하나님만 그 실낱처럼 애처로운 소리를 들으셨다. 그래서 예수님을 급히 사마리아로 보내셨다.

예수님의 말씀에 여인은 소스라치듯 놀라며 말했다. 그러나 여전히 진실을 외면한 임기응변이었다.

> "주여, 내가 보니 선지자로소이다. 우리 조상들은 이 산에서 예배하였는데 당신들의 말은 예배할 곳이 예루살렘에 있다 하더이다"(요 4:19-20).

불편한 대화에서 속히 벗어나고 싶었을지도 모른다. 그러나 대화의 방향은 올바로 가고 있었다. 인간의 문제는 예배를 통하여 해결되기 때문이다. 사마리아 사람들은 그리심 산에서 제사를 드려야 한다고 주장했다. 그들은 모세의 오경, 곧 창세기·출애굽기·레위기·민수기·신명기 다섯 책들만 성경으로 인정했다.

예수님께서 여인을 경직된 생각의 감옥으로부터 이끌어 내셨다.

"여자여, 내 말을 믿으라. 이 산에서도 말고 예루살렘에서도 말고 너희가 아버지께 예배할 때가 이르리라. 너희는 알지 못하는 것을 예배하고 우리는 아는 것을 예배하노니 이는 구원이 유대인에게서 남이라"(요 4:21-22).

"여자여, 내 말을 믿으라." 얼마나 단호한 말씀인가? 예수님과의 관계에서 가장 중요한 것은 그의 말씀에 대한 믿음이다. 예배는 장소가 중요하지 않다. 대상이 중요하다. 우리는 천지와 만물을 지으시고 우리를 구원하시기 위해 그의 아들을 십자가 위에 내어놓으신 하나님을 예배한다. 온 마음과 정성과 성품과 뜻을 다하여 하나님을 예배한다. 사마리아 사람들은 유대인들에 비하면 하나님께로부터 멀리 떠나 있었다. 예수님은 하나님께서 약속하신 말씀처럼 다윗의 가문에서 태어나셨다. 이것이 바로 구원은 유대인에게서 난다는 말씀의 숨은 뜻이다. 예수님의 말씀이 계속되었다.

"아버지께 참되게 예배하는 자들은 영과 진리로 예배할 때가 오나니 곧 이때라. 아버지께서는 자기에게 이렇게 예배하는 자들을 찾으시느니라. 하나님은 영이시니 예배하는 자가 영과 진리로 예배할지니라"(요 4:23-24).

'이때'는 예수님이 세상에 오신 그 시간을 가리킨다. 모든 사람은 예수님을 통해서만 아버지 하나님을 알 수 있다. 예수님 때문에 성령의 도우심으로 올바른 예배를 드릴 수 있다. 예배에는 언제나 성령님의 기름 부으심과 진리의 말씀 선포가 있어야 한다. 이 둘은 참된 예배의 절대요소이다. 하나님께서 이렇게 예배드리는 자들을 찾고 계신다.

길고도 긴 대화의 여정이 이제 그 정점(頂點)에 이르렀다. 여인은 심각한 탈수(脫水) 현상을 경험하고 있었다. 그 갈증이 그녀의 영적, 사회적, 정서적인 삶을 무너뜨리고 있었다. 인간관계는 증오의 장벽으로 분열되고, 남편을 통하여 얻으려던 행복은 무지개처럼 사라졌다. 남은 것은 모든 사람들을 가해자로 보는 피해의식뿐이었다. 뜨거운 대낮에 피곤하고 초라한 여인을 예수님께서 만나주셨다. '쓸데없이 남의 일에 상관하지 말아요'(It is none of your business!) 하고 쏘아붙이는 여인에게 가까이 다가가셨다.

"내가 너에게 좋은 선물을 주려고 한다. 그것은 영원토록 네 속에서 솟아날 생명이다."

여인이 예수님의 초청에 응할까? 여인에게는 가능성이 없었다. 그러나 그 여인을 말씀으로 붙들고 계시는 예수님에게는 충분한 능력이 있었다. 성령님께서 도와주시면 누구든지 거듭나는 경험을 할 수 있다.

"여자가 이르되, 메시아 곧 그리스도라 하는 이가 오실 줄을 내가 아노니 그가 오시면 모든 것을 우리에게 알려 주시리이다"(요 4:25).

"예수께서 이르시되, 네게 말하는 내가 그라 하시니라"(요

4:26).

드디어 '메시아 곧 그리스도가 오시면'이라는 말이 여인의 입에서 나왔다. 그 말이 나올 때까지 예수님께서 기다리고 계셨다. 여인이 그녀의 희망을 메시아에게 거는 순간, 예수님은 "네게 말하고 있는 내가 바로 메시아다"고 선언하셨다. 그 순간 신비한 일이 여인에게 일어났다. 예수님의 말씀이 믿어졌다. 거듭나는 순간이었다. 예수님은 거듭남에 대하여 설명하시는 것으로 끝내지 않으셨다. 실제로 거듭나게 해주셨다.

나는 '거듭남'을 생각할 때마다 벼락을 생각한다. 벼락은 100분의 1초 속도로 지면에 내려온다. 벼락이 지나가는 주변 온도는 섭씨 27,000도로 태양 표면 온도의 4배다. 전압은 1억에서 10억 볼트에 이른다. 번개를 에너지로 환산하면 100와트짜리 전구 10만 개를 약 1시간 정도 켤 수 있다. 그런데도 벼락 때문에 죽는 사람들은 극히 드물다.

예수님을 구주로 영접하고 새로운 피조물이 되게 하는 능력은 벼락보다 더 크다. 누가 사람을 변화시킬 수 있을까? 누가 악하고 추하고 더러운 습관을 진심으로 회개하며 버릴 수 있게 할까? 누가 눈을 들어 이 세상이 아닌 저 세상을 바라보며 거룩한 삶을 살게 할 수 있을까? 누가 예수님의 이름을 부르며 하나님께 신령과 진정으로 예배드릴 수 있게 할 수 있을까? 사람으로서는 전혀 불가능한 일이다. 하나님의 능력이 아니면 도저히 불가능한 일이다. 그런데 이런 놀라운 일이 여인에게 일어났다. 오직 하나님의 은혜로….

음식을 사가지고 돌아오던 제자들은 예수님과 여인이 이야기하는 장면을 보았다. 그 장면이 제자들에게도 부자연스러웠다. 아무도 무슨 이야기를 하셨느냐고 묻는 자가 없었다. 바로 그 순간 여인이 자리를 박차고 일어났다. 물동이도 버려둔 채 언덕길을 급히 내려갔다. 그리고 동네 골목을 뛰어다니며 소리쳤다.

> "내가 행한 모든 일을 내게 말한 사람을 와서 보라. 이는 그리스도가 아니냐?"(요 4:29).

그것은 벼락 후에 들려오는 천둥소리였다. 적어도 동네 사람들의 귀에는 그렇게 들렸다. 동네 사람들과 담을 쌓고 지내던 여인, 누군가 그녀의 삶에 신칙하면 사납게 대어들던 여인, 철면피 얼굴을 하고 살던 여인, 그 여인의 입에서 그런 말이 나오리라고는 아무도 예측하지 못했다. 여인은 자신의 부끄러운 삶을 지렛대로 삼아 동네 사람들을 설득했다. 조상 대대로 기다려 왔던 그리스도(메시아)를 자기가 우물가에서 만났다고 외쳤다. 또 한 번 기적이 일어났다. 그녀의 말을 듣고 온 동네 사람들이 우르르 우물로 몰려갔다. 믿음의 파장이 일어났다.

세상에서 가장 큰 축복은 예수님이 믿어지는 축복이다. 하나님의 아들 예수 그리스도가 나를 위하여 십자가에서 죽으시고 부활하셨음을 믿는 축복이다. 그의 흘리신 피로 내 죄가 사함 받았음을 믿는 축복이다. 목회하면서 "목사님, 저는 예수님이 안 믿어져요" 하는 말을 들을 때가 가장 답답했다. 내가 해줄 수 있는 일이 없었다. 믿음은 논쟁을 통해서 얻어지지 않는다. 믿음은 구하는 자에게 주시는 하나님의 선물이다.

"내가 행한 모든 일을 내게 말한 사람을 와서 보라. 이는 그리스도가 아니냐?"(요 4:29).

이 말 속에 생략되어 있는 말, 그러나 그 마을에 사는 사람들이 다 이해할 수 있는 말이 담겨 있었다. 그 말을 넣어서 읽어보면 이런 내용이다.

"내가 행한 그 모든 후회스럽고 부끄러운 일을 나에게 깨닫게 해준 사람을 와서 만나보십시오. 나는 이분이 우리가 기다리는 그리스도라고 믿습니다."

하나님께서 이 여인을 만나주셨다. 지치고 피곤한 여인, 희망도 미래도 없는 여인을 만나주셨다. 하나님께서 그 여인을 지으셨기 때문이다. 그 순간 여인의 영혼 속에 신비한 일이 일어났다. 동이 트면 어둠이 물러가는 것처럼 하나님의 생명이 이 여인에게 임하자 사람이 변화되었다. 진리이신 예수님께서 이 여인을 모든 죄와 실패와 자책감에서 자유하게 해주셨다. 거듭나게 해주셨다. 새 생명의 엄청난 에너지가 여인을 마을로 내려가게 했다. 소리 높여 구원의 복음을 전하게 했다.

그 사명이 너무 급해서 물동이를 가져갈 여유가 없었다. 너무나 자유로워서 물동이마저 놓아버릴 수 있었다. 이것은 우주적인 사건이었다. 예수님께서 한 영혼을 살리시는 신비한 사건이었다. 영과 진리로 예배하는 자들을 찾으시는 하나님의 한량없는 은혜였다.

우리도 마찬가지다. 돌이켜보면 우리가 한 일은 아무것도 없다.

다만 하나님에게 찾은바 되었을 뿐이다. 어둠 가운데 숨어 있던 우리를 하나님께서 찾아내셨다. 그것이 예수님께서 말씀하신 '하나님의 선물'이다. 여인의 영혼 속에서 생수가 터져 나왔다. 상징적으로 보면, 더 이상 물동이가 필요 없게 되었다.

목회를 시작한 지 1년쯤 되었을 때다. 30대 초반의 젊은 의사네 가정을 심방한 적이 있었다. 식사 후에 그가 이런 말을 했다.

"목사님, 저는 고등학교 때부터 교회에 다녔는데 아무리 애써도 예수님이 안 믿어집니다. 어떻게 하면 믿을 수 있지요?"
"15년 이상을 교회에 다녔다니, 제가 얘기하려는 내용은 이미 다 알고 계실 것입니다. 저도 도와드릴 길이 없는 것 같군요. 믿음은 하나님의 선물입니다. 하나님께 구하세요. 믿을 수 있도록 도와달라고 진심으로 부탁해 보세요. 그렇게 하시겠다면 제가 당신을 위해 기도해 드리겠습니다."
"목사님, 그렇게 기도해 주세요."

나는 그의 머리 위에 손을 얹고 기도했다. 이 젊은이로 하여금 하나님의 사랑을 깨닫고 예수님을 구주로 영접할 수 있게 해주시라고 간절히 기도했다. 그리고 6개월 후에 그는 하나님을 만났다. 내가 욥이 하나님을 만나는 장면에 대하여 설교했는데 그 말씀이 그의 마음 문을 열어 주었다. 그는 설교 테이프를 1년 동안 반복해서 들으며 울고 또 울었다. 눈물 때문에 운전을 할 수 없어서 차를 주차장에 세워놓고 주의 이름을 부르며 기도했다. 믿음은 하나님의 선물이다. 믿어지는 축복보다 더 큰 축복이 없다. 믿어지지 않는가?

믿어질 수 있도록 도와주시라고 기도해 보라. 하나님은 은혜 베푸시기를 기뻐하시는 분이시다.

여인이 떠난 후에 제자들이 음식들을 내어놓으며 잡수시기를 권했다. 예수님은 '내게는 너희가 알지 못하는 먹을 양식이 있느니라'고 말씀하셨다. 이 말씀을 하시면서 예수님은 아마도 가장 행복하고 평안하고 만족스러운 표정을 지으셨을 것이다. 제자들은 누군가 잡수실 것을 갖다드린 줄로 생각했다. 제자들의 짧은 생각을 아시고 예수님께서 다시 말씀하셨다.

> "나의 양식은 나를 보내신 이의 뜻을 행하며 그의 일을 온전히 이루는 이것이니라. 너희는 넉 달이 지나야 추수할 때가 이르겠다 하지 아니하느냐. 그러나 나는 너희에게 이르노니 너희 눈을 들어 밭을 보라. 희어져 추수하게 되었도다"(요 4:34-35).

삶의 만족은 어디에서 올까? 예수님은 '나를 보내신 이의 뜻을 행할 때'라고 하셨다. 언제 성취감을 느끼는가? 나를 세상에 보내신 이를 알고, 나를 향한 그분의 '맞춤형 목적'을 깨달으며, 그 목적에 걸맞은 삶을 살 때다. 삶을 진중(鎭重)하게 살다보면 순수한 가치를 발견하게 된다. 그 순간은 밥을 안 먹어도 배부르다.

예수님은 '넉 달 후'와 '지금'을 비교하셨다. 복음을 전하는 일은 나중으로 미룰 수 없다. '넉 달 후'는 항상 '넉 달 후'로 남아 있게 될 것이다. '저 사람은 아직 때가 되지 않았어. 전도하려면 좀 더 기다려야 해.' 그래서 우리는 항상 누군가에게 복음을 전하는 일을 넉 달 후로 미룬다. 그러나 예수님은 지금 바로 추수해야 한다고 말씀하셨다. 왜 그런가? 이미 누군가 넉 달 전에 씨를 뿌려놓았기 때문이다.

> "거두는 자가 이미 삯도 받고 영생에 이르는 열매를 모으나니 이는 뿌리는 자와 거두는 자가 함께 즐거워하게 하려 함이라. 그런즉 한 사람이 심고 다른 사람이 거둔다 하는 말이 옳도다. 내가 너희로 노력하지 아니한 것을 거두러 보내었노니 다른 사람들은 노력하였고 너희는 그들이 노력한 것에 참여하였느니라"(요 4:36-38).

거두는 자가 이미 삯을 받았다. 품삯을 선불(先拂)로 받은 농부들은 추수 때가 오면 바쁘게 불려 다닌다. 우리가 선불로 받은 품삯은 '영원한 생명'이다. 예수 믿고 영생을 얻은 우리는 모두 추수꾼이다. 누군가 뿌려놓은 복음의 씨를 거두어야 한다. 우리 주변 어딘가에 추수의 때를 기다리는 영혼들이 있을 것이다. 추수하는 일꾼은 주인에게 "오늘은 어디에서 추수할까요?" 하고 물어야 한다. 농부에게는 추수하는 시간이 가장 즐겁다. 전도하는 사람에게는 영혼을 구원으로 인도하는 일이 가장 귀하다. 큰 상급이 있기 때문이다. 바울은 그런 즐거움 가운데 살았다.

> "그러므로 나의 사랑하고 사모하는 형제들, 나의 기쁨이요 면류관인 사랑하는 자들아 이와 같이 주 안에 서라"(빌 4:1).

> "우리의 소망이나 기쁨이나 자랑의 면류관이 무엇이냐? 그가 강림하실 때 우리 주 예수 앞에 너희가 아니냐? 너희는 우리의

영광이요 기쁨이니라"(살전 2:19-20).

예수님께서 제자들과 이야기하고 있을 때에 사마리아인들이 몰려왔다. 그들은 예수님을 믿을 준비가 되어 있었다. 여인의 강력한 증언 때문이었다. 예수님은 그들의 청에 응하시고 그 동네에서 이틀을 더 머무셨다. 요한복음에서 '머물다'는 특별한 의미를 지닌다. 요한복음 15장 4절에서는 '거한다'로 번역되고 있다. 예수님께서 사마리아 수가 성에 이틀 동안 머무셨던 시간은 곧 예수님이 그들 안에 거하시고 그들이 예수님 안에 거하는 천국의 시간이었다. 그 결과 많은 사람들이 예수님의 말씀을 듣고 믿게 되었다. 그들이 여인에게 말했다.

"이제 우리가 믿는 것은 네 말로 인함이 아니니 이는 우리가 친히 듣고 그가 참으로 세상의 구주신 줄 앎이라"(요 4:42).

믿음은 어느 순간 간접적인 믿음에서 직접적인 믿음으로 변환된다. 부모님의 믿음에서 내 자신의 믿음으로 승화된다. 요한복음은 자주 우리에게 "네가 믿느냐?"고 질문한다. 다른 사람의 믿음은 내 믿음이 아니다.

훗날 예루살렘에 박해가 일어났을 때 빌립 집사는 사마리아로 피난을 가서 예수님을 전했다. 그때 사마리아 사람들이 마음을 열고 예수님이 하나님의 아들이라는 복음을 받아들였다. 예수님의 이름으로 많은 기적들이 일어났다. 누가는 사마리아에서 일어난 일을 이렇게 기록하고 있다.

"빌립이 사마리아 성에 내려가 그리스도를 백성에게 전파하니 무리가 빌립의 말도 듣고 행하는 표적도 보고 한마음으로 그가 하는 말을 따르더라. 많은 사람에게 붙었던 더러운 귀신들이 크게 소리를 지르며 나가고 또 많은 중풍병자와 못 걷는 사람이 나으니 그 성에 큰 기쁨이 있더라"(행 8:5-8).

사마리아 사람들이 복음에 신속한 반응을 보인 것은 우연이 아니다. 몇 해 전에 있었던 수가 성 우물가의 여인 이야기가 이미 널리 퍼졌기 때문일 것이다. 이제 그 행복한 여인의 이야기를 마쳐야 할 것 같다. 그렇지만 여인의 나중 생활이 여간 궁금하지 않다. 그 후에 어떻게 살았을까? 요즘 같으면 간증집 한 권쯤 출판했으련만….

두 번째 기적

// 요한복음 4:43-46 //

예수님께서 갈릴리로 가시면서 말씀하셨다.

"선지자가 고향에서는 높임을 받지 못한다"(요 4:44).

그런데 막상 갈릴리에 이르시니 많은 사람들이 예수님을 영접했다. 명절에 예루살렘에 다녀온 사람들이 예수님께서 행하신 일들을 보았기 때문이다. '높임을 받지 못한다'는 말씀과 '영접했다'는 말은 같은 뜻이 아니다. 높임을 받는다는 말은 예수님을 믿음의 대상으로 여긴다는 말이다. 그러나 영접했다는 말은 단순히 환영했다는 말이다.

왜 고향 사람들은 예수님을 믿기가 그렇게 어려웠을까? 선입견 때문이다. 고향 사람들은 예수님에 대하여 너무나 잘 알고 있었다. 차라리 예수님에 대하여 아무것도 모르는 사람은 믿기가 쉽다. 가끔은 예수님에 대한 값싼 지식들이 우리의 믿음을 방해할 때가 있다.

예수님께서 갈릴리 가나를 다시 방문하셨다. 물로 포도주를 만들어 주셨던 동네이다. 왕의 신하 한 사람이 예수님을 찾아와서 간청했다.

"내려오셔서 내 아들의 병을 고쳐 주소서"(요 4:47).

여기에서 '왕'은 헤롯 대왕의 둘째 아들 헤롯 안디바(Herod Antipas)를 가리킨다. 그는 이복동생의 아내 헤로디아를 빼앗아 자기 아내로 삼았던 자다. 그리고 이를 책망하는 세례 요한을 목 베어 죽였다. 그는 갈릴리 호수 서편에 있는 디베리아(Tiberius)를 수도로 삼아 갈릴리 지역을 다스리는 분봉왕(分封王)이었다. (헤롯 대제는 사후에 자기 영토를 3등분하여 세 아들들에게 나누어 다스리게 했다) 그의 신하가 예수님에게 자기 아들을 살려달라고 찾아왔다. 예수님의 대답이 조금 냉정하게 들린다.

"너희는 표적과 기사를 보지 못하면 도무지 믿지 아니하리라" (요 4:48).

기적을 경험하지 않고 오직 말씀으로 예수님을 믿는 사람은 행복한 사람이다. 그러나 어떤 사람은 기적적인 경험을 통해 믿음으로 들어오기도 한다. 예수님께서 행하신 기적은 언제나 믿음의 사람들을 만들어냈다.

"주여 내 아이가 죽기 전에 내려오소서"(요 4:49).

모든 기적은 간절함을 전제로 한다. 가나의 혼인잔치에서도 그랬다. 포도주가 몇 통만 여분으로 있었더라도 기적은 필요하지 않았을 것이다. 아버지가 아들의 죽어가는 모습을 보다가 예수님을 찾아왔다. 그 간절함이 얼마나 컸을까. 예수님께서 말씀하셨다.

"가라. 네 아들이 살아 있다"(요 4:50).

신하는 예수님의 말씀을 믿었다. 그의 아들이 고침을 받았다는 확신이 들었다. 그 믿음을 가지고 가버나움으로 내려갔다. 가나에서 가버나움까지는 자동차 길로 가도 40킬로미터이다. 걸어서 가면 하룻길 이상이다. 다음날에야 집에 들어갈 수 있었다. 가는 길에 종들을 만났다. 종들은 그의 아들이 살아났다는 기쁜 소식을 전해 주었다. 신하는 자기의 믿음을 확인해 보고 싶었다. 그래서 '어떻게'를 묻지 않고 '언제'를 물었다. 어제 7시에 열기가 떨어졌다고 했다. 로마 시간으로 오후 1시, 예수님께서 "가라. 네 아들이 살아 있다"고 말씀하셨던 바로 그때였다. 아버지의 믿음이 그 집에 큰 축복이 되었다.

"그의 아버지가 예수께서 네 아들이 살아 있다 말씀하신 그때인 줄 알고 자기와 그 온 집안이 다 믿으니라"(요 4:53).

요한이 그의 복음서를 기록한 목적이 "자기와 그 온 집안이 다 믿으니라"는 말 속에 담겨 있다.

"네가 낫고자 하느냐?"

// 요한복음 5:1-15 //

느헤미야 3장을 보면 예루살렘 성에는 동서남북으로 모두 열 개의 문들이 있다. 그중 하나가 북쪽으로 나 있는 양의 문이다. 양의 문을 통하여 성전 쪽으로 들어오면 중간에 베데스다라고 불리는 연못이 있다. 당시에는 비와 햇볕을 가려주는 회랑(回廊, Corridor)들이 연못 주위에 둘려 있었다.

오랫동안 흙속에 묻혀 있다가 1888년에 발굴된 이 연못은 길이가 105미터, 넓이가 60미터, 깊이가 8미터 정도나 되는 큰 인공 연못이다. 지금은 바닥에 물이 조금 고여 있지만 당시에는 사람들이 들어가서 목욕할 만큼 물이 많았다. 이 연못은 천사가 와서 물을 움직일 때에 처음 들어가는 사람은 어떤 병이든지 낫는다는 통설(通說)이 있어서 많은 환자들이 주위에 모여 있었다. 사도 요한은 이 통설을 괄호로 묶어놓았다.

명절을 지키기 위해 예루살렘에 올라오신 예수님께서 이 회랑을 방문하셨다. 병자들은 연못만 뚫어지게 쳐다보고 있었다. 예수님께서 그 병자들 가운데 한 사람을 찾아가셨다. 38년 된 병자였다. 누워 있는 모습만 보아도 얼마나 오랫동안 병치레를 해왔는지 알 수 있었다.

긴 병에 효자 없다는 말이 있다. 온 식구들이 일해야 먹고사는 시대에 기약도 없이 그의 곁을 지켜줄 사람이 누가 있겠는가. 언제 물이 동할지 예측할 수도 없었다. 물이 동할 때에 먼저 들어간 사람이 정말로 고침을 받았는지도 알 수 없는 일이다. 그래도 사람들은 포기하지 않았다. 바람결에 연못물이 움직여도 우르르 내려갔다. 그때마다 그는 내려가는 사람들의 뒷모습만 쳐다보아야 했다. 예수님께서 치료 받기를 소원하는 이 사람의 간절함을 아시고 말씀하셨다.

"네가 낫고자 하느냐?"
"주여 물이 움직일 때에 나를 못에 넣어 주는 사람이 없어 내가 가는 동안에 다른 사람이 먼저 내려가나이다."
"일어나 네 자리를 들고 걸어가라."

그 순간 기적이 일어났다. 놀라운 능력이 예수님의 말씀에서 나왔다. 천지와 만물을 지으셨던 바로 그 말씀이다. 그 사람의 몸에 즉시로 치료가 임했다. 온몸의 근육들이 살아났다. "그 사람이 곧 나아서 자리를 들고 걸어가니라." 말씀의 능력이 신체뿐만 아니라 생각도 고쳐주었다. 그는 거의 무의식적으로 자리를 들고 걸어갔다. 이성적으로 생각했다면 도저히 일어날 수 없었을 것이다. 은혜 안에서만 가능한 일이다. 바울은 말했다.

"너희는 그 은혜에 의하여 믿음으로 말미암아 구원을 받았으니 이것은 너희에게서 난 것이 아니요 하나님의 선물이라"(엡 2:8).

그날은 안식일이었다. 유대교의 전통에 의하면 일을 할 수 없는 날이었다. 사람들이 "안식일인데 왜 침상을 들고 가느냐?"고 핀잔을 주었다. 그제야 정신이 들었다. "나를 낫게 한 그가 자리를 들고 걸어가라 하더라"고 말했다. 사람들이 "너에게 자리를 들고 걸어가라 한 사람이 누구냐?"고 물었다. 그런데 그는 자기를 고쳐준 이가 누구인지 몰랐다. 예수님께서 그 자리를 피하셨고 본인도 제정신이 아니었으니까.

얼마 후에 예수님이 그 사람을 다시 만나셨다. 우연히 만나신 것이 아니다. 목적을 가지고 일부러 그를 찾아가서 만나셨다. 그리고 말씀하셨다.

> "보라. 네가 나았으니 더 심한 것이 생기지 않게 다시는 죄를 범하지 말라"(요 5:14).

요한복음에서 '보라'는 중요한 진리를 선포하거나 감추어진 것을 드러내실 때에 사용되는 표현이다. 예를 들면, 세례 요한은 요한복음 1장에서 예수님을 보고 두 번이나 "보라. (세상 죄를 지고 가는) 하나님의 어린양이로다" 하고 선포했다. 예수님은 나다나엘을 향해 "보라. 이는 참으로 이스라엘 사람이라. 그 속에 간사한 것이 없도다" 하시며 그의 사람됨을 드러내 보여주셨다.

예수님은 그의 마음에 의심이 들지 않도록 완치되었음을 확신시켜 주셨다. 그리고 "다시는 죄를 범하지 말라!"고 당부하셨다. 헬라어 원어로 보면 이 명령은 현재진행형이다. '지금 범하고 있는 죄를 더 이상 짓지 말라(Stop sinning!)'는 강한 명령이다. 문법상으로 보면

이 사람은 고침 받던 그 순간까지도 죄를 범하고 있었다는 말이다. 그는 긴 세월을 침상에 누워서 지냈다. 몸으로 죄를 지을 형편이 아니었다. 그렇다면 마음으로 죄를 짓고 있었을까?

이 사람은 영적인 굴레(bridle)와 결박(bondage) 아래 놓여 있었다. 38년 동안 누워 있으면서도 마음으로 죄 범하기를 멈출 수가 없었다. 죄를 범할수록 몸도 피폐해져 갔다. 마음속에서 짓는 죄였으므로 사람들의 눈에 띄지도 않았다. 누가 그를 고칠 수 있겠는가? 그런데 예수님께서 찾아오셔서 "다시는 죄를 범하지 말라"고 명령하셨다. 이 말씀은 예수님께서 그의 죄를 이미 다 용서하셨다는 신포였다.

물론 경고도 잊지 않으셨다. 그것은 사랑의 경고였다. 38년 동안 죄 때문에 생긴 병에 짓눌려 살던 사람, 살면서도 사는 것 같지 않았던 사람, 아직도 그 죄에서 벗어나지 못하고 있는 그 사람, 그래서 머지않아 다시 병들어 베데스다 연못을 찾아올지도 모를 그 사람을 향해, 예수님께서 말씀하셨다.

"더 심한 것이 생기지 않게 다시는 죄를 범하지 말라."

우리에게는 앞날을 예상하는 지혜가 필요하다. 서로 미워하면 결국 그 관계는 사망에 이르게 되고 석고처럼 굳어질 것이다. 감사와 만족이 없이 욕심에 끌려가다 보면 결국에는 모든 것을 잃어버리게 된다. 죄악의 길로 계속 걸어가면 결국에는 망하게 된다. 결과를 미리 예측하는 사람은 지혜로운 사람이다. 악한 길로부터 일찌감치 돌아서게 될 것이다.

한 가지 안타까운 점이 있다. 왜 그 사람은 예수님에게 감사를 드리지 않았을까? 왜 "선생님, 제가 다시는 죄를 짓지 않을 수 있도록 도와주시옵소서" 하고 간구하지 않았을까? 그 후에는 어떻게 지냈을까? 이런 질문이 일어날 때마다 성경은 우리에게 되묻는다.

"너 같으면 어떻게 했겠니?"

그래도 다행이다. 그의 입에서 예수님의 이름이 선포되었으니까.

"그 사람이 유대인들에게 가서 자기를 고친 이는 예수라 하니라"(요 5:15).

"내 아버지께서 일하시니 나도 일한다"

// 요한복음 5:16-47 //

요한복음에는 '아버지'라는 칭호가 160여 차례 나온다. 공관복음서를 다 합한 것보다 더 많이 나온다. (공관복음서는 같은 관점에서 기록한 마태, 마가, 누가복음을 말한다.) 그 중의 95% 이상이 예수님께서 하나님을 부르실 때 사용되었다. 요한은 예수님이 하나님의 아들이심을 특별히 강조하고 있다. 그것이 믿음의 중요한 요소이기 때문이다.

"오직 이것을 기록함은 너희로 예수께서 하나님의 아들 그리스도이심을 믿게 하려 함이요 또 너희로 믿고 그 이름을 힘입어 생명을 얻게 하려 함이니라"(요 20:31).

요한복음 안에서도 '아버지'라는 칭호가 더 자주 등장하는 장(章)들이 있다. 예를 들면 5, 6, 8, 10장, 그리고 14-17장이다. 10장까지는 유대인들과 논쟁할 때에 사용하셨고, 14장 이후에는 제자들을 가르치시며 사용하셨다.

이제 요한복음 5장 16절 이하에 나오는 예수님과 아버지 하나님의 관계에 대하여 살펴보도록 하자. 유대인들은 예수님께서 안식일을 범했다고 비난했다. 안식일에 병자를 고치실 뿐만 아니라 침상을 들고 가라고 명령하셨기 때문이다. 그러자 예수님께서 말씀하셨다.

"내 아버지께서 이제까지 일하시니 나도 일한다"(요 5:17).

이 말에 유대인들은 예수님을 죽이기로 작정했다. 안식일만 범할 뿐 아니라 '하나님을 자기의 친아버지라 하여 자기를 하나님과 동등'으로 삼았기 때문이다. 그러자 예수님께서 유대인들에게 하나님 아버지와 자신의 관계를 자세하게 설명해 주셨다.

아버지 하나님께서 아들(예수님) 하나님에게 두 가지 특권을 주셨다. 첫째로, '아버지께서 죽은 자들을 일으켜 살리심같이' 아들도 자기가 원하는 자들을 살리게 하셨다. 두 종류의 부활이 있다. 하나는 훗날 모든 사람들이 심판대 앞에 서는 부활이다. 다른 하나는 이 세상에서 예수님을 믿고 거듭남으로 심판에 이르지 않는 부활이다. 둘째로, 아버지께서 심판을 아들에게 다 맡겨 주셨다. 이 두 가지 면에 있어서 아버지와 아들은 하나였다. 무슨 의미인가? 모든 사람들로 하여금 아버지 하나님을 공경(respect)하는 것처럼 아들을 공경하도록 하기 위함이었다. 아들을 공경하지 않는 자는 아버지도 공경할 수 없다. 영생은 아버지와 아들을 믿는 믿음으로만 얻을 수 있다.

> "내가 진실로 진실로 너희에게 이르노니 내 말을 듣고 또 나 보내신 이를 믿는 자는 영생을 얻었고 심판에 이르지 아니하나니 사망에서 생명으로 옮겼느니라"(요 5:24).

말, 혹은 음성을 '듣는다'는 단어가 5장에서만 다섯 번 나온다(24, 25, 28, 30, 37절). 그중에 앞의 세 구절은 아들의 말이고 뒤의 두 구절은 아들이 듣는 하나님의 말씀이다. 아들은 아버지에게서 들었던 말씀을 세상에 전해 주셨다. 아버지께서 하신 일들도 사람들 앞에서 재현해 보이셨다. 아들 되신 예수님께서 세상 사람들에게 아버지 하나님을 나타내셨다. 이 전에는 아무도 본 적이 없는 하나님을….

> "본래 하나님을 본 사람이 없으되 아버지 품속에 있는 독생하신 하나님이 나타내셨느니라"(요 1:18).

이제 모든 사람들은 예수님 앞에서 선택을 해야 한다. 그의 말을 듣고 그를 보내신 아버지 하나님을 믿을 것인가, 아니면 그의 말을 무시하고 하나님 알기를 거절할 것인가 결정해야 한다. 현대인들은 이런 이분법(二分法)을 혐오한다. 너무 극단적이라고 싫어한다. 그러나 성경은 다른 타협안을 제시하지 않는다. 예수님을 영접하는 사람에게는 영원한 생명이 있고, 거절하는 사람에게는 심판과 멸망이 예비되어 있다고 단호하게 선언한다. 신앙은 선택이며 결단이다. 예수님을 내 삶의 주인으로 모실 것인지, 아니면 필요할 때만 찾는 동반자로 여길 것인지 결단해야 한다.

예수님이 하나님의 아들이심을 어떻게 알 수 있는가? 요한은 네 가지의 '증언'을 기록하고 있다. 요한은 그의 복음서와 서신, 그리고 요한계시록에서 '증언'이라는 단어를 즐겨 사용한다. 신약 전체에 '증언'이라는 말이 136회 나오는데 그중에 77회를 요한이 사용했다.

첫째로, 세례 요한이 증언했다.

"나도 그를 알지 못하였으나 나를 보내어 물로 세례를 베풀라 하신 그이가 나에게 말씀하시되 성령이 내려서 누구 위에든지 머무는 것을 보거든 그가 곧 성령으로 세례를 베푸는 이인 줄 알라 하셨기에 내가 보고 그가 하나님의 아들이심을 증언하였노라 하니라"(요 1:33-34).

둘째로, 예수님께서 행하신 기적들이 증언했다. 예수님은 '아버지께서 내게 주사 이루게 하시는 역사'라고 하셨다.

셋째로, 아버지 하나님께서 증언하셨다. 아들을 믿는 자는 아버지의 음성을 듣고 그 형상을 볼 수 있다. 물론 예수님의 말씀으로 그려진 아버지의 형상이다.

넷째로, 성경이 증언하고 있다. 구약은 한결같이 예수 그리스도가 구주이심을 가리키고 있다. 모세도 예수님에 대하여 이렇게 기록했다.

"네 하나님 여호와께서 너희 가운데 네 형제 중에서 너를 위하여 나와 같은 선지자 하나를 일으키시리니 너희는 그의 말을 들을지니라"(신 18:15).

왜 유대인들은 이런 증언들을 받아들이지 않을까? 하나님을 사랑하지 않았기 때문이다. 그들은 율법을 주신 하나님보다 율법 자체를 더 중하게 생각했다. 누가 더 철저하게 율법을 지키느냐에만 관심을 두었기에 서로가 자신을 높이느라 분주했다. 하나님께로부터 오는 영광에는 관심이 없었다. 세상에 오신 하나님의 아들에게 영광이 나타났지만 그들은 그 영광을 외면했다.

"말씀이 육신이 되어 우리 가운데 거하시매 우리가 그의 영광을 보니 아버지의 독생자의 영광이요 은혜와 진리가 충만하더라"(요 1:14).

우리는 하나님의 영광과 그의 아들 예수 그리스도에게 초점을 맞추어야 한다. 다시 한 번 예수님의 이름을 존귀하게 여기며 경배하고 찬양해야 한다. 왜냐하면 예수님의 말씀을 듣고 그를 보내신 아버지 하나님을 믿는 자마다 영생을 얻게 되기 때문이다. 왜 어떤 사람은 영생을 받아들이고 어떤 사람은 거절할까? 예수님은 그의 답답하신 심정을 이렇게 토로하셨다.

"너희가 성경에서 영생을 얻는 줄 생각하고 성경을 연구하거니와 이 성경이 곧 내게 대하여 증언하는 것이니라. 그러나 너희가 영생을 얻기 위하여 내게 오기를 원하지 아니하는도다. 나는 사람에게서 영광을 취하지 아니하노라. 다만 하나님을 사랑하는 것이 너희 속에 없음을 알았노라. 나는 내 아버지의 이름으로 왔으매 너희가 영접하지 아니하나 만일 다른 사람이 자기 이름으로 오면 영접하리라. 너희가 서로 영광을 취하고 유일하신 하나님께로부터 오는 영광은 구하지 아니하니 어찌 나를 믿을 수 있느냐. 내가 너희를 아버지께 고발할까 생각하지 말라. 너희를 고발하는 이가 있으니 곧 너희가 바라는 자 모세니라. 모세를 믿었더라면 또 나를 믿었으리니 이는 그가 내게 대하여 기록하였음이라. 그러나 그의 글도 믿지 아니하거든 어찌 내 말을 믿겠느냐 하시니라"(요 5:39-47).

이야기 하나_ 재키 플린저

재키 플린저(Jackie Pullinger)는 영국 왕립 음악대학을 졸업한 후에 선교사로 부르심을 받고 홍콩의 빈민가를 찾아갔다. 홍콩 비행장 옆에 있는 빈민가는 마약과 매춘, 그리고 도박으로 유명했다. 그곳은 경찰이 아닌 갱단들이 지배하는 곳이었다. 처녀의 몸으로 담대하게 홍콩의 빈민가에서 2년 동안 복음을 전했지만 아무런 열매도 없었다. 그러다가 성령 세례를 받고 방언으로 기도하자 많은 열매들이 맺히기 시작했다. (재키의 자전적인 책 《추룡, 追龍》(Chasing the Dragon, 1980)이 한국에서 2001년에 출판되었는데 지금은 절판되고 출판사도 문을 닫았다. 누군가 다시 그 책을 출판할 수 있다면 많은 이들에게 큰 축복이 될 것이다.)

그 책에 이런 이야기가 나온다.

전도만 하면 도망 다니던 마리아라고 하는 처녀가 윤락녀로 팔려갈 처지가 되었다. 그동안에는 바(Bar)에서 춤을 추고 원하는 남자와 잠을 자며 돈을 벌어 살아왔다. 그러던 어느 날 도박에 손을 댔다가 하루의 이자가 20%나 되는 돈을 빌려 쓰고 결국에는 창녀생활을 하게 된 것이다. 마리아는 앞으로 2년 동안 짐승처럼 몸을 팔아서 그 돈을 마이클이라는 포주에게 갖다 바쳐야 한다.

재키는 아 핑이라는 전 갱 멤버 형제와 함께 마리아를 찾아 나섰다. 포주를 피해서 도망 다니고 있던 마리아는 재키 선교사를 만나자마자 숨넘어가는 소리를 했다.

"재키, 빚 갚는 데 홍콩 달러로 1500불이 필요해요. 저 좀 살려주세요."

그러나 재키에게는 단돈 15불도 없었다. 돈보다 더 큰 문제는 마리아의 말을 믿을 수 있느냐는 것이었다. 괜히 돈이나 받아가지고 흔적도 없이 숨어버리면 어쩌나 싶었다.

재키는 아 핑과 함께 이 문제를 놓고 하나님께 기도드렸다. 그러면서 자신의 재산 목록을 살펴보았다. 그녀에게 가장 귀중한 것이 한 가지 남아 있었다. 그것은 오보에(Oboe)라는 악기였다. 그 고달픈 선교사 생활 가운데서도 시간을 내어 홍콩 필하모닉 오케스트라에서 오보에를 연주하곤 했는데, 이것을 팔아서 마리아를 창녀굴에서 건져낸다고 생각하니 기가 막혔다.

"그건 절대로 안 돼."

마침 재키가 방언으로 기도하고 있는데, 아 핑이 그녀의 방언을 통역하기 시작했다.

"주 예수 그리스도는 너를 위해 그의 가장 귀한 것, 그의 생명을 포기했다. 왜 너는 너의 물질을 이 땅에 쌓아놓으려고 하느냐? 그것을 하늘나라에 쌓아두어야 하지 않겠느냐?"

아 핑은 재키 선교사가 오보에라는 악기를 가지고 있다는 사실도 몰랐다. '예수님께서는 나를 위해 그의 생명을 주셨는데…. 내 오보에가 아무리 귀해도 어디 예수님의 생명에 비교나 되겠는가?'

생각이 여기에 이르자 재키가 단호한 어투로 말했다.

> "좋아 마리아, 내가 너의 빚을 갚아 주마. 그러나 두 가지 조건이 있다. 하나는 내가 직접 그 돈을 건네줄 것이고, 또 하나는 네가 이런 생활에서 손을 씻는 거다. 그러면 내가 너를 위해 직업도 찾아주고, 방도 얻어주고, 뭐든지 도와줄 거야. 여기에 남아 있으면 넌 또 다시 그 생활로 돌아갈 거니까."

마리아는 그들이 절대로 재키에게서 직접 돈을 받지 않을 것이라고 고집했다. 그러나 결국 재키는 돈을 빌려준 포주와 만날 약속을 했다. 약속 장소에 나가보니 마이클이라는 포주 대신 건장한 네 명의 갱단원들이 와서 돈을 받아가지고 갔다. 실망한 재키는 그들 뒤에다 대고 "마이클 좀 만나게 해주세요" 하고 외쳤다. 그리고 험한 인상을 쓰며 왜 마이클을 만나려고 하느냐는 그들에게 "중요한 말을 해야 해요" 하고 둘러댔다.

우여곡절 끝에 재키는 마이클을 만나게 되었다. 뜻밖에도 마이클은 잘생긴 사업가의 모습을 하고 있었다. 그는 만나자마자 홍콩이 얼마나 살기 어려운 곳인지 이야기했다. 자기도 열한 명의 형제와 누이들을 학교에 보내고 부모를 모시기 위해 이런 짓을 하고 있다며 자신을 합리화했다. 그러더니 갑자기 재키를 공격하기 시작했다.

> "당신은 바보요. 당신 돈만 잃어버리는 거요. 당신은 마리아를 위해 대단히 고상한 일을 하고 있다고 생각하겠지만, 나는 그 애를 알아요. 걔는 절대로 변화되지 않을 것입니다. 똑같

은 짓을 할 거라고요. 개가 당신에게 감사하며 변화될 거라고 생각도 하지 말아요. 쓸데없는 일에 당신이 말려든 것입니다."

재키도 당당하게 말했다.

"그것은 상관없어요. 다만 당신에게 왜 내가 그 일을 했는지에 대해 말씀드리고 싶어요. 당신은 예수님에 대하여 들어보셨어요?"

그리고 재빨리 예수님을 소개하기 시작했다.

"예수님만이 기적을 행할 수 있는 분입니다. 그분만이 완전하게 사셨던 분입니다. 그분은 오직 선한 일만 하셨고, 병든 자들을 고치셨으며, 죽은 자를 살리셨습니다. 그러나 그의 원수들이 그를 십자가에 못 박아 죽였습니다. 예수님은 나 때문에 죽으셨습니다. 그분은 내가 선하게 된 다음에 죽으신 것이 아닙니다. 그분은 나에게 '재키야, 네가 변화되기만 하면 그때에 내가 너를 위해 죽어주마' 이렇게 말씀하시지 않았습니다. 내가 그분을 무시할 때, 그분은 그의 생명을 나를 위해 내어놓으셨습니다. 십자가에서 죽으시면서 나를 용서해 주셨습니다. 그것이 예수님이 나를 위해 하신 일이고, 그것이 바로 마리아가 이해하기를 바라는 내 소원입니다."

재키는 마이클이 그녀의 영어를 이해하는지 궁금했다. 그때 마이클이 중국말로 대답했다.

"그래도 마리아는 변치 않을 것입니다. 다시 옛 생활로 돌아갈 거예요. 쓸데없는 짓을 하고 있어요."
"그래요. 그래도 나는 차라리 바보가 되고 차라리 내 돈을 잃어버리겠어요. 도대체 돈을 잃어버리는 것이 뭐가 그렇게 대수지요? 예수님은 그의 생명도 잃어버리셨는데. 나는 냉소주의자가 되어 그녀가 지옥에 내려가는 것을 바라보기보다는 차라리 돈을 잃어버리는 바보가 되겠습니다. 어쨌거나 마리아는 새 삶을 살 수 있는 기회를 얻었잖아요. 그 기회를 붙들지, 아니면 잃어버릴지, 그것은 그녀의 몫입니다. 내가 그녀의 삶을 변화시킬 수는 없겠지만, 적어도 새 삶을 살 수 있는 기회는 얻게 했잖아요. 예수님은 우리에게 그 기회를 얻게 하시기 위해서 이 세상에 오셨습니다."

마이클이 뭔가 대답하려고 입을 열었지만 말이 막혔다. 강한 감정적 충격 때문에 목의 근육에 마비가 와서 말을 할 수가 없었다. 몇 분의 시간이 지났다. 여전히 한마디 말도 하지 못하고 있는데, 그의 눈에 눈물이 가득 고이기 시작했다. 마침내 그는 한마디를 남기고 그 자리를 떠나갔다.

"나는 할 말이 없습니다."

재키는 마이클을 다시 만나지 못했다. 그러나 '가는 길을 배웅해

주라'는 명령을 받고 재키와 함께 걷던 마이클의 부하가 그녀에게 물었다.

"나는 사람들이 예수님을 믿게 된다는 말을 들었습니다. 어디에 가면 도움을 받을 수 있을까요?"

그날 새벽 세 시까지, 마이클의 부하와 재키는 바에 앉아서 성경을 가운데 두고 예수님에 대한 이야기를 나누었다. 그리고 그는 그날 새벽, 예수님을 구주로 영접했다.

오천 명을 먹이시다

// 요한복음 6:1–14 //

오천 명을 먹이신 이야기는 사복음서에 모두 기록되어 있다. 내용도 거의 동일하다. 사복음서를 토대로 이야기를 재구성해 보면 이렇게 된다.

헤롯 안디바가 세례 요한의 목을 벤 후에 예수님은 제자들과 함께 벳새다 근처의 빈들로 잠시 물러가셨다. 마침 제자들이 여러 마을로 복음을 전하러 다녀온 뒤라 휴식이 필요했다. 그런데 가보니 군중들이 먼저 와 있었다. 예수님께서 그들을 불쌍히 여기시고 병든 자들을 고치시며 하나님 나라의 일을 이야기해 주셨다. 날은 저물어 가고 제자들의 걱정도 쌓여갔다.

"때가 저물어가매 제자들이 예수께 나아와 여짜오되 이곳은 빈 들이요 날도 저물어가니 무리를 보내어 두루 촌과 마을로 가서 무엇을 사 먹게 하옵소서"(막 6:35-36).

예수님께서 빌립을 시험하시려고 이렇게 물으셨다.

"우리가 어디서 떡을 사서 이 사람들을 먹이겠느냐?"

빌립이 대답했다.

"각 사람으로 조금씩 받게 할지라도 이백 데나리온의 떡이 부족하리이다."

이백 데나리온 분량의 떡을 산다고 해도 그 많은 사람들에게 한 입거리도 안 되리라는 말이었다. 이백 데나리온은 노동자가 8개월 동안 일해서 모을 수 있는 돈이었다. 돈이 있으면 또 무슨 소용이 있겠는가. 그곳은 빈들이었다. 그 많은 떡을 살 수 있는 곳이 아니었다. 그때 베드로의 형제 안드레가 보리떡 다섯 개와 작은 물고기 두 마리를 가져왔다. 어린아이의 한 끼 식량이었다. 안드레 자신이 생각해도 기가 막혔다.

"그러나 그것이 이 많은 사람에게 얼마나 되겠사옵나이까?"

예수님은 들은 척도 하지 않으시고 오십 명 혹은 백 명씩 떼를 지어 앉게 하셨다. 마침 그곳에 넓은 잔디밭이 있었다. 앉혀놓고 대충 헤아려 보니 남자만 5천 명쯤 되었다. 여자와 아이들까지 1만 명은 족히 넘었을 것이다. 당시 가버나움의 인구가 약 1,400명 정도였으리라고 고고학자들은 생각한다. 요즘 갈릴리 바다의 서편에 있는 가장 큰 도시 티베리우스의 인구도 41,000여 명에 불과하다. 어디에서 1만여 명이 넘는 사람들이 모여들었을까? 어쨌든 대단한 숫자임이 분명하다.

예수님께서 그 작은 음식물을 들고 하나님께 감사기도를 드렸다. 그리고 제자들로 하여금 나누어주게 하셨다. 그러자 기적이 일어났다. 예수님의 손에서, 제자들의 손에서, 그리고 서로 음식을 전해주는 손에서 기적이 일어났다. 분명히 옆 사람에게 건네주었는데 여전히 자기 손에 음식물이 남아 있었다. 모두들 얼마나 놀랐을까. 모든 사람들이 오랜만에 배부르게 먹었다. 눈치 볼 것 없이 원하는 대로 먹었다. 몇몇 부인네들은 치마 속에 조금 감추었을지도 모른다. 가슴으로 성경을 읽다보면 그런 장면이 그려진다. 안 그랬겠는가? 내가 어렸을 적에 동네 잔칫집을 다녀오시던 어머니도 치마 속에서 음식을 꺼내주시곤 하셨다.

> "그들이 배부른 후에 예수께서 제자들에게 이르시되 남은 조각을 거두고 버리는 것이 없게 하라 하시므로 이에 거두니 보리떡 다섯 개로 먹고 남은 조각이 열두 바구니에 찼더라"(요 6:12-13).

미국의 역사가 시작된 17세기 무렵에는 모든 것이 다 귀했다. 옷감도 그 중의 하나였다. 그래서 주부들은 손바닥만 한 천 조각들을 버리지 않고 모아두었다. 그들은 조각들을 연결하여 큰 천으로 사용했다. 그냥 연결하지 않고 모양을 내어 연결했다. 서로 대칭이 되게 하고 꽃과 같은 형상을 만들기도 했다. 그것을 퀼트(quilt)라고 불렀다. 우리말로 하면 '조각 이불'이다. 이렇게 해서 미국의 개척자들에게 퀼트 만드는 일이 전통이 되었다. 온 동네 사람들이 함께 만들기도 했다. 그런 작업을 '퀼팅 비'(Quilting Bee, 조각 이불을 만드는 여자들의 모임)라고 불렀다. 이런 전통이 점점 발전하여 지금은 예술로 승화되었고 안나 윌리엄즈(Anna Williams)가 1995년에 만든 섬세한 퀼트가 브루클린 박물관에 전시되어 있다.

"남은 조각을 거두고 버리는 것이 없게 하라."

35년의 목회를 은퇴하면서 조금은 걱정이 되었다. 남은 시간을 어떻게 사용할까? 많은 선배들이 '은퇴하면 신속히 늙어간다'며 잘 준비하라고 일러주었다. 그때 예수님의 말씀이 기억났다. 퀼트 이야기도 생각났다. 그래서 남은 시간을 소중하게 생각하며 이전보다 더 가치 있게 사용하기로 작정했다. 마침 섬기던 교회와 장로님, 권사님, 집사님들이 나를 위하여 TMF(Thanksgiving Mission Foundation, 감사선교재단)를 만들어주셨다. TMF를 통하여 나는 세 가지 일을 하고 있다.

첫째로, 50명 전후의 미자립 교회를 찾아가서 자비량 부흥회를 인도하는 일이다. 둘째로, 선교지를 방문하여 돕고 목회자들을 위한 소그룹의 세미나를 인도하는 일이다. 셋째로, 가슴으로 읽는 책을 저술하는 일이다. 지금 쓰고 있는 요한복음이 네 번째 책이다. 그러다보니 한 조각도 버릴 시간이 없다. 오히려 은퇴 이전보다 더 바쁘게 지내고 있다.

열두 광주리 가득 채우는 기쁨, 예수님께서 우리에게 주시는 축복이다. 스스로 다짐해 보자.

'한순간도 허투루 보내지 말자. 남은 조각들을 다 거두자. 거두어서 열두 광주리에 채우자. 그것들로 아름다운 일을 하자. 퀼트처럼, 조각 이불처럼, 창조적인 작품들을 만들어보자.'

이야기가 잠시 곁길로 간 것 같다. 그래도 한 마디 더 나누고 싶다. 그렇게 모은 열두 광주리는 어떻게 되었을까? 분명히 제자들은 가져가지 않았다. 그렇다고 들판에 짐승의 밥이 되도록 버려두지도 않았을 것이다. 혹시라도 아낙네들이 서로 겸연쩍은 웃음을 지으면서 조금씩 보자기에 싸가지고 갔을까? 그랬을 것이다. 2천 년 전, 모든 것이 넉넉지 않았던 시절이니까. 만일 그랬다면 우리 주님은 남은 조각들을 모아서 참으로 유용하게 사용하셨다.

마태, 마가, 누가복음에 없는 말이 요한복음에 나온다. '유월절'이라는 단어다.

"마침 유대인의 명절인 유월절이 가까운지라."

왜 요한은 유월절을 여기에 삽입했을까? 그 이유를 우리는 요한복음 6장 후반부에서 발견하게 될 것이다.

바다 위로 걸어오시다

// 요한복음 6:15-21 //

떡을 먹고 난 사람들은 예수님과 모세를 비교하기 시작했다. 광야에서 만나를 먹게 했던 모세처럼 빈들에서 예수님이 떡으로 배부르게 해주셨기 때문이다. 그 말이 입에서 입으로 퍼져 나가기 시작했다. "이분이 바로 세상에 오실 그 선지자가 아닌가?" '그 선지자'는 모세가 예언했던 선지자로서, 수천 년 동안 이스라엘이 기다려 왔던 메시아를 말한다.

> "네 하나님 여호와께서 너희 가운데 네 형제 중에서 너를 위하여 나와 같은 선지자 하나를 일으키시리니 너희는 그의 말을 들을지니라"(신 18:15).

분위기가 심상치 않았다. 예수님은 즉시로 제자들을 재촉하여 그곳을 떠나게 하셨다(마 14:22). 제자들까지 부화뇌동(附和雷同)하면 일이 훨씬 더 복잡하게 될 터이니까. 예수님께서 홀로 남아 무리들을 보내셨다. 그리고 산으로 기도하러 올라가셨다. 아버지 하나님과 나누실 말씀이 그날은 더 많았을 것이다.

제자들은 벳새다에서 다시 배를 타고 가버나움으로 향했다. 날이 서서히 저물어가고 있었다. 오늘날처럼 호숫가에 불빛이 있는 것도 아니다. 빨리 가려고 노를 저었지만 소리만 요란할 뿐 속도는 느렸다. 4킬로미터쯤 노를 저어갔을 무렵 갑자기 큰 바람과 함께 파도가 일기 시작했다. 갈릴리 호수는 해면보다 2백여 미터나 낮은 저지대이다. 그래서 북쪽에 있는 2,800여 미터 높이의 헬몬 산에서 찬 공기가 내려오면, 수면에 있던 따뜻한 공기가 위로 올라가면서 갑자기 풍랑이 일곤 했다. 열심히 노를 저었지만 배는 점점 육지로부터 멀어져가고 있었다. 그때 예수님께서 물 위로 걸어오셨다. 마태는 그 시각을 밤 사경(동트기 직전)이었다고 기록하고 있다. 캄캄한 밤, 온 밤을 풍랑과 사투를 벌이던 제자들이 얼마나 두려웠을까? 멀리 누군가 물 위로 걸어오는 모습을 보고 제자들은 유령이라며 비명을 질렀다. 그러나 그분은 예수님이셨다. 그때 예수님의 음성이 들려왔다.

"내니 두려워하지 말라."

이 세상에서 가장 반가운 음성이었다. 제자들이 기뻐서 배로 영접하니 배가 곧 그들이 가려는 땅에 이르렀다. 마음에 기쁨이 가득하면 수고도 수고가 아니고 기다림도 기다림이 아니다. 똑같은 시간, 똑같은 바다에서 노를 저었지만 제자들에게는 '곧'(immediately)으로 느껴졌다. 예수님을 모시고 살면 늘 그렇다. 당신의 삶에도 이런 '곧'의 느낌이 있는가?

두려움은 유쾌한 감정이 아니다. 모아놓은 돈도 없는데 갑자기 해고당했을 때의 두려움, 몸에 이상한 증상이 나타날 때의 두려움, 사업이 위축되고 주문은 들어오지 않을 때의 두려움, 가게 렌트비도 낼 수 없을 만큼 장사가 되지 않을 때의 두려움, 반항하던 아이가 가출한 후 빈 방문을 열어봤을 때의 두려움, 이런 두려움들은 결코 유쾌한 경험이 될 수 없다. 이런 경우에 어떻게 해야 할까? 흔들리는 삶의 '배' 안으로 예수님을 모셔 들여야 한다. 그것이 유일한

해답이다.

예수님께서는 "내가 너희를 고아와 같이 버려두지 않겠다"고 약속하셨다. 또 "내가 세상 끝날까지 너희와 함께하리라"고 약속하셨다. 예수 그리스도는 어제나 오늘이나 영원토록 동일하신 우리 주님이시다. 그날 밤 풍랑과 싸우던 제자들에게 찾아오셔서 "내니 두려워 말라" 하셨던 예수님이 지금도 우리를 찾아오신다. 그리고 부드러운 음성으로 말씀하신다.

"내가 여기 있다. 두려워 말라."

요한복음에 나오는 논쟁에 관하여(1)

유대교 지도자들은 예수님이 안식일을 범한다고 비난했다. 예수님은 그들의 비난에 대답하시면서 자신이 누구이신가에 대하여 5장 후반부에 자세하게 설명하셨다. 거기까지는 평범한 설명이었고 논쟁도 없었다. 그러나 6장 22절부터 8장 끝까지는 예수님과 유대교 지도자들 사이에 불꽃 튀는 논쟁이 계속된다. 간혹 무리들 중에 예수님에게 선의의 반응을 보이는 사람들이 있었다. 또 니고데모 같은 소수의 관원들이 예수님에게 호감을 보이기도 했다. 그러나 예수님을 향한 지도자들의 비난은 점점 더 수위를 높여갔다.

요한복음에 나오는 논쟁들을 읽다보면 조금 지루한 느낌이 든다. 비슷한 말이 반복되기 때문이다. 각 장의 첫 머리에 드라마틱한 이야기들이 등장한 후에는 곧바로 논쟁이 시작된다. 그리고 그 논쟁은 끝까지 평행선을 이룬다. 유대교 지도자들은 예수님의 말씀에 귀를 막고 배척한다. 예수님의 말씀을 곡해하며 반박한다. 치열한 논쟁 후에는 어김없이 '예수를 죽여야 한다'는 식의 숨은 맹세가 나온다. 그런데도 요한은 논쟁의 이야기들을 반복해서 기록하고 있다. 왜 그랬을까?

35년 동안 설교해 오면서 나는 요한복음의 논쟁에 대하여 크게 주의를 기울이지 않았다. 요한복음을 본문으로 사용하는 대부분의 설교에 기적 이야기들을 사용했다. 그런데 요한복음을 가슴으로 읽어보면서 이 논쟁들에 대한 새로운 깨달음을 얻게 되었다. 요한복음의 논쟁은 다른 복음서들과 비교해 볼 때 다섯 가지의 특징들을 지니고 있다.

첫째로, 요한복음에 나오는 논쟁은 다른 복음서들보다 더 집합적(集合的)이다. 다른 복음서에는 논쟁의 기사들이 여기저기 흩어져 있다. 예를 들면, 마태복음에는 중풍병자를 고치실 때와 마태를 부르실 때(9장), 안식일 논쟁과 예수님을 향하여 귀신들렸다는 논쟁(12장), 장로들의 전통에 대한 논쟁(15장) 등이 흩어져 있다. 그러나 요한복음은 6-8장에 중요한 논쟁을 모아놓았다.

둘째로, 요한복음에 나오는 논쟁은 다른 복음서들보다 더 격렬하다. 모든 논쟁들이 마치 권투선수들이 쉴 새 없이 잽(jab)을 주고받는 것처럼 치열하고 끝이 없다.

셋째로, 요한복음에 나오는 논쟁은 다른 복음서들보다 훨씬 더 그 폭(spectrum)이 넓다. 다른 복음서에 나오는 논쟁들이 한정된 주제를 다룬다면 요한복음의 논쟁들은 하늘과 땅만큼 간격이 깊고 넓다. 예를 들면, '너희는 땅에서 났고 나는 하늘에서 났다'는 식이다. 어느 곳에서도 논쟁이 타협으로 끝난 적이 없다.

넷째로, 요한복음에 나오는 논쟁은 다른 복음서들보다 아버지와 아들의 관계가 주를 이룬다. 예수님은 아버지(하나님)께서 자신을 세상에 보내셨다고 주장하고 유대교 지도자들은 그 점을 받아들일 수가 없다고 반박했다.

다섯째로, 요한복음에 나오는 논쟁은 다른 복음서들보다 더 대화 중심적이다. 특히 예수님의 가르치시고 설명하시는 말씀이 많이 나온다.

이제 6-8장에 나오는 논쟁들을 가슴으로 읽어보도록 하자. 그리고 8장이 끝난 후에는 논쟁에 대한 우리의 자세를 살펴보자.

생명의 떡

// 요한복음 6:22-71 //

요한복음에는 유월절이 세 번 나온다(2장, 6장, 11장). 이번이 두 번째다. 왜 요한은 '오병이어'(五餠二魚) 이야기 첫머리에 "유월절이 가까운지라"는 말을 넣었을까? 유월절은 이스라엘 백성들이 애굽에서 해방되어 나온 날을 기념하는 절기이다. 유월절은 두 가지를 연상시킨다. 하늘에서 내려온 만나와 반석에서 흘러나온 생수다. 하나님께서는 이스라엘 백성들을 출애굽시키셨을 뿐만 아니라 광야에서 만나를 먹이시고 생수를 마시게 하셨다. 이런 배경 그림 속에서 이야기의 전개를 살펴보자.

당시 갈릴리 주변의 사람들에게 이 기적은 가히 메가톤급 충격이었다. 단순한 떡과 물고기 이야기가 아니고 모세가 말한 '그 선지자'에 대한 소식 때문이었다. 그래서 호수의 서편에 있는 디베리아로부터 여러 척의 배들이 동북쪽에 있는 벳새다로 찾아왔다. 분명히 제자들만 떠나고 예수님은 밤늦게까지 거기에 남아계셨다는 말을 듣고 왔는데 안 계셨다. 그래서 다시 가버나움으로 찾아갔더니 거기에 계셨다.

10여 년 전에 아내와 함께 이스라엘을 방문하고 차를 렌트하여 10일 동안 여행한 적이 있다. 그중에 사흘은 갈릴리 바다 동편에 있는 아인 게브(Ein Gev)라는 기부츠(성착촌)에서 지내면서 갈릴리 바다를 세 바퀴나 돌아보았다. 이스라엘 사람들은 갈릴리 바다를 하프처럼 생겼다고 하지만 내가 보기에는 못난 감자 같았다. 남북의 길이가 23킬로미터이고 동서의 폭이 13킬로미터이다. 북쪽은 넓고 남쪽은 서서히 좁아진다. 눈을 감고 그려보자. 넓은 북쪽의 오른편 모서리에 벳새다가 있고 9킬로미터쯤 떨어진 왼편 모서리에 가버나움이 있다. 그리고 바다의 서쪽 중간쯤에 디베리아(Diberias, 혹은 Kinneret)라는 도시가 있다. 디베리아는 지금도 북적대지만 가버나움과 벳새다는 폐허로 변했다. 마태복음 11장 20-24절의 말씀이 실감난다.

가버나움에서 예수님을 만난 사람들이 볼멕은 소리로 물었다.

"랍비여 언제 여기 오셨나이까?"(요 6:25).

예수님께서 그들의 생각을 이미 알고 계셨다.

"내가 진실로 진실로 너희에게 이르노니 너희가 나를 찾는 것은 표적을 본 까닭이 아니요 떡을 먹고 배부른 까닭이로다"(요 6:26).

요한은 언제나 사건(혹은 기적)을 먼저 기록하고 그 사건을 통하여 예수님께서 진리의 말씀을 전하시는 형식을 사용한다. 이번에도 마찬가지다. 단순한 떡과 고기의 이야기를 발판삼아 '영생하도록 있는 양식'에 대한 말씀을 시작하셨다.

예수님은 '내가 진실로 진실로 너희에게 이르노니'(아멘 아멘 레고 수)라는 표현을 이 단락에서 네 차례나 사용하셨다(26, 32, 47, 53절). 이 표현이 나온 뒤에는 예외 없이 '영생' 혹은 '생명'이 강조된다. 그리고 새로운 차원으로 대화를 이끌어 가셨다. 이제 예수님과 함께 진리의 깊은 곳으로 여행을 떠나보자.

26절에 나오는 말씀, "진실로 진실로 너희에게 이르노니"라는 구절은 무엇을 가리킬까? 단순히 너희가 나를 찾는 것은 표적을 보았기 때문이 아니고 떡을 먹었기 때문이라는 말씀을 강조하기 위해서일까? 아니다. 그보다 더 심오한 진리를 가르쳐 주시기 위해서다. 그 진리가 바로 다음 구절에 기록되어 있다.

"썩을 양식을 위하여 일하지 말고 영생하도록 있는 양식을 위하여 하라. 이 양식은 인자가 너희에게 주리니 인자는 아버지 하나님께서 인치신 자니라"(요 6:27).

예수님은 '썩을 양식'과 '영생하도록 있는 양식'을 대조하셨다. 썩을 양식은 사라지고 없어질 양식이다. 광야에서 이스라엘 백성들이 먹었던 그 많은 만나도 그들을 영원히 살게 하지 못했다. '영생하도록 있는 양식'은 다른 말로 하면 '영생 안에 머물도록 하는 양식'이다. 예수님께서 '진실로, 진실로' 하시며 들려주신 진리의 말씀 중에 중요한 단어들이 들어 있다. '영생, 인자, 아버지 하나님, 인치신 자', 모두 하나같이 심오한 진리가 담긴 어휘들이다. 그런데 유대인들은 하필이면 '일'이라는 단어를 선택했다.

"그들이 묻되 우리가 어떻게 하여야 하나님의 일(들)을 하오리이까?"(요 6:28).

유대인들은 행함으로 의롭다 함을 얻으려는 율법적 사고에 젖어 있었다. 할 수 있다면 더 많은 일을 해야 한다고 생각했던지 복수형(複數形)을 사용했다. 그러나 예수님은 단수를 사용하여 '그 한 가지 일', 즉 인자(人子)가 주는 양식을 받으라고 하셨다. 그 양식은 곧 영원한 생명이었다. 오직 인자만이 이런 양식을 줄 수 있다고 하나님께서 인(seal)을 쳐주셨다. 영원한 생명은 수고와 노력으로 쟁취하는 것이 아니고 오직 믿음으로 받아야 한다.

"예수께서 대답하여 이르시되 하나님께서 보내신 이를 믿는 것이 하나님의 일이니라"(요 6:29).

유대인들이 다시 한 번 물었다.

"그러면 우리가 보고 당신을 믿도록 행하시는 표적이 무엇이니이까, 하시는 일이 무엇이니이까? 기록된바 하늘에서 그들에게 떡을 주어 먹게 하였다 함과 같이 우리 조상들은 광야에서 만나를 먹었나이다"(요 6:30-31).

그들은 항상 '보여 달라'고 했다. 우리 조상들이 광야에서 만나를 먹었던 것처럼 우리도 그런 표적을 보아야 믿을 수 있겠다는 말이었다. 그러나 하나님의 법칙은 보고 믿는 것이 아니다. 믿음으로 보는 것이다.

예수님은 "내가 진실로 진실로 너희에게 이르노니"라는 경구(警句)를 다시 사용하시면서 대화의 두 번째 단계로 인도하셨다.

"내가 진실로 진실로 너희에게 이르노니 모세가 너희에게 하늘로부터 떡을 준 것이 아니라. 내 아버지께서 너희에게 하늘로부터 참 떡을 주시나니 하나님의 떡은 하늘에서 내려 세상에 생명을 주는 것이니라"(요 6:32-33).

만나는 모세가 준 떡이 아니었다. 하늘로부터 내려온 떡도 아니었다. 하나님께서 기적적으로 그의 백성들을 광야생활 40년 동안 먹여 살리신 양식이었다. 하늘로부터 내려주신 참 떡은 세상에 생명을 주는 떡이다. 그것은 먹어서 없어지는 그런 떡이 아니다. 그들은 적당히 비웃는 표정을 지으며 이렇게 말했다.

"주여 이 떡을 항상 우리에게 주소서"(요 6:34).

그때 예수님의 입에서 청천벽력 같은 말씀이 선포되었다.

"내가 생명의 떡이다(에고 에이미 아르토스 조에)."

예수님 자신이 생명의 떡이라고 하셨다. 영원 전부터 그렇게 생명의 떡으로 존재해 오셨다는 말씀이다. '에고 에이미'는 하나님께서 모세에게 "나는 스스로 있는 자니라" 하실 때의 히브리어를 헬라어로 번역한 말이다. 유대인들이 전혀 기대하지 못한 말이었다. 예수님의 말씀이 폭포처럼 쏟아졌다.

"내게 오는 자는 결코 주리지 아니할 터이요 나를 믿는 자는 영원히 목마르지 아니하리라. 그러나 내가 너희에게 이르기를 너희는 나를 보고도 믿지 아니하는도다 하였느니라. 아버지께서 내게 주시는 자는 다 내게로 올 것이요 내게 오는 자는 내가 결코 내쫓지 아니하리라. 내가 하늘에서 내려온 것은 내 뜻을 행하려 함이 아니요 나를 보내신 이의 뜻을 행하려 함이니라. 나를 보내신 이의 뜻은 내게 주신 자 중에 내가 하나도 잃어버리지 아니하고 마지막 날에 다시 살리는 이것이니라"(요 6:35-39).

예수님은 그를 믿는 자들에게 생명의 떡뿐만 아니라 생명의 음료수도 되어 주시겠다고 약속하셨다. 여기에서 '예수님에게 나오는 자들'은 하나님께서 보내신 자들이다. 예수님은 그에게 나온 자들을 결코 내어 쫓지 않으신다. 그중에 한 사람도 잃어버리지 않고 마지막 날에 다시 살려내실 것이다. 예수님은 그를 믿는 자들을 향하여 무한 책임을 감당하신다. 그것이 아버지 하나님의 뜻이다. 예수님께서 다시 한 번 다짐하셨다.

> "내 아버지의 뜻은 아들을 보고 믿는 자마다 영생을 얻는 이것이니 마지막 날에 내가 이를 다시 살리리라"(요 6:40).

유대인들은 점점 더 이해할 수가 없었다. 그들이 머리를 맞대고 수군거리기 시작했다.

> "이는 요셉의 아들 예수가 아니냐. 그 부모를 우리가 아는데 자기가 지금 어찌하여 하늘에서 내려왔다 하느냐"(요 6:42).

예수님은 "너희는 서로 수군거리지 말라" 하시면서 다시 한 번 그가 하셨던 말씀을 반복하셨다. 답답하시기는 유대인들 못지않게 예수님도 마찬가지였다. '왜 그들은 내 말을 받아들이지 못할까?' 대답은 한 가지뿐이었다. 하나님께서 그들을 보내지 않으셨기 때문이다.

예수님은 이전의 그 경구를 한 번 더 사용하시면서 대화를 세 번째 단계로 인도하셨다.

> "진실로 진실로 너희에게 이르노니 믿는 자는 영생을 가졌나니 내가 곧 생명의 떡이니라. 너희 조상들은 광야에서 만나를 먹었어도 죽었거니와 이는 하늘에서 내려오는 떡이니 사람으로 하여금 먹고 죽지 아니하게 하는 것이니라. 나는 하늘에서 내려온 살아 있는 떡이니 사람이 이 떡을 먹으면 영생하리라. 내가 줄

떡은 곧 세상의 생명을 위한 내 살이니라"(요 6:47-51).

도저히 이해할 수가 없었다. 어떻게 자기의 살을 먹게 한다는 말인가. 모두들 고개를 흔들었다. 예수님께서 마지막으로 그 경구를 한 번 더 사용하시면서 다음 단계로 인도해 주셨다.

"내가 진실로 진실로 너희에게 이르노니 인자의 살을 먹지 아니하고 인자의 피를 마시지 아니하면 너희 속에 생명이 없느니라. 내 살을 먹고 내 피를 마시는 자는 영생을 가졌고 마지막 날에 내가 그를 다시 살리리니 내 살은 참된 양식이요 내 피는 참된 음료로다. 내 살을 먹고 내 피를 마시는 자는 내 안에 거하고 나도 그의 안에 거하나니 살아 계신 아버지께서 나를 보내시매 내가 아버지로 말미암아 사는 것같이 나를 먹는 그 사람도 나로 말미암아 살리라. 이것은 하늘에서 내려온 떡이니 조상들이 먹고도 죽은 그것과 같지 아니하여 이 떡을 먹는 자는 영원히 살리라"(요 6:53-58).

마태복음과 마가복음은 '인자의 살과 인자의 피'가 예수님의 죽으심을 의미한다고 기록하고 있다. 예수님은 유월절 저녁에 제자들에게 떡과 잔을 주시며 이렇게 말씀하셨다.

"그들이 먹을 때에 예수께서 떡을 가지사 축복하시고 떼어 제자들에게 주시며 이르시되, 받아서 먹으라. 이것은 내 몸이니라 하시고, 또 잔을 가지사 감사기도 하시고 그들에게 주시며 이르시되 너희가 다 이것을 마시라. 이것은 죄 사함을 얻게 하려고 많은 사람을 위하여 흘리는바 나의 피 곧 언약의 피니라"(마 26:26-28).

예수님께서 자기의 살과 피를 먹고 마시게 하시겠다는 말씀은 이해할 수가 없었다. 예수님께서 병든 자를 고치시고, 세상의 다른 선생들과 전혀 다른 탁월한 진리를 가르치시며, 귀신을 쫓아내시는 일은 얼마든지 좋았다. 거드름을 피우는 지도자들을 적당히 부끄럽게 하시고, 죄인들에게 새로운 기회를 주시는 일은 나쁘지 않았다. 가끔 하나님이 자기의 아버지라고 주장하는 말씀도 적당히 넘어갈 수 있었다. 그러나 예수님이 자기의 몸을 떡처럼 주어 먹게 하고, 자기의 피를 음료수처럼 주어 마시게 하시겠다는 말씀은 적당히 넘어갈 수가 없었다.

왜 예수님께서 자신의 살이 참된 양식이요 그의 피가 참된 음료라고 하셨을까. 예수님은 우리가 이 세상에서 사는 데 필요한 떡과 물을 주시기 위해 오시지 않았다. 영원한 생명을 얻고 영원한 삶을 사는 데 필요한 양식을 주시기 위해서 오셨다. 그 양식이 바로 그의 살과 피다. 이 양식은 먹어도 그만, 안 먹어도 그만인 선택사항이 아니다. 먹으면 영원히 살고 먹지 않으면 영원히 죽는 절대적인 양식이다. 그의 살과 피를 먹고 마신다는 말은 그의 죽으심을 믿음으로 받아들인다는 말이다.

무엇인가 주려면 희생이 따른다. 예수님은 우리를 위하여 그의 생명을 주셨다. 구약 시대에 이스라엘 백성들은 자신의 죄를 깨달을 때, 그리고 살아 계신 하나님 앞에서 그 죄의 문제를 해결하지 않고는 견딜 수 없을 때, 짐승을 잡아 번제로 드렸다. 그 효과는 일시적이었다. 그러나 예수님의 죽으심은 영원한 제사가 되었다.

> "한번 죽는 것은 사람에게 정해진 것이요 그 후에는 심판이 있으리니 이와 같이 그리스도도 많은 사람의 죄를 담당하시려고 단번에 드리신바 되셨고 구원에 이르게 하기 위하여 죄와 상관 없이 자기를 바라는 자들에게 두 번째 나타나시리라"(히 9:27,28).

이 세상에서 누가 예수님을 찾았던가. 누가 예수님이 오셔야 한다고 외쳤던가. 아무도 예수님을 기대하지 않았다. 아무도 예수님의 살과 피를 요구하지 않았다. 그런데 하나님께서 그의 아들을 보내셨다. 우리를 사랑하사 멸망치 않고 영원한 생명을 얻을 수 있도록 그 아들을 십자가 위에 내어 놓으셨다. 요한은 그의 편지에서 하나님의 사랑을 이렇게 기록하고 있다.

> "하나님의 사랑이 우리에게 이렇게 나타난바 되었으니 하나님이 자기의 독생자를 세상에 보내심은 그로 말미암아 우리를 살리려 하심이라. 사랑은 여기 있으니 우리가 하나님을 사랑한 것이 아니요 오직 하나님이 우리를 사랑하사 우리 죄를 속하기 위하여 화목 제물로 그 아들을 보내셨음이라. 사랑하는 자들아 하나님이 이같이 우리를 사랑하셨은즉 우리도 서로 사랑하는 것이 마땅하도다"(요일 4:9-11).

당시에는 요한 자신도 예수님의 말씀을 다 이해할 수 없었다. 많은 제자들이 "이 말씀은 어렵도다. 누가 들을 수 있느냐" 하며 예수님을 떠나갔다. 그들은 열두 제자들 외에 스스로 예수님을 따르던 사람들이었다. 예수님께서 남은 열두 제자들에게 물으셨다.

"너희도 가려느냐?"(요 6:67).

베드로가 대답했다.

"주여 영생의 말씀이 주께 있사오니 우리가 누구에게로 가오리이까. 우리가 주는 하나님의 거룩하신 자이신 줄 믿고 알았사옵나이다"(요 6:68-69).

베드로가 예수님의 말씀을 얼마만큼 이해하고 믿었는지 우리는 알 수 없다. 그러나 분명한 사실은 하나님께서 베드로와 다른 제자들을 예수님께로 보내주셨다는 점이다. 그래서 그들은 예수님을 떠날 수가 없었다. 다만 한 사람, 가룟 유다만 떠났다. 그는 자신을 마귀에게 내어 주었다.

하나님께서 부르신 사람들만이 예수님을 믿고 영원한 생명을 얻게 된다. 예수님께서 내 죄를 대신 짊어지시고 십자가에서 죽으셨고 그가 부활하심으로 내 죄가 완전히 사함 받았다는 이 믿음은 이성을 초월한 믿음이다. 하나님의 도우심이 없이는 불가능한 믿음이다. 그런 면에서 예수님을 믿는 믿음은 하나님의 선물이다. 하나님의 축복이다.

이 긴 대화가 가버나움 회당에서 있었다. 아무리 자세히 설명하셔도 유대인들은 예수님의 말씀을 이해하고 믿기 어려웠다. 더구나 예수님께서 아직 수난을 당하시기 이전이다. 그러나 우리는 중요한 교훈을 하나 얻었다. 예수님을 '생명을 주시는 떡과 음료'로 믿는 믿음은 오랜 시간의 배움과 연구를 통하여 오지 않는다는 사실이다. 믿음은 성령님의 도우심으로 어느 순간에 생겨난다. 마치 땅 속에 묻혀 있던 씨가 어느 순간에 싹을 내는 것과 같다.

생수의 강

// 요한복음 7장 //

7장은 통째로 요한복음에만 있는 내용이다. 요한복음의 특색 중의 하나가 예수님과 유대인 사이에 계속되는 논쟁인데, 믿으라고 하시는 예수님과 믿지 못하겠다고 하는 유대교 지도자들의 논쟁은 십자가에 이르도록 접점을 찾지 못했다.

예수님은 선지자가 고향에서 높임을 받지 못한다고 하셨다. 하물며 가족은 어떻겠는가? 가까운 사람일수록 예수님을 믿기가 더 힘들었다. 요셉과 마리아에게서 태어난 예수님의 형제들도 마찬가지였다. 그들이 예수님께 볼멘소리를 했다.

> "그 형제들이 예수께 이르되 당신이 행하는 일을 제자들도 보게 여기를 떠나 유대로 가소서. 스스로 나타나기를 구하면서 묻혀서 일하는 사람이 없나니 이 일을 행하려 하거든 자신을 세상에

나타내소서 하니 이는 그 형제들까지도 예수를 믿지 아니함이러라"(요 7:3-5).

왜 우물 안 개구리처럼 이 외진 곳에 묻혀 있느냐는 말이다. 예수님을 사랑하고 존경해서 하는 말이 아니다. 예수님을 하나님께로부터 오신 메시아로 믿지 않았기 때문에 하는 말이다. 훗날 형제 중에 야고보와 같은 교회의 지도자가 나오긴 했지만 예수님 생전에는 아무도 그를 믿지 못했다.

마침 유대인의 3대 명절 중 하나인 초막절이 가까이 다가오고 있었다. 초막절은 흩어져 살던 유대인들이 예루살렘에 모여 7일 동안 지키는, 오늘날로 말하면 추수감사절과 같은 절기였다. 한 해의 추수를 감사할 뿐만 아니라 조상들이 광야를 지날 때 지켜주시고 보호해 주셨던 하나님의 은혜를 기억했다. 그래서 남자들은 7일 동안 풀과 나뭇잎으로 만든 작은 움막 안에서 지냈다.

그런데 6장 4절을 보면 "마침 유대인의 명절인 유월절이 가까운지라"는 말씀이 있다. 7장은 "초막절이 가까운지라"는 말로 시작한다. 유월절은 4월경이고 초막절은 10월경이다. 다른 말로 하면 약 6개월 동안 예수님께서 갈릴리 지역에서만 사역하셨다는 뜻이다. 그래서 형제들이 "여기만 머물지 말고 초막절에 예루살렘에 올라가서 '자신을' 세상에 나타내소서" 하고 재촉했던 것이다.

요한복음 6장에서 예수님께서 "인자의 살을 먹지 아니하고 인자의 피를 마시지 아니하면 너희 속에 생명이 없느니라"고 말씀하실 때 많은 제자들이 떠나갔다. 갑자기 예수님과 그 일행의 크기가 예전 같지 않음을 보고 형제들이 "세상에 자신을 나타내소서" 하고 말했을지도 모른다. 예수님께서 대답하셨다.

> "내 때는 아직 이르지 아니하였거니와 너희 때는 늘 준비되어 있느니라"(요 7:6).

예수님은 사람의 때가 아닌 아버지 하나님의 때를 따라 사셨다. 야망을 지닌 사람들에게는 '세상에 자신을 나타내소서'(Show yourself to the world!)라는 말이 달콤하게 들릴지도 모른다. 그러나 예수님은 자신을 나타내기 위해 세상에 오시지 않았다. '하나님의 의(義)'를 세상에 나타내시기 위해 오셨다. 바울은 그 진리를 이렇게 정리했다.

> "이 예수를 하나님이 그의 피로써 믿음으로 말미암는 화목제물로 세우셨으니 이는 하나님께서 길이 참으시는 중에 전에 지은 죄를 간과하심으로 자기의 의로우심을 나타내려 하심이니 곧 이때에 자기의 의로우심을 나타내사 자기도 의로우시며 또한 예수 믿는 자를 의롭다 하려 하심이라"(롬 3:25-26).

하나님께서 그의 아들을 십자가 위의 화목제물로 세우셨다. 그의 흘리신 피로 하나님과 우리가 화목할 수 있게 되었다. 우리의 죄가 사함 받았다. 화목제물이 되신 예수님을 통하여 하나님도 의롭다 여기심을 받으셨고 우리도 의롭게 되었다. 만일 우리의 죗값을 치르지 않은 채로 하나님께서 용서하셨다면 하나님은 불의한 분이 되신다.

그러나 하나님께서 우리의 죗값인 '사망'을 그의 아들에게 넘기셨다. 예수님의 죽음이 곧 우리의 죽음이 되고, 그의 부활이 곧 우리의 부활이 되었다. 그래서 우리가 의롭다 함을 얻게 되었다. 누가 이 진리를 깨달을 수 있을까? 예수님 생전에는 형제들도 제자들도 이 진리를 이해할 수가 없었다.

세상이 예수님을 미워했다. 여기에서 말하는 세상은 공중권세 잡은 사탄이 다스리는 세상이다. 사탄에게 지배당한 사람들이 세력을 잡고 있는 세상이다. 그들은 죄인들을 구원하시기 위해 오신 예수님을 미워하고 싫어했다. 기회만 있으면 죽이려고 했다. 예수님 앞에서 그들의 죄와 악이 드러나는 것을 견딜 수 없었다.

> "세상이 너희를 미워하지 아니하되 나를 미워하나니 이는 내가 세상의 일들을 악하다고 증언함이라. 너희는 명절에 올라가라 내 때가 아직 차지 못하였으니 나는 이 명절에 아직 올라가지 아니하노라. 이 말씀을 하시고 갈릴리에 머물러 계시니라"(요 7:7-9).

그러나 예수님은 형제들을 뒤따라 예루살렘으로 올라가셨다. 드러내지 않고 조용히 올라가셨다. 무리들이 예수님을 찾으며 수군거렸다. 어떤 사람은 예수님에 대하여 호감을 가졌고 어떤 사람은 적대감을 가졌다. 그러나 유대교 지도자들을 두려워해서 내놓고 말하는 사람이 없었다.

명절의 중간쯤, 아마도 사흘 후에 예수님이 성전에서 말씀을 가르치기 시작하셨을 것이다. 사람들이 몰려왔다. 그 순간, 우주적인 충돌이 일어나기 시작했다. 빛과 어둠의 충돌이었다. 세상을 사랑하시는 하나님과 하나님을 미워하는 세상 사이의 충돌이었다. 세상을 구원하시기 위해 오신 독생자 예수님과 그를 거절하는 세상 사이의 충돌이었다. 생명과 사망의 충돌이었다. 세상 편은 절대 다수고 아들 편은 극소수였다. 세상은 목소리도 컸고 대응방식도 난폭했다. 그러나 아들은 온유하고 무기력해 보였다. 얼핏 들어보면 세상 편의 말은 선명했고 아들 편의 말은 길고 난해했다. 두 편 사이에 오고간 대화 몇 마디를 들어보자.

세상 : 이 사람은 배우지 않았는데 어떻게 글을 아는가?

아들 : 내 교훈은 내 것이 아니요 나를 보내신 이의 것이다. 너희 중에 하나님의 뜻대로 살려고 하는 사람은 내 교훈이 스스로 만든 것인지 아니면 하나님께로부터 온 것인지 알게 될 것이다. 스스로 말하는 사람은 자기만 높이려고 한다. 그러나 하나님의 말씀을 전하는 사람은 하나님을 높여드린다. 내 말에는 불의가 없다. 그런데 너희가 나를 죽이려고 하는구나.

세상 : 당신은 귀신들렸다. 누가 당신을 죽이려고 하는가?

아들 : 내가 한 그 일 때문에 너희가 다 나를 이상하게 여긴다. 모세가 할례를 행하라고 율법에 말했다. 그래서 사내아이가 태어난 지 8일 만에 받는 할례는 안식일에도 행한다. 그런데 중한 병이 들어 38년 동안 누워 있던 사람을 내가 안식일에 일어나게 했다고 너희는 나를 죽이려 한다. 안식일에 할례를 받는 것보다 전신

을 치료받는 일이 더 귀하지 않느냐? 반듯한 마음을 가지고 판단해 보아라. 내 말이 맞지 않느냐?

세상 : (사람들이 수군거리기 시작했다.) 예수가 저렇게 성전에서 공개적으로 가르치는데 지도자들은 왜 가만 있는가? 나타나기만 하면 죽이겠다고 하던 바로 그 사람이 아닌가? 우리는 그리스도가 어디에서 나올지 잘 모른다. 그러나 적어도 이 사람이 살던 나사렛은 아니다.

아들 : 너희가 지금 내가 어디에서 왔는지에 대하여 수군거리고 있구나. 그러나 나는 스스로 온 것이 아니다. 나는 참되신 분(이 말은 유대인들에게 하나님을 의미했다)에게서 왔다. 나는 그분을 잘 안다. 왜냐하면 나는 그분에게서 났고 그분이 나를 너희에게 보내셨기 때문이다.

세상 : (갑자기 분위기가 격앙된다.) 자기가 하나님께로부터 났다니, 이것은 신성모독 죄다! 이 기회에 예수를 체포하자. (그러나 감히 손을 대는 자가 없었다. 아직 때가 이르지 않았기 때문이다. 그러는 사이에 많은 사람들이 예수를 믿기 시작했다. 믿는 자들이 말했다.) 만일 그리스도가 오신다 해도 이분보다 더 많은 표적은 행할 수 없을 거야. (그러나 그 소리는 크게 들리지 않았다.)

예수님은 자기 백성들에게 환영받지 못했다. 자신이 부르시고, 애굽에서 구해내시고, 보호해 오시던 백성들로부터 배척을 당하셨다. 요한은 그의 복음서 첫머리에 이 사실을 기록했다.

"참 빛 곧 세상에 와서 각 사람에게 비추는 빛이 있었나니 그가 세상에 계셨으며 세상은 그로 말미암아 지은 바 되었으되 세상이 그를 알지 못하였고 자기 땅에 오매 자기 백성이 영접하지 아니하였으나"(요 1:9-11).

예수님뿐만이 아니었다. 그들은 하나님도 거절했다.

"나는 너를 애굽 땅에서 인도하여 낸 여호와 네 하나님이니 네 입을 크게 열라 내가 채우리라 하였으나 내 백성이 내 소리를 듣지 아니하며 이스라엘이 나를 원하지 아니하였도다. 그러므로 내가 그의 마음을 완악한 대로 버려 두어 그의 임의대로 행하게 하였도다"(시 81:10-12).

예레미야 선지자를 통하여 주신 하나님의 말씀은 절절(切切)하다.

"오직 내가 이것을 그들에게 명령하여 이르기를, 너희는 내 목소리를 들으라. 그리하면 나는 너희 하나님이 되겠고 너희는 내 백성이 되리라 너희는 내가 명령한 모든 길로 걸어가라 그리하면 복을 받으리라 하였으나, 그들이 순종하지 아니하며 귀를 기울이지도 아니하고 자신들의 악한 마음의 꾀와 완악한 대로 행하여 그 등을 내게로 돌리고 그 얼굴을 향하지 아니하였으며, 너희 조상들이 애굽 땅에서 나온 날부터 오늘까지 내가 내 종 선지자들을 너희에게 보내되 끊임없이 보내었으나 너희가 나에게 순종하지 아니하며 귀를 기울이지 아니하고 목을 굳게 하여 너희 조상들보다 악을 더 행하였느니라"(렘 7:23-26).

망하는 길로 내려가는 사람을 보면서 우리는 말한다. "왜 저렇게 고집이 셀까?" 이스라엘 백성들은 성품이 완고했다. 귀를 막고 눈을 감았다. 하나님께 등을 돌리고 돌이킬 줄 몰랐다. 요한복음은 하나님의 사랑과 이스라엘의 거절, 생명을 얻는 길과 멸망에 이르는 길을 묘사하는 한 편의 대서사시이다.

백성들의 수군거림이 마음에 걸렸을까? 마침내 유대교 지도자들(대제사장들과 바리새인들)이 예수님을 잡아오라며 아랫사람들을 보냈다. 이것을 아시고 예수님께서 말씀하셨다.

"내가 너희와 함께 조금 더 있다가 나를 보내신 이에게로 돌아가겠노라. 너희가 나를 찾아도 만나지 못할 터이요 나 있는 곳에 오지도 못하리라"(요 7:33-34).

그들은 예수님의 말씀을 엉뚱한 방향으로 해석을 했다.

"이 사람이 어디로 가기에 우리가 그를 만나지 못하리요. 헬라인 중에 흩어져 사는 자들에게로 가서 헬라인을 가르칠 터인가? '나를 찾아도 만나지 못할 터이요 나 있는 곳에 오지도 못하리라' 한 이 말이 무슨 말이냐?"(요 7:35-36).

예수님에 대한 믿음은 존재의 흥망(興亡)을 가르는 영적 시금석(試金石)이다. 믿는 사람은 예수님께서 계신 곳으로 가게 될 것이다. 그러나 믿지 않는 사람은 어디로 가야 할지 모르게 될 것이다. 예수님께서 이 말씀을 진지하게 가르쳐주셨다. 그러나 아무도 진지하게 듣지 않았다. 명절 기간이 다해가고 마침내 큰 날, 곧 끝날이 다가왔다. 예수님께서 외치셨다.

> "누구든지 목마르거든 내게로 와서 마시라. 나를 믿는 자는 성경에 이름과 같이 그 배에서 생수의 강이 흘러나오리라"(요 7:37-38).

요한은 이 '생수'를 가리켜 '그를 믿는 자들이 받을 성령'이라고 기록했다. 그리고 괄호 속에 '예수께서 아직 영광을 받지 않으셨으므로 성령이 아직 그들에게 계시지 아니하시더라'는 부연설명을 곁들였다. '믿으면 성령을 받는다', 이 표현은 초대교회의 경구(警句)가 되었다. 니고데모와의 대화에서 예수님은 성령님을 바람으로 묘사했다. 그리고 여기에서는 '살게 해주는 물(生水)'로 표현하셨다. 진리가 여기에 있다. '물은 낮은 곳으로 흐른다.' 믿음은 겸손한 자가 받는 축복이다. 교만한 자는 성령님의 다스림 아래 들어갈 수가 없다.

예수님의 말씀을 듣던 무리들 사이에 굵은 불연속선이 그어졌다. 어떤 사람들은 "이 사람이 참으로 그 선지자(모세가 예언한)라"고 했고 다른 사람들은 "그리스도가 어찌 갈릴리에서 나오겠느냐"며 비아냥거렸다. 그리하여 무리들이 서로 말싸움을 했다. 그 와중에 예수님을 잡으려고 왔던 사람들은 손을 쓸 수가 없었다. 뒤늦게 빈손으로 돌아온 아랫사람들을 지도자들이 책망했다. 그 순간, 기가 막힌 대답이 그들의 입에서 나왔다.

"그 사람이 말하는 것처럼 말한 사람은 이때까지 없었나이다."

지도자들이 펄쩍 뛰었다.

"너희도 미혹되었느냐? 당국자들이나 바리새인 중에 그를 믿는 자가 있느냐? 율법을 알지 못하는 이 무리는 저주를 받은 자로다."

그때 니고데모가 앞으로 나서며 참견했다.

"우리 율법은 사람의 말을 듣고 그 행한 것을 알기 전에 심판하느냐?"

적어도 니고데모는 예수님께로부터 진리의 말씀을 들었던 사람이다. '당신들은 그의 말을 직접 들어보았느냐?'는 말이었다. 그러자 지도자들은 늘 하던 말로 옹색함에서 벗어났다.

"너도 갈릴리에서 왔느냐? 찾아보라. 갈릴리에서는 선지자가 나지 못하느니라."

니고데모와 아랫사람들은 모두 예수님 앞에서 자기들을 겸손히 낮추었다. 지도자들만 자기들을 높였다.

자연의 이치처럼 '생수의 강물'도 낮은 곳으로 흘러가고 있었다.

어둠에서 빛으로 나온 여인

// 요한복음 8:1-11 //

어떤 여인이 간음하다 현장에서 붙잡혔다. 마침, 예수님은 성전에서 많은 사람들에게 하나님의 말씀을 가르치고 계셨다. 바리새인들이 여인을 예수님 앞에 세워놓고 물었다.

> "선생이여 이 여자가 간음하다가 현장에서 잡혔나이다. 모세는 율법에 이러한 여자를 돌로 치라 명하였거니와 선생은 어떻게 말하겠나이까?"(요 8:4-5).

바리새인들은 그 여인을 이용하여 예수님을 시험해보기로 했다. 만일 예수님께서 "그냥 풀어주어라" 하고 말씀하신다면 그는 율법을 어긴 사람이 될 것이다. 만일 "율법에 기록한 대로 돌로 쳐 죽여라" 하고 말씀하신다면, 죄인을 사랑하시고 긍휼히 여기시는 예수님의 명성이 하루아침에 무색하게 될 것이다.

예수님은 말없이 몸을 굽혀서 땅에 글을 쓰시기 시작했다. 무슨 글을 쓰셨는지 우리는 모른다. 그런데 그냥 글을 쓰신 것이 아니고 어떤 것에 대하여 글을 쓰셨다. 성경학자들은 '대하여'(against)라는 뜻을 가진 접두사 '카타'에 특별한 의미를 부여한다. 그래서 예수님은 바리새인들이 저질렀을 죄들에 대하여 쓰셨을 것이라고 해석한다.

그러나 바리새인들은 예수님께서 쓰시는 글자에는 관심이 없었다. 이 여인을 어떻게 처리해야 할 것인지 속히 말하라고 재촉했다. 예수님께서 일어나시며 대답하셨다.

"너희 중에 죄 없는 자가 먼저 돌로 치라"(요 8:7).

'죄 없는 자'라는 말에 깊은 의미가 있다. 단순히 죄 없는 자가 아니고 '죄를 짓고 싶은 욕망도 없는 자'라는 뜻이다. 풀어 쓰면, '너희 중에 이 여인과 같은 죄를 짓고 싶은 생각을 한 번도 해보지 않은 사람이 있다면 먼저 돌로 치라'는 뜻이다. 그러자 양심의 가책을 느낀 사람들이 어른으로 시작하여 젊은이까지 하나씩 하나씩 그 자리를 떠나갔다. 아무래도 어른들이 그런 생각을 더 많이 했었는지 모른다.

그들 중에 누구도 예수님의 말씀에 이의를 제기하지 않았다. 적어도 한 사람쯤은 "나는 그런 생각을 해본 적이 없는데요"라고 할 수도 있다. 아니면 "그런 생각을 한 것도 죄인가요?" 하고 항의할 수도 있다. 또는 "나도 죄를 지었지만 이 여인 같은 죄를 짓지는 않았습니다" 하면서 죄의 경중(輕重)을 따질 수도 있다. 그런데 한 사람도 남지 않고 다 그 자리를 떴다. 왜 그랬을까? 하나님 앞에서는 어떤 죄도 '괜찮은 죄'가 없다.

그런데 궁금한 점이 하나 있다. 한 사람쯤 "선생님, 그러면 내 죄를 어떻게 해야 할까요?" 하고 물을 수는 없었을까? 자신들의 죄를 해결하기 위해 예수님 앞으로 나오는 사람이 아무도 없었다. 회개의 기회가 주어졌지만 그들은 그 기회를 거절하고 예수님을 떠나갔다. 그것은 그들이 범했던 모든 죄보다 더 큰 비극이었다. 용서받지 못한 죄는 그 자체로 저주가 된다.

그때 예수님께서 성전 마당에 서 계셨다. 성전은 이스라엘 백성들이 하나님 앞에 회개의 제사를 드리고 죄 사함을 받는 곳이다.

예수님은 죄를 용서하시는 분으로, 그들의 죄를 짊어지고 가실 분으로, 죄인들에게 새로운 소망을 주시고 미래를 열어주실 창조주 하나님으로 거기 서 계셨다. 왜 아무도 그 앞에 나오지 않았을까?

예수님께서 여자 외에 아무도 없는 것을 보시고 물으셨다.

"여자여, 너를 고발하던 그들이 어디 있느냐? 너를 정죄한 자가 없느냐?"

여인이 대답했다.

"주여 없나이다."

죄를 범하고 나면 누구나 죄책감에 시달리게 된다. 죄책감은 안과 밖에서 동시에 일어난다. 사람들의 말과 눈빛, 행동 하나하나가 비난의 화살이 되어 날아온다. 사람들은 좀처럼 생각을 바꾸지 않는다. '저 여자는 자기 남편 두고 다른 남자와 간음하다가 현장에서 (이즈음에서는 목소리를 높이고 손을 흔들면서) 잡혔다!'고 두고두고 험담을 할 것이다. 그 비난은 여인이 세상을 떠나는 날까지 지긋지긋하게 따라다닐 것이다. 그런데 그렇게 비난하는 사람들은 누구인가? 하나님 앞에서 흠이 없다고 거드름을 피우다가 도망갔던 바리새인들이 아니던가? 아마 그 이야기도 두고두고 되풀이되었을 것이다.

예수님은 사회적인 수치심과 내면적인 죄책감으로부터 이 여인을 자유하게 해주셨다.

"나도 너를 정죄하지 아니하노라."

예수님께는 죄를 용서하실 수 있는 권세가 있었다. "나도 너를 정죄하지 아니하노라"고 하실 때, 그 말씀 속에 죄와 사망의 권세를 깨뜨릴 수 있는 능력이 있었다. 그 능력이 여인의 의식과 감정 속에 있는 죄책감을 제거해 주었다. 마치 바람이 비구름을 밀어내듯이 그녀의 죄책감이 사라지고 용서의 맑은 하늘이 펼쳐졌다.

"가서 다시는 죄를 범하지 말라."

여기에서 '가서'라는 단어는 지금까지 걸어오던 그 길을 계속해서 걸어가라는 뜻이다. 삶을 포기하지 말고, 옛 생활에 머물러 있지도 말고, 도망가지도 말고, 그냥 계속해서 바른 길로 걸어가라는 뜻이다. '가라'는 헬라어 '포류오마이'(πορεύομαι)는 중간태이다. 중간태는 다른 사람이 행한 일에 내가 적극적으로 참여한다는 의미다. 예수님께서 그녀에게 선물로 주신 새로운 삶을 적극적으로 살아가라는 말씀이다. 그것이 바로 은혜다.

'다시는 죄를 범치 말라', 이 말씀은 가벼운 명령이 아니다. 십자가 위에서 극심한 고통을 당하시면서 하신 말씀이다. 우리는 그 말씀에서 하나님의 엄위함과 엄중함, 진지함과 간절함, 그리고 인자하심과 공의로우심을 읽어낼 수 있어야 한다.

척 콜슨(Chuck Colson, 1931-2012)은 워터게이트(Watergate) 사건에 연루된 혐의로 1974년 7월부터 이듬해 1월까지 7개월 동안 복역했던 정치가다. 어떤 기자는 척을 가리켜 '리처드 닉슨의 살인청부업

자로서 악한 행정부의 악한 재주꾼'(Richard Nixon's hard man, the 'evil genius' of an evil administration)이라고 힐난했다. 그가 감옥에 갇힐 무렵 친한 친구가 루이스(C. S. Lewis)의 《순전한 그리스도인》(Mere Christianity)이라는 책을 선물로 주었다. 척은 그 책을 읽고 그리스도인으로 거듭나게 되었다.

처음에는 아무도 그의 개종을 믿지 않았다. 뉴스위크지나 타임지까지도 그의 개종을 가리켜 '법정의 언도를 좀 적게 받아보려는 눈속임'에 불과하다고 조롱했다. 그러나 그는 1975년 출소한 후 1976년에 《거듭남》(Born Again)이라는 책을 내었고 80세에 세상을 떠날 때까지 37년 동안 신실하게 '감옥선교'(Prison Ministry)를 이끌었다. 그는 30권의 책을 저술하면서 미국 국민들의 잘못된 세계관을 기독교적인 세계관으로 바꾸어보려고 평생토록 노력했다.

그는 1994년, 빌리 그레이엄 목사님의 전도 집회에서 이렇게 간증했다.

"나는 처음 20년은 정치가로 살았고 그 후 20년은 그리스도인으로 살았습니다. 나는 워터게이트 사건으로 7개월 동안 감옥생활을 하는 동안에 나의 주 예수 그리스도를 만났습니다. 예수님을 만난 후에 나에게 세 가지의 변화가 일어났습니다. 첫째 변화는 '자유'(freedom)입니다. 감옥생활이 나를 자유하게 한 것이 아닙니다. 예수님이 나를 죄책감으로부터 진정으로 자유하게 해주셨습니다. 둘째 변화는 '의미'(meaning)입니다. 예수님을 만나기 전까지 나의 삶에는 의미가 없었습니다. 그러나 예수님을 만난 이후 지금까지 나는 의미 있는 삶을 살아오고 있습니다. 셋째 변화는 '소망'(hope)입니다. 이 세상의 희망은 국회에서 법안 몇 개 바꾸는 데서 오지 않습니다. 하나님의 능력이 내 속에 임할 때에 참된 소망이 일어났습니다. 나는 지난 20년 동안 참으로 자유했고, 참으로 의미 있는 일들을 해오고 있으며, 참으로 소망이 넘치는 삶을 살아가고 있습니다."

다시 간음하다 현장에서 붙잡힌 여인의 이야기로 돌아가 보자. 그 이후로 그녀는 어떻게 살았을까? 성경은 우리가 궁금해하는 내용에 대해서는 설명이 없다. 그러나 상상해볼 수는 있다. 처음에는 동네 사람들이 그 여인의 허물을 기억하면서 "그 버릇 누구 주나!" 하고 수군거렸을 것이다. 그런데 어느 날부터인가 그 여인의 변화된 삶이 보였다. 겸손하고, 정숙하고, 거룩한 삶을 살고 있는 모습이 보였다. 이 여인에게 일대 반전(反轉)이 일어났던 것이다.

성경에는 반전의 기록들이 많이 있다. 반전을 일으키시는 분은 언제나 하나님이시다. 예를 들면, 애굽에 종으로 팔려가서 억울한 일을 당하고 감옥에 갇혔던 요셉이 어느 날 왕의 총애를 받고 전국을 다스리는 반전이다. 애굽에서 종 노릇하던 이스라엘 백성들이 당당하게 그 땅을 벗어나는 것도 반전이다. 다윗이 골리앗을 이긴 사건도 놀라운 반전이다. 소년 시절에 포로로 잡혀간 다니엘이 바벨론 제국의 총리대신이 된 것 역시 대단한 반전이다.

왜 반전이 필요할까. 하나님은 원래 반전이 필요 없는 세상을 창조하셨다. 그러나 하나님의 형상과 모양대로 지으신 사람들이 하나님을 등진 채로 살아갔다. 그래서 반전이 필요했다. 성경에 기록된 모든 반전은 하나님께서 그의 백성들을 구원하시는 증거가 된다.

수십 년이 지난 어느 날 어떤 젊은이가 그 여인을 찾아와서 조용히 물었다고 가정해 보자.

"할머니, 그런 수치를 당했을 때, 죽고 싶지 않았어요?"

아마도 그 여인은 이렇게 대답했을 것이다.

"예수님께서 나를 자유하게 해주셨단다. 그 이후로 나는 새로운 삶을 살기 시작했어. 나의 구주 예수님을 다시 만날 소망을 가지고. 나에게 새 생명을 주신 예수님께 감사와 영광을 돌리면서…."

이야기의 주인공은 간음하다가 현장에서 잡힌 여인이 아니다. 바리새인들도 아니다. 바로 예수님이시다. 여인이 문제를 일으켰고, 바리새인들은 그 문제를 복잡하게 만들었지만, 예수님께서 그 문제를 해결해 주셨다. 예수님만이 우리의 얽히고설킨 문제들을 해결해 주실 수 있다. 예수님만이 우리에게 "다시는 죄를 범하지 말고 살아가라"고 명령하실 수 있다. 그 말씀에는 죄를 범하지 않고 살아갈 수 있는 능력이 담겨 있다.

“나는 세상의 빛이다”

// 요한복음 8:12-59 //

간음하다가 현장에서 잡혔던 여인을 구원하신 후에 예수님께서 말씀하셨다.

“나는 세상의 빛이니 나를 따르는 자는 어둠에 다니지 아니하고 생명의 빛을 얻으리라.”

요한은 그의 복음서에서 ‘빛’이라는 단어를 16회 사용한다. 그중에 12회가 예수님을 가리킨다. 다른 세 복음서를 다 합해도 ‘빛’이라는 단어는 14회가 나오며, 그중에 예수님을 가리키는 경우는 단 2회에 불과하다. 예수님은 세상의 빛으로 오셨다. 그 빛을 믿는 자는 어둠 가운데 거하지 아니하고 영원한 생명의 빛을 얻게 된다. 그리하여 하나님의 자녀가 된다. 이것은 개인이 경험할 수 있는 가장 큰 반전이다. 요한은 그의 복음서 첫머리에 이 진리를 분명히 기록했다.

“참 빛 곧 세상에 와서 각 사람에게 비추는 빛이 있었나니 그가 세상에 계셨으며 세상은 그로 말미암아 지은바 되었으되 세상이 그를 알지 못하였고 자기 땅에 오매 자기 백성이 영접하지 아니하였으나 영접하는 자 곧 그 이름을 믿는 자들에게는 하나님의 자녀가 되는 권세를 주셨으니 이는 혈통으로나 육정으로나 사람의 뜻으로 나지 아니하고 오직 하나님께로부터 난 자들이니라”(요 1:9-13).

유대인들은 빛으로 오신 예수님을 거절했다. 빛으로 나오면 자기들의 악한 행위가 드러나기 때문이다. 그들은 빛으로 오신 예수님을 싫어하고 미워했다.

"그 정죄는 이것이니 곧 빛이 세상에 왔으되 사람들이 자기 행위가 악하므로 빛보다 어둠을 더 사랑한 것이니라. 악을 행하는 자마다 빛을 미워하여 빛으로 오지 아니하나니 이는 그 행위가 드러날까 함이요"(요 3:19-20).

'나는 세상의 빛'이라는 예수님의 말씀이 다시 논쟁을 불러일으켰다. 바리새인들이 비아냥거렸다.

"네가 너를 위하여 증언하니 네 증언은 참되지 아니하도다"(요 8:13).

보통 사람을 대상으로 했다면 맞는 말이다. 누가 감히 그런 말을 믿을 수 있겠는가? 그러나 예수님은 '아들 하나님'이시다. 일체 거짓이 없는 분이시다.

"내가 나를 위하여 증언하여도 내 증언이 참되니 나는 내가 어디서 오며 어디로 가는 것을 알거니와 너희는 내가 어디서 오며 어디로 가는 것을 알지 못하느니라"(요 8:14).

왜 예수님의 증언이 유효한가. 어디에서 오셔서 어디로 가시는지 알고 계시기 때문이다. 예수님은 자신의 삶에 대한 청사진을 가지고 세상에 오셨다. 무슨 일을 하시든지 아버지의 정하신 때에 맞추어 하셨다. 빈틈이 없으셨다. 빛은 스스로 빛임을 증언한다. 다른 누구의 도움도 필요 없다. 그래서 예수님은 참 빛이시다.

예수님께서 논쟁을 주도해 나가셨다.

> "너희는 육체를 따라 판단하나 나는 아무도 판단하지 아니하노라. 만일 내가 판단하여도 내 판단이 참되니 이는 내가 혼자 있는 것이 아니요 나를 보내신 이가 나와 함께 계심이라. 너희 율법에도 두 사람의 증언이 참되다 기록되었으니 내가 나를 위하여 증언하는 자가 되고 나를 보내신 아버지도 나를 위하여 증언하시느니라"(요 8:15-18).

예수님께서 말씀하신 '판단'은 다른 곳에 '심판, 정죄'로 번역되어 있다(요 3:18). 사람들은 서로 심판하고 정죄하기를 좋아한다. 자신의 관점에서 다른 사람을 판단한다. 그러나 예수님은 세상을 심판하기 위해서 오시지 않고 구원하시기 위해 오셨다. 다시 오실 때에는 심판하러 오실 것이다. 그러나 지금은 아니다.

> "하나님이 그 아들을 세상에 보내신 것은 세상을 심판하려 하심이 아니요 그로 말미암아 세상이 구원을 받게 하려 하심이라" (요 3:17).

예수님께서는 세상의 참 빛으로 어두움에 사로잡혀 있는 자들을 구원하시기 위해 오셨다. 이 사실을 아버지 하나님께서 증언해 주셨다. 그 증언은 바로 예수님께서 행하시는 모든 선한 일들이다. 요한복음에서 논쟁은 언제나 아버지와 예수님의 관계로 비약되고, 그리고 거기에 이르면 논쟁도 끝난다.

> "이에 그들이 묻되 네 아버지가 어디 있느냐?"(요 8:19).

질문이 잘못되었다. "네 아버지가 누구냐?"고 물었어야 했다. 예수님께서 그들에게 아버지 하나님에 대하여 가르쳐 주셨다.

> "예수께서 대답하시되 너희는 나를 알지 못하고 내 아버지도 알지 못하는도다. 나를 알았더라면 내 아버지도 알았으리라"(요 8:19).

예수님과 하나님 아버지의 관계를 이보다 더 잘 표현할 수 있을까? 예수님을 아는 사람은 아버지 하나님도 알 수 있다. 예수님만이 아버지 하나님을 우리에게 보여주실 수 있으니까.

그날, 성전 헌금함 앞에서 공개적으로 말씀하셨지만 아무도 잡는 사람이 없었다. 아직은 때가 이르지 않았기 때문이다. 얼마 후(아마도 다음날)에 예수님께서 또 다른 논쟁을 시작하셨다. 이번의 주제는 예수님의 정체성(正體性)이었다. 예수님은 논쟁을 통하여 진리를 가르치셨다.

> "다시 이르시되 내가 가리니 너희가 나를 찾다가 너희 죄 가운

데서 죽겠고 내가 가는 곳에는 너희가 오지 못하리라"(요 8:21).

그들은 '예수가 자결하려는가보다'라고 생각했다. 왜 그들은 '너희 죄 가운데서 죽겠고', 이런 말씀에는 관심을 가질 수 없을까? "왜 우리는 당신이 가는 곳에 갈 수 없는가? 그곳은 어디인가?" 하고 질문했더라면 얼마나 좋았을까? 예수님은 그들이 죄에 대하여 진지하게 생각하기를 바라셨다. 빛을 거절하고 어둠 가운데 사는 삶이 얼마나 처참한지를 깨닫기 원하셨다.

"예수께서 이르시되 너희는 아래에서 났고 나는 위에서 났으며 너희는 이 세상에 속하였고 나는 이 세상에 속하지 아니하였느니라. 그러므로 내가 너희에게 말하기를 너희가 너희 죄 가운데서 죽으리라 하였노라. 너희가 만일 내가 그인 줄 믿지 아니하면 너희 죄 가운데서 죽으리라"(요 8:23-24).

'너희는 아래에서 났고 나는 위에서 났다'는 말씀과 '너희는 이 세상에 속하였고 나는 이 세상에 속하지 않았다'는 말씀은 같은 의미다. 예수님과 그들 사이에 불연속선(不連續線)이 있었다. 세상의 지혜로는 이 간극(間隙)을 좁힐 수가 없다. 구약의 방식으로 말한다면, 죄인들은 거룩하신 하나님 앞에 나갈 수가 없다. 나가는 순간 죽임을 당하기 때문이다. 신약은 이 간극을 메울 수 있는 길을 믿음에서 찾아낸다. 예수님을 믿는 자만이 하나님께로 나갈 수 있다. 예수님 안에서 심판을 면하고 죄 사함을 받았기 때문이다. 바울은 '믿음의 신비'를 이렇게 표현했다.

> "내가 그리스도와 함께 십자가에 못 박혔나니 그런즉 이제는 내가 사는 것이 아니요 오직 내 안에 그리스도께서 사시는 것이라 이제 내가 육체 가운데 사는 것은 나를 사랑하사 나를 위하여 자기 자신을 버리신 하나님의 아들을 믿는 믿음 안에서 사는 것이라"(갈 2:20).

핵심은 '하나님의 아들을 믿는 믿음'이다. 이 믿음을 가진 사람은 죄에서 구원을 받는다. 믿음을 가지지 못한 사람은 죄 가운데서 죽게 된다. 중요한 관건은 믿음이다.

> "내가 그인 줄 믿지 아니하면 너희 죄 가운데서 죽으리라"(요 8:24).

이 말씀을 하시는 예수님의 마음은 얼마나 답답하셨을까. 예수님은 세상을 심판하기 위해 오시지 않았다. 어리석은 유대인들을 몰아세우기 위해 오시지 않았다. 죄를 회개하고 용서받게 하시기 위해 오셨다. 그래서 많은 기적들을 베푸셨다. 깨닫는 사람을 찾고 바라면서 진리를 전하셨다. 비난받아 마땅한 사마리아 수가 성의 여인은 예수님을 그리스도(메시아)로 영접했다. 그러나 교만한 유대교 지도자들의 질문을 들어보라. 얼마나 어리석은가.

> "그들이 말하되, 네가 누구냐?"(요 8:25)

하나님 아버지처럼 예수님도 죄인들을 위하여 인내하시고 참으셨다.

> "예수께서 이르시되 나는 처음부터 너희에게 말하여 온 자니라. 내가 너희에게 대하여 말하고 판단할 것이 많으나 나를 보내신 이가 참되시매 내가 그에게 들은 그것을 세상에 말하노라"(요 8:25-26).

이스라엘 백성들은 수천 년 동안 하나님을 섬겨왔다. 그들 스스로 '우리는 아브라함의 자손'이라고 자랑했다. 선택받지 못한 모든 이방인들은 지옥의 땔감이라며 멸시했다. 그런데 막상 하나님께로부터 오신 아들은 거절했다. 아들이 아버지에 대하여 하신 말씀에 귀를 막고 듣지 않았다. 결국 예수님이 십자가에 달려 돌아가신 후에야 그들의 눈과 귀가 열리게 될 것이다. 아니면 최후 심판의 날에나 열릴 것이다.

> "이에 예수께서 이르시되 너희가 인자를 든 후에 내가 그인 줄을 알고 또 내가 스스로 아무것도 하지 아니하고 오직 아버지께서 가르치신 대로 이런 것을 말하는 줄도 알리라. 나를 보내신 이가 나와 함께하시도다. 나는 항상 그가 기뻐하시는 일을 행하므로 나를 혼자 두지 아니하셨느니라"(요 8:28-29).

'너희가 인자를 든 후에', 이 말씀은 예수님께서 십자가에 못 박혀 돌아가실 것을 의미한다. 지금 논쟁하고 있는 그들이 머지않아 예수님을 십자가에 못 박으라고 소리칠 것이다. 그러나 못 박히신 후에는 예수님이 하나님께로부터 오신 아들임을 알게 될 것이다. 예수님의 말씀이 아버지 하나님께로부터 받은 말씀임을 인정하게 될 것이다. 그런데 예수님은 지금 기뻐하고 계신다. 아버지께서 기뻐하시는 일을 하고 계시기 때문이다. 아들을 혼자 두지 않으시는 아버지의 사랑, 예수님은 그들도 아버지의 사랑을 알기를 원하셨다. 그래서일까. 이 말씀을 하시매 많은 사람들이 믿었다고 요한은 기록하고 있다.

예수님은 그를 믿는 유대인들을 향해 '진리와 자유'라는 주제로 다시 가르치셨다.

> "그러므로 예수께서 자기를 믿은 유대인들에게 이르시되 너희가 내 말에 거하면 참으로 내 제자가 되고 진리를 알지니 진리가 너희를 자유롭게 하리라"(요 8:31-32).

'자유'라는 말이 귀에 거슬렸을까? 예수님의 말씀을 이해할 수 없게 되자 그들은 다시 공격적인 태도로 돌변했다. 진정한 믿음에는 완전한 복종(surrender)이 수반되어야 한다. 그들의 믿음은 부분적 믿음이었다. 무엇을 믿을 것인가, 언제나 그 내용을 자신들이 취사선택하려고 했다. 그들 자신이 믿음의 주가 되니까 예수님의 말씀이 귀에 거슬렸다. 그러나 성경은 예수님을 가리켜 '믿음의 주요 (그 믿음을) 온전하게 하시는 이'(히 12:2)라고 했다.

> "그들이 대답하되 우리가 아브라함의 자손이라. 남의 종이 된 적이 없거늘 어찌하여 우리가 자유롭게 되리라 하느냐?"(요 8:33).

당시 유대는 로마의 지배 아래 있었다. 유대인들은 정치적 피지배의 아픔을 '우리는 아브라함의 자손'이라는 종교적 전통으로 달래며 살았다. 그래서 '자유'라는 예수님의 말씀에 더 민감했다. 그러나 자세히 살펴보면 예수님께서 '종'이라는 단어를 사용하신 적이 없다. 그들이 오해했을 뿐이다. 예수님은 다시 '진리가 너희를 자유하게 한다'고 설명해 주셨다.

> "예수께서 대답하시되 진실로 진실로 너희에게 이르노니 죄를 범하는 자마다 죄의 종이라. 종은 영원히 집에 거하지 못하되 아들은 영원히 거하나니 그러므로 아들이 너희를 자유롭게 하면 너희가 참으로 자유로우리라"(요 8:34-36).

유대인들에게 몇 가지 의문점들이 생겨났다. 죄를 범하는 자마다 죄의 종이라는 말은 무슨 뜻인가? 종은 영원히 집에 거하지 못하되 아들은 영원히 거한다는 말은 무슨 뜻인가? 그 아들은 누구인가? 그 집은 누구의 집인가? 아들이 어떻게 죄의 종들을 자유롭게 해줄 수 있는가?

예수님께서 말씀하신 자유는 '정치적인 자유'가 아니다. '죄로부터의 자유'다. 누구나 일단 죄를 범하면 죄의 종이 된다. 죄의 유혹과 충동이 이끄는 대로 끌려다닌다. 그래서는 안 되는 줄 알면서도 그렇게 하지 않을 수가 없다. 종은 영원히 집에 거할 수 없다. 이곳저곳으로 팔려 다닌다. 그러나 아들은 영원히 아버지의 집에 거한다.

그뿐만 아니라 아들에게는 종을 자유롭게 해줄 수 있는 권세가 있다. 죄의 속박으로부터 벗어나게 해줄 수 있다. 그 아들이 바로 예수 그리스도이시다.

예수님의 말씀을 다 이해하지 못하고 동문서답하는 유대인들을 너무 탓하지 말자. 예수님은 그들의 고정관념을 깨뜨리시기 위해 오셨다. 빛을 거절하는 어둠의 세력을 무너뜨리기 위해 오셨다. 예수님은 그들의 완악함과 무감각함을 알고 오셨다. 예수님은 유대인들을 새로운 차원으로 불러내셨다.

> "나도 너희가 아브라함의 자손인 줄 아노라. 그러나 내 말이 너희 안에 있을 곳이 없으므로 나를 죽이려 하는도다. 나는 내 아버지에게서 본 것을 말하고 너희는 너희 아비에게서 들은 것을 행하느니라"(요 8:37-38).

예수님의 말씀은 '너희가 아브라함의 자손이라는 사실은 나도 알고 있다. 내가 지금 그 이야기를 하는 것이 아니다'라는 의미였다. 그렇다면 '내 아버지'와 '너희 아비'는 또 무슨 뜻인가? 점점 더 오리무중이었다.

일반 유대인들은 예수님을 죽이려는 생각을 해본 적이 없었다. 그것은 지도자들의 생각이었다. '내 말이 너희 안에 있을 곳이 없으므로', 이 말씀은 그들이 세상에 참 빛으로 오신 예수님을 거절했다는 뜻이다. 예수님은 아버지 하나님에게서 본 것을 말씀하셨다. 유대교 지도자들은 그 말씀을 싫어했다. 예수님을 죽이고 싶을 만큼 싫어했다. 예수님과 유대인들 사이의 논쟁에서 '아버지 하나님'을 빼면 논쟁이 성립되지 않았다. 그만큼 예수님은 아버지 하나님을 세상에 나타내기를 소원하셨다. 그러나 유대인들은 하나님 알기를 원치 않았다. 말문이 막힌 유대인들이 이제 논쟁을 끝내자는 투로 한마디 던졌다.

"대답하여 이르되 우리 아버지는 아브라함이라"(요 8:39).

그런데 예수님은 논쟁을 대충 끝내실 마음이 없으셨다. 예수님에게 있어서 논쟁은 단순한 말씨름이 아니었다. 하나님 아버지를 나타내시고 가르치실 수 있는 최고의 기회요 방법이었다. 요한은 예수님께서 집요하게(?) 이끌어 가시는 논쟁을 들으며 훗날 그렇게 이해했다.

"예수께서 이르시되 너희가 아브라함의 자손이면 아브라함이 행한 일들을 할 것이거늘 지금 하나님께 들은 진리를 너희에게 말한 사람인 나를 죽이려 하는도다. 아브라함은 이렇게 하지 아니하였느니라. 너희는 너희 아비가 행한 일들을 하는도다"(요 8:39-41).

아브라함은 하나님의 말씀을 전하러 온 메신저들을 지극정성으로 대접했다. '만일 너희가 아브라함의 자손이면 왜 내 말을 거절하고 나를 죽이려 하느냐'는 말씀이다. 그러면서 다시 한 번 '너희 아비'라는 말씀을 하셨다. 이 말씀이 유대인들을 막다른 길로 몰아넣었다. 결국 그들의 입에서 '하나님 아버지'라는 말이 나왔다.

"대답하되 우리가 음란한 데서 나지 아니하였고 아버지는 한 분뿐이시니 곧 하나님이시로다"(요 8:41).

예수님께서 그 순간을 놓치지 않으셨다.

"예수께서 이르시되, 하나님이 너희 아버지였으면 너희가 나를 사랑하였으리니 이는 내가 하나님께로부터 나와서 왔음이라. 나는 스스로 온 것이 아니요 아버지께서 나를 보내신 것이니라. 어찌하여 내 말을 깨닫지 못하느냐? 이는 내 말을 들을 줄 알지 못함이로다. 너희는 너희 아비 마귀에게서 났으니 너희 아비의 욕심대로 너희도 행하고자 하느니라. 그는 처음부터 살인한 자요 진리가 그 속에 없으므로 진리에 서지 못하고 거짓을 말할 때마다 제 것으로 말하나니 이는 그가 거짓말쟁이요 거짓의 아비가 되었음이라. 내가 진리를 말하므로 너희가 나를 믿지 아니하는도다. 너희 중에 누가 나를 죄로 책잡겠느냐. 내가 진리를 말하는데도 어찌하여 나를 믿지 아니하느냐? 하나님께 속한 자는 하나님의 말씀을 듣나니 너희가 듣지 아니함은 하나님께 속하지 아니하였음이로다"(요 8:42-47).

이 말씀의 핵심은 무엇인가? 하나님 아버지께로 돌아오라는 권면이다. '너희가 말한 그 하나님께서 나를 너희에게 보내셨으니 내 말을 듣고 하나님께로 돌아오라'는 강권(強勸)이다. 그들이 예수님의 말씀을 듣고 깨닫지 못한 까닭은 그들이 지금 '다른 아비, 곧 거짓의 아비, 다른 말로 하면 사탄의 종노릇을 하고 있기 때문'이라는 통렬한 지적이었다.

사탄은 처음부터 살인한 자요, 거짓을 말하는 자다. 다른 말로 하면 '너희 아비와 내 아버지는 전혀 다르다'는 뜻이었다. 예수님의 말씀이 너무 과격하다고 생각하는가? 부드러운 목소리로는 죽음의 깊은 잠을 자고 있는 자들을 깨울 수가 없다. 번개와 천둥 같은 엄청난 충격이 필요했다. 예수님의 말씀을 읽으면서 마음이 뜨거워지지 않는가? 그의 음성 속에 타오르는 사랑의 불꽃이 보이지 않는가?

오래 전부터 요한은 이 진리를 가르쳤다.

> "예수께서 그리스도이심을 믿는 자마다 하나님께로부터 난 자니 또한 낳으신 이를 사랑하는 자마다 그에게서 난 자를 사랑하느니라. 우리가 하나님을 사랑하고 그의 계명들을 지킬 때에 이로써 우리가 하나님의 자녀를 사랑하는 줄을 아느니라"(요일 5:1-2).

왜 유대인들이 예수님을 믿지 않았을까? 두 가지 이유 때문이다. 첫째는 예수님이 진리를 말씀하시기 때문이요, 둘째는 그들이 하나님에게 속하지 않았기 때문이다. 이 두 가지 문제가 해결되면 그들은 예수님을 믿게 될 것이다. 오늘날도 마찬가지다. 예수님의 말씀에서 진리를 발견한다면, 그리고 예수님이 하나님의 아들이심을 받아들인다면, 누구든지 쉽게 예수님을 믿을 수 있다. 그러나 자기 힘으로는 불가능하다. 성령님께서 도와주실 때에만 가능하다.

유대인들은 예수님의 말씀에 귀를 막았다. 논쟁의 맥박도 점점 더 거칠어졌다.

"유대인들이 대답하여 이르되, 우리가 너를 사마리아 사람이라 또는 귀신이 들렸다 하는 말이 옳지 아니하냐?"(요 8:48).

"예수께서 대답하시되, 나는 귀신 들린 것이 아니라. 오직 내 아버지를 공경함이거늘 너희가 나를 무시하는도다. 나는 내 영광을 구하지 아니하나 구하고 판단하시는 이가 계시니라. 진실로 진실로 너희에게 이르노니 사람이 내 말을 지키면 영원히 죽음을 보지 아니하리라"(요 8:49-51).

요한은 그의 복음서 첫 절에서 "태초에 말씀이 계시니라"고 선언했다. 이 말씀은 '로고스'다. 예수님께서 논쟁 중에 하신 말씀, 예를 들면 '사람이 내 말을 지키면'에서 '말'은 언제나 '로고스'였다. 그냥 사람의 말이 아니다. 천지와 만물을 지으시고 하나님과 함께 계셨으며 하나님의 아들이신 분의 '말씀'이다. 누구든지 이 '말씀'(로고스)을 거절하면 영원한 죽음에 이르게 될 것이다. '말씀'이라는 생명의 줄을 놓아버렸기 때문이다. 거짓의 영에 사로잡혀 종노릇하는 유대인들은 그 '말씀'을 영접할 수가 없었다.

"유대인들이 이르되, 지금 네가 귀신 들린 줄을 아노라. 아브라함과 선지자들도 죽었거늘 네 말은 사람이 내 말을 지키면 영원히 죽음을 맛보지 아니하리라 하니 너는 이미 죽은 우리 조상 아브라함보다 크냐? 또 선지자들도 죽었거늘 너는 너를 누구라 하느냐?"(요 8:52-53).

그들은 죽어가는 자들만 보며 살았다. 유명한 선지자들도 다 죽었다. 그래서 '너희가 내 말을 지키면 영원히 죽음을 맛보지 아니하리라'는 예수님의 말씀을 도저히 이해할 수가 없었다. 그들의 이해의 한계는 아브라함이 전부였다. 그래서 '너는 아브라함보다 크냐?'고 물었다.

> "예수께서 대답하시되, 내가 내게 영광을 돌리면 내 영광이 아무것도 아니거니와 내게 영광을 돌리시는 이는 내 아버지시니 곧 너희가 너희 하나님이라 칭하는 그이시라. 너희는 그를 알지 못하되 나는 아노니 만일 내가 알지 못한다 하면 나도 너희같이 거짓말쟁이가 되리라. 나는 그를 알고 또 그의 말씀을 지키노라. 너희 조상 아브라함은 나의 때 볼 것을 즐거워하다가 보고 기뻐하였느니라"(요 8:54-56).

'너는 너를 누구라 하느냐?'는 유대인들의 질문에 예수님께서 '나는 하나님을 알고 또 그의 말씀을 지킨다'고 대답하셨다. 만일 누군가 우리에게 같은 질문을 한다면 우리도 그렇게 대답할 수 있을까? 하나님을 더 깊이 알아가자. 그리고 그의 말씀을 지키자. 이것이 성도의 도리이다.

아브라함은 '네 씨가 원수의 대문을 얻으리라'고 약속하신 하나님의 말씀을 천국에서 깨달았을 것이다. 그리고 그의 자손들이 죄의 종으로 살고 있는 모습도 보았을 것이다. 그 때문에 예수님께서 하나님의 약속을 성취하기 위해서 세상에 내려가신다는 말씀을 듣고 아브라함은 크게 기뻐했을 것이다. 아브라함을 보셨던 예수님은 자연스럽게 말씀하셨지만 보지 못한 유대인들은 기가 막혔다.

"유대인들이 이르되, 네가 아직 오십 세도 못 되었는데 아브라함을 보았느냐?"(요 8:57).

"예수께서 이르시되, 진실로 진실로 너희에게 이르노니, 아브라함이 나기 전부터 내가 있느니라"(요 8:58).

이번에는 유대인들이 돌을 들어 예수님을 치려고 덤벼들었다. 예수님은 사람들 사이로 숨어서 성전에서 나가셨다. 두려워서가 아니다. 아직 십자가에 달리실 때가 아니었기 때문이다.

요한복음의 논쟁에 관하여(2)

우리는 지금까지 요한복음 6-8장에 나오는 논쟁들을 가슴으로 읽어보았다. 나는 이 책의 131페이지에서부터 '요한복음의 논쟁에 관하여(1)'라는 제목으로 논쟁의 특성들을 다루어왔다. 이제 그 논쟁의 핵심들을 요약해보려고 한다. 논쟁을 불러일으켰던 예수님의 주장은 네 가지로 요약된다.

첫째로, 예수님은 자신을 하늘로부터 내려온 생명의 떡과 음료라고 주장하셨다. 누구든지 그 떡과 음료를 먹고 마시면 영원한 생명을 얻는다고 하셨다. 이 떡과 음료는 예수님의 살과 피다. 우리가 예수님의 죽으심을 '내 죄를 대신하여 죽으신 죽음'으로 믿고 받아들일 때에 영원한 생명을 얻게 된다. 그것이 아버지 하나님의 뜻이었다.

"내 아버지의 뜻은 아들을 보고 믿는 자마다 영생을 얻는 이것이니 마지막 날에 내가 이를 다시 살리리라"(요 6:40).

둘째로, 예수님은 하나님 아버지께서 그와 함께하신다고 주장하셨다. 그는 아버지께서 기뻐하시는 일을 하기 위해 세상에 오셨고 그의 교훈들은 모두 아버지께 들은 것이라고 말씀하셨다. 예수님은 끊임없이 아버지와 자기가 하나라는 사실을 주장하셨다.

"이에 그들이 묻되 네 아버지가 어디 있느냐. 예수께서 대답하시되 너희는 나를 알지 못하고 내 아버지도 알지 못하는도다. 나를 알았더라면 내 아버지도 알았으리라"(요 8:19).

셋째로, 예수님은 자신이 세상에 빛으로 오셨다고 주장하셨다. 하나님께서 세상을 지으셨지만 세상이 반역하고 하나님을 떠났다. 그럼에도 불구하고 하나님께서 세상을 사랑하셔서 그의 아들을 빛으로 보내주셨다. 아들의 말을 듣고 믿는 자는 생명의 빛을 얻게 될 것이다.

"예수께서 또 말씀하여 이르시되 나는 세상의 빛이니 나를 따르는 자는 어둠에 다니지 아니하고 생명의 빛을 얻으리라"(요 8:12).

다윗도 그의 시에서 '빛과 생명'의 관계를 고백했다.

"여호와는 나의 빛이요 나의 구원이시니 내가 누구를 두려워하리요. 여호와는 내 생명의 능력이시니 내가 누구를 무서워하리요"(시 27:1).

넷째로, 예수님은 죄인들을 자유하게 하시기 위해 세상에 오셨다고 주장하셨다. 그는 하나님의 아들이시기 때문에 죄의 종살이하는 자들을 놓여나게 하실 능력이 있다고 주장하셨다.

"그러므로 아들이 너희를 자유롭게 하면 너희가 참으로 자유로우리라"(요 8:36).

유대인들은 예수님의 이 네 가지 주장들을 받아들일 수가 없었다. 예수님의 말씀 중에 어느 하나도 인정할 수 없었다. 요한은 예수님과 유대인들 사이의 논쟁을 왜 이처럼 자세하게 기록하고 있을까? 그가 복음서를 기록한 목적을 다시 한 번 그의 육성(肉聲)으로 들어보자.

"오직 이것을 기록함은 너희로 예수께서 하나님의 아들 그리스도이심을 믿게 하려 함이요 또 너희로 믿고 그 이름을 힘입어 생명을 얻게 하려 함이니라"(요 20:31).

논쟁은 논쟁에 참여하거나 듣는 사람들을 두 편으로 갈라놓는다. 이제는 우리의 의견을 드러낼 차례다. 우리는 어느 편에 서 있는가? 예수님 편인가, 아니면 유대인 편인가? 가이사랴 빌립보에서 예수님은 제자들에게 "너희는 나를 누구라 하느냐?"고 물으셨다. 요한은 훗날 이 논쟁들을 읽게 될 사람들에게 중요한 질문을 던지고 있다.

"당신들은 예수님을 누구라고 생각하는가?"

예수님을 믿는 사람들 중에 유대인들처럼 예수님이 하나님의 아들이심을 부인하는 사람은 없을 것이다. 그러나 그 점에 대하여 진지하게 생각해보지 않는 사람들은 더러 있을 것이다. 그리스도인 중에 영원한 생명에 대하여 부인하는 사람은 없을 것이다. 그러나 '죽은 후에 무슨 일이 있을지 누가 알아?' 하며 진지하게 생각하지 않는 사람들은 혹 있을지도 모른다. 그리스도인들 중에 예수님이 세상의 빛으로 오셨다는 말씀을 부인할 사람은 없을 것이다. 그러나 그 빛 가운데 들어가기를 주저하는 사람들은 있을 것이다. 그리스도인들 중에 의도적으로 죄를 짓는 사람들은 없을 것이다. 그러나 죄의 종노릇을 하지 않기 위해 십자가 아래에서 가슴을 치고 죄를 회개하는 사람은 드물지도 모른다. 요한은 우리에게 중요한 질문을 던지고 있다.

"당신은 예수님이 하나님의 아들이심과 우리를 죄의 종살이에서 자유하게 하시기 위해 십자가 위에서 그의 살과 피를 내어놓으셨다는 사실을 믿고 있는가?"

이 질문에 "그렇다"고 대답할 수 있는 사람은 예수님의 제자이다. 8장까지는 예수님께서 무리들을 가르치셨다. 그러나 9장 이후에는 제자들에게 주신 말씀이 중심을 이룬다.

하나님의 영광을 위해 태어난 맹인

// 요한복음 9장 //

예수님께서 길을 가시다가 날 때부터 맹인이 된 사람을 보셨다. 그냥 흘깃 쳐다보신 것이 아니다. '앞을 못 보는 걸인이 오늘도 나와 있구나', 이런 느낌으로 보신 것이 아니다. 일회적으로, 그리고 확정적으로 보셨다. '너, 바로 여기 있었구나' 하는 느낌으로 보셨다. 예수님이 그를 보셨다는 사실이 하나의 사건이 되었다. 그의 고통을 아실 뿐만 아니라 그의 눈을 뜨게 해주실 수 있는 성자 하나님께서 지금 그 맹인을 쳐다보고 계셨다. 그 순간 하나님의 은혜의 빛이 비춰왔다. 하나님의 긍휼히 여기심이 그 자리에 임했다. 하나님께서 누군가를 보시면 반드시 무슨 일인가 일어난다. 그래서 다윗은 이렇게 찬송했다.

> "내가 주의 인자하심을 기뻐하며 즐거워할 것은 주께서 나의 고난을 보시고 환난 중에 있는 내 영혼을 아셨으며, 나를 원수의 수중에 가두지 아니하셨고 내 발을 넓은 곳에 세우셨음이니이다"(시 31:7-8).

예수님께서 그 맹인을 보시는 모습이 너무 특별해서 제자들이 예수님에게 물었다.

> "랍비여 이 사람이 맹인으로 난 것이 누구의 죄로 인함이니이까? 자기니이까, 그의 부모니이까?"(요 9:2)

제자들이 최초로 물었던 질문은 아니다. 그 길을 지나가는 사람들마다 물었던 질문이다. 그 시대 사람들만 물었던 질문이 아니다. 오래 전부터 물어왔고 앞으로도 반복될 질문이다. 나면서부터 앞을 못 보는 사람을 두고 하는 질문만이 아니다. 재난을 당한 모든 사람을 두고 하는 질문이다. 사람들이 그런 질문을 할 때마다 당사자의 가슴에는 상흔(傷痕)이 남는다. 대답할 수 없는 질문은 질문 자체가 아픔이다.

이 질문에서 우리는 몇 가지 생각들을 찾아볼 수 있다.

먼저 정죄의식이다. 사람들은 고통이나 재난을 죄와 연관시키려는 경향이 있다. '저 사람인지 그의 부모인지 우리는 모르지만, 하나님은 아실 거야, 누군가 죄를 지었음이 분명해' 이런 생각을 한다. 옛날 우리 부모님들은 자식이 잘못되거나 가정에 어려운 일이 닥칠 때마다 '다 내 죄 때문'이라고 한탄했다. 사람들은 모든 불행을 죄와 연결시키려고 하는 경향이 있다. 그러나 막상 무슨 죄를 지었느냐고 물으면 똑 부러지게 내놓을 만한 죄가 없다.

다른 하나는 책임의 전가(轉嫁)이다. 불행한 사태가 벌어지면 사람들은 먼저 책임질 사람부터 찾는다. 장관 한 사람을 경질함으로 문제가 다 해결되었다고 생각하면 그것은 집단적 기만행위다. 그것은 성숙하지 못한 사회의 전형적인 문제해결 방식이다. 성숙한 사회는 사건이 터질 때마다 장관을 경질하지 않는다. 오히려 장관이 전면에 나서서 그 사태를 수습하도록 책임을 부여한다.

맹인 앞을 지나는 사람 중에 누구도 '우리가 이 사람을 위해 무엇을 할 수 있을까?' 이런 생각을 하지 않았다. '도대체 이 불쌍한 맹인을 태어나게 한 사람, 늘 이 자리에 앉아 있게 해서 우리를 불편하게 만든 사람이 누구인가? 누구의 책임인가?' 이런 생각의 틀에 갇혀 지냈다.

또 다른 하나는 절망감이다. 부모의 죄인지 본인의 죄인지 시비를 가리는 일도 어렵지만, 설사 가려진다고 해도 이 맹인이 다시 보게 될 수는 없으리라는 자포자기다. 정답을 내어놓을 수 없는 질문은 그 자체가 절망의 표현이다. 사람들은 이 맹인을 볼 때마다 그런 느낌을 느꼈다.

한 가지가 더 있다. 이 질문 속에는 그 맹인과 적당한 거리를 두고 싶어 하는 생각이 숨어 있다. 자기의 능력 밖에 있는 일이었다. 그래서 책임의 한계를 그의 부모와 맹인에게 두었다. 그 맹인을 울타리 밖에서만 쳐다보기로 했다. 개인적으로 이 사람과 대화를 나누지 않았다. 그가 어떻게 사는지, 무엇이 가장 어려운지, 자기가 도울 수 있는 일이 무엇인지 알아보려고 하지 않았다.

이런 생각들이 복합적으로 나타날 때 사람들은 그냥 지나갔다. 여유가 있고 동정심이 있는 사람은 맹인 앞에 놓여 있는 그릇에 동전 하나를 던져주었을 것이다. 그릇에 동전 떨어지는 소리가 그의 부담감을 조금 가볍게 해주었을지 모른다. 그런데 예수님은 달랐다. 맹인을 쳐다보시는 눈길이 보통 사람들과 달랐다. 그럴 때 우리가 하는 말이 있다. '뭘 그렇게 유심히 쳐다보세요?' 그래서 제자들이 물었다.

> "랍비여 이 사람이 맹인으로 난 것이 누구의 죄로 인함이니이까? 자기니이까, 그의 부모니이까?"

예수님이 그 맹인 앞으로 다가가셨다. 제자들도 따라갔다. 지나가던 행인들이 무슨 일인가 싶어 모여들었다. 그제서야 예수님께서 대답하셨다.

> "이 사람이나 그 부모의 죄로 인한 것이 아니라 그에게서 하나님이 하시는 일을 나타내고자 하심이라. 때가 아직 낮이매 나를 보내신 이의 일을 우리가 하여야 하리라. 밤이 오리니 그때는 아무도 일할 수 없느니라. 내가 세상에 있는 동안에는 세상의 빛이로라"(요 9:3-5).

무슨 말씀인지 선뜻 이해가 되지 않았다. 그러나 한 가지만은 분명했다. 이 사람이나 그 부모의 죄 때문이 아니라는 말씀이었다. 지금까지 그렇게 확실하게 말해주는 사람은 아무도 없었다. 언제나 질문은 논쟁으로 끝나고 말았으니까. 그런데 예수님께서 '그것은 아니다'고 선을 그어 주셨다. '그것이 아니면 무엇입니까?' 하고 묻고 싶어 하는 제자들에게 예수님께서 말씀하셨다.

> "그에게서 하나님이 하시는 일을 나타내고자 하심이라"(요 9:3).

맹인은 자기 귀를 의심했다. '나에게서 하나님이 하시는 일을 나타내신다고?' 말도 안 되는 소리였다. '죽은 고목나무에서 열매를 바라는 편이 더 낫지' 하며 피식 웃었을 것이다. 옛날 사라가 천막 밖에서 '내년 이맘때 네 아내 사라에게 아들이 있으리라'는 천사의 말에 기가 막혀서 웃었던 것처럼….

그때까지만 해도 맹인은 예수님께서 자기의 눈을 떠서 보게 해주리라고 상상도 못했다. 다른 방향으로만 생각했다. '하나님께서 일하시려면 뭔가 있어야지요. 나에게는 하나님께서 사용하실 만한 아무것도 없습니다. 배운 것도 없고 기술도 없고 재물도 없습니다. 그런데 도대체 이 사람이 지금 무슨 말을 하고 있는 거야' 하는 순간 침을 뱉는 소리가 들렸다. 흙을 만지는 소리도 들렸다. 맹인들은 청각이 특별하다. 잠시 침묵이 흘렀다. 그리고 갑자기 누군가 질척한 것을 자기의 두 눈에 발랐다. 움찔하고 놀라 뒤로 물러앉았다. 그 순간, 그분의 음성이 들려왔다.

"실로암 못에 가서 씻으라"(요 9:7).

'사람의 눈에 더럽게 침을 바르다니', 화를 낼 수도 있었다. 그런데 말씀하는 분의 권위가 그를 사로잡았다. "실로암 못에 가서 씻으면 나으리라"는 말도 아니었다. 아무데서나 씻어도 그만이었다. 그런데 그분의 말을 거스를 수가 없었다. 일어나 실로암 연못을 찾아갔다. 아마도 처음 내려가 보는 길이었을 것이다.

실로암은 예루살렘 성전의 남쪽에 있는 인공 연못으로 '보냄을 받았다'는 뜻을 지니고 있다. 옛날 히스기야 왕이 성 밖에 있는 기혼의 샘물을 525미터나 지하로 끌어들여 만든 연못이다. 최근에 고고학자들에 의해 발굴되었는데 그 크기가 세로 17미터, 가로 5미터, 그리고 깊이가 6미터 되는 연못이다. 10여 년 전 우리 부부가 예루살렘을 방문했을 때에 그 연못 터를 발굴하고 있었다.

연못가로 내려간 맹인은 조심조심 손에 물을 묻혀 눈을 닦았다.

그가 예수님에 대한 소문을 이미 들어 알고 있었을까? 우리는 알 수가 없다. 그러나 생각할수록 그의 순종하는 모습이 놀랍고 아름답다. 처음에는 눈에 묻어 있는 흙을 닦으려는 생각뿐이었으리라. 그런데 눈을 닦는 순간, 눈앞에 무엇인가 보이기 시작했다. 출렁거리는 물이 보이고 나무들이 보였다. 뒤돌아보니 방금 전에 내려왔던 언덕길도 보였다. 파란 하늘과 흰 구름이 보이고, 바람에 흔들리는 푸른 나뭇잎들이 보이고, 연못가에서 도란도란 말하는 사람들의 얼굴이 보였다. 기적적으로 시력이 회복되었다. 나면서부터 소리만 듣고 살아왔는데 이제는 그 소리의 출처가 보였다. '듣고 본다'는 말이 이해가 되었다. 그 감격을 어떻게 말로 다 표현할 수 있겠는가.

예수님은 이 맹인의 눈에 침으로 이긴 진흙을 바르시기 전에 이런 말씀을 하셨다.

> "때가 아직 낮이매 나를 보내신 이의 일을 우리가 하여야 하리라. 밤이 오리니 그때는 아무도 일할 수 없느니라. 내가 세상에 있는 동안에는 세상의 빛이로라"(요 9:4-5).

예수님은 세상의 빛으로 오셨다. 단순히 껐다 켜는 빛이 아니다. 생명의 빛으로 오셨다. 예수님을 만나고 영접하는 사람은 그 빛으로 인하여 살아난다. 죄로부터 자유하게 된다. 전혀 다른 세상을 살아간다. 하나님을 알고 그의 아들을 알게 된다. 하나님의 말씀을 깨닫고 순종하게 된다. 예수님의 생명의 빛이 이 맹인에게 전이(轉移)되었다. 육신의 시력뿐만 아니라 영적인 시력도 회복되었다. 믿음의 사람이 되었다.

다시 성경의 이야기로 돌아가 보자. 맹인이었던 사람이 멀쩡하게 눈을 뜨고 집으로 돌아왔다. 그 집안에 당신이 있었다고 상상해 보라. 얼마나 놀랐겠는가? 소식을 듣고 달려온 이웃 친척들도 그를 보고 놀라서 입을 다물지 못했다. 도저히 믿을 수가 없었다. 그러자 또 다시 갑론을박이 벌어졌다. 사람들은 아무 때나 다툰다. 어떤 사람들은 이 사람이 바로 그 걸인이라 하고, 다른 사람들은 그와 비슷한 다른 걸인이라고 우겼다. 그러자 그가 말했다.

"내가 바로 그 사람이오."

너무 놀란 탓일까. 아무도 그의 회복된 시력에 대해서 축하의 말을 하지 않았다. 하나님께 감사드리는 사람도 없었다. 예나 지금이나 사람들은 축하하거나 감사하는 말에 인색하다. 그 대신에 "네 눈이 어떻게 떠졌느냐?"고 물었다. 그가 주변에 있는 사람들을 둘러보며 말했다.

"예수라 하는 그 사람이 진흙을 이겨 내 눈에 바르고 나더러 실로암에 가서 씻으라 하기에 가서 씻었더니 보게 되었노라."
"그가 어디 있느냐?"
"(나도) 알지 못하노라."

어딘가 꺼림칙했다. 더구나 그날은 안식일이었다. 그래서 전에 맹인이었던 사람을 데리고 바리새인들에게 찾아갔다. 의도가 불순했다. 바리새인들도 "어떻게 보게 되었느냐?"고 물었다. "네가 정말로 맹인이었는데 이제는 보게 되었느냐?"는 질문이 더 자연스러운데 그들은 '어떻게'(how)를 먼저 물었다. 바리새인들은 완벽주의자들이었다. 완벽주의자들은 언제나 상대방의 흠을 발견하고 싶어 한다. 예수가 안식일에 이 사람 눈을 뜨게 했다는데 혹시 안식일에 해서는 안 될 일을 했는지 알고 싶었다. 그들의 생각에는 침으로 진흙을 이기는 것이 옛날 이스라엘 사람들이 애굽에서 발로 진흙을 이기는 일처럼 보였을지 모른다. 진흙을 바르는 일이 미장이(plasterer)가 벽을 바르는 일처럼 보였을지 모른다. 아니나 다를까. 바리새인들 중에 분쟁이 시작되었다.

"바리새인 중에 어떤 사람은 말하되 이 사람이 안식일을 지키지 아니하니 하나님께로부터 온 자가 아니라 하며 어떤 사람은 말하되 죄인으로서 어떻게 이러한 표적을 행하겠느냐 하여 그들 중에 분쟁이 있었더니"(요 9:16).

서로 말씨름하다가 지친 바리새인들이 그 사람에게 물었다.

"너는 그를 어떠한 사람이라 하느냐?"
"선지자니이다."

기가 막혔다. 어떻게 안식일을 범한 예수가 선지자란 말인가. 그러나 평생 앞을 못 보던 사람이 시선을 마주치며 단호하게 대답하자 바리새인들은 할 말을 잃었다. 그리고 엉뚱하게 부모들을 불러오라고 했다.

"이는 너희 말에 맹인으로 났다 하는 너희 아들이냐? 그러면 지금은 어떻게 해서 보느냐?"(요 9:19).

"그 부모가 대답하여 이르되 이 사람이 우리 아들인 것과 맹인으로 난 것을 아나이다. 그러나 지금 어떻게 해서 보는지 또는 누가 그 눈을 뜨게 하였는지 우리는 알지 못하나이다. 그에게 물어 보소서 그가 장성하였으니 자기 일을 말하리이다"(요 9:20-21).

부모들의 말이 틀린 것은 아니다. 직접 눈으로 보지 못했으니까. 그러나 부모들은 '어떻게 해서?'라는 질문 속에 숨어 있는 바리새인들의 함정을 알고 있었다. 그 무렵에는 '누구든지 예수를 그리스도(메시아)로 시인하면 유대교에서 쫓겨난다'는 불문율이 널리 퍼져 있었다. 바리새인들이 그 사람을 다시 불러 세우고 물었다.

"너는 하나님께 영광을 돌리라. 우리는 이 사람이 죄인인 줄 아노라"(요 9:24).

정답을 알려준 셈이다. 맹인이었던 사람이 딴지 걸지 않고 "하나님께 영광을 돌립니다" 하면 조용히 끝내고 싶었다. 그런데 그는 두루뭉술하게 넘어가지 않았다. 그의 눈을 뜨게 해주신 예수가 죄인이라는 말에 동의할 수가 없었다. 그래서 정직하게 대답했다.

"그가 죄인인지 내가 알지 못하나 한 가지 아는 것은 내가 맹인으로 있다가 지금 보는 그것이니이다"(요 9:25).

"눈치도 없는 친구 같으니라구. 대충 끝내지 않고서…." 아마도 이렇게 수군거렸을 것이다. 그래서 얘기는 다시 원점으로 돌아갔다.

"그들이 이르되, 그 사람이 네게 무엇을 하였느냐? 어떻게 네 눈을 뜨게 하였느냐?"(요 9:26)

동일한 질문이었다. '예수가 안식일에 무엇을 어떻게 했느냐?'는 심문(審問)이었다. 그러자 바리새인들이 감당할 수 없는 대답이 그의 입에서 나왔다.

"내가 이미 일렀어도 듣지 아니하고 어찌하여 다시 듣고자 하나이까? 당신들도 그의 제자가 되려 하나이까?"(요 9:27)

바리새인들이 화들짝 놀라며 욕하고 부인했다(무슨 욕인지 성경에는 기록되지 않았다).

"너는 그의 제자이나 우리는 모세의 제자라"(요 9:28).

그 순간 '영혼 속에 빛을 소유한 사람'의 위대한 신앙고백이 울려 퍼졌다.

"그 사람이 대답하여 이르되, 이상하다. 이 사람이 내 눈을 뜨게 하였으되 당신들은 그가 어디서 왔는지 알지 못하는도다. 하나님이 죄인의 말을 듣지 아니하시고 경건하여 그의 뜻대로 행하는 자의 말은 들으시는 줄을 우리가 아나이다. 창세 이후로 맹인으로 난 자의 눈을 뜨게 하였다 함을 듣지 못하였으니 이 사람이 하나님께로부터 오지 아니하였으면 아무 일도 할 수 없으리이다"(요 9:30-33).

그의 말 속에 세 가지 논점(論點)들이 담겨 있다. 첫째로, '당신들은 바리새인이면서도 그가 어디에서 왔는지 모르는가' 하는 책망이다. 둘째로, 하나님은 죄인의 말을 듣지 않으시기 때문에 내 눈을 뜨게 하신 예수는 죄인이 아니라는 확신이다. 셋째로, 이런 놀라운 일을 행하신 예수는 분명히 하나님께로부터 오신 분이라는 주장이다. 그는 '예수는 선지자'라고 고백했다. 비록 오랜 세월 앞을 못 보고 살아왔지만 그는 바리새인들보다 훨씬 더 지혜로웠다. 예수님을 만난 사람들의 공통점은 새로운 지혜로 충만하게 된다는 사실이다. 그러나 바리새인들은 참 빛으로 오신 예수님을 거절했고, 이 축하 받을 만한 사람도 쫓아냈다.

요한복음 9장은 해피 엔딩(Happy Ending)으로 끝난다. 바리새인들에게 쫓겨난 그 사람을 예수님께서 다시 만나주셨기 때문이다. (이럴 때 그의 이름이라도 알았으면 얼마나 좋을까. 아니다. 그 사람을 우리 이름으로 불러도 무방할 것이다. 우리 모두가 예수님을 만나고 그 사람처럼 영적 눈이 열린 사람들이니까.) 예수님께서 부드럽고 사랑이 가득한 목소리로 말씀하셨다. 가슴으로 성경을 읽다보면 그런 음성이 들려온다.

"네가 인자(메시아)를 믿느냐?"
"주여 그가 누구시오니이까? 내가 믿고자 하나이다."

"네가 보았거니와 지금 너와 말하는 자가 그이니라."

그 사람이 경배하며 큰 소리로 말했다.

"주여, 내가 믿나이다!"

얼마나 감격스러운가. 다시 찾아오신 예수님이 얼마나 감사한가. 믿음은 노력의 열매가 아니다. 믿음은 하나님의 선물이다. 하나님의 은혜다. 성령의 도우심으로 우리는 예수님을 '나의 주님'으로 믿고 고백할 수 있다. 이 사람은 예수님이 믿어지는 축복을 받았다. 얼마 전까지 맹인이었던 걸인이 눈을 깜빡거리며 당당하게 걸어올 때 놀라기는 제자들도 마찬가지였다. 그들은 예수님께서 하신 말씀을 기억했다.

"이 사람이나 그 부모의 죄로 인한 것이 아니라 그에게서 하나님이 하시는 일을 나타내고자 하심이라. 때가 아직 낮이매 나를 보내신 이의 일을 우리가 하여야 하리라. 밤이 오리니 그때는 아무도 일할 수 없느니라. 내가 세상에 있는 동안에는 세상의 빛이로라"(요 9:3-5).

예수님께서 하나님의 일을 하셨다. 예수님이 우리를 찾아오시면 언제나 회복과 축제의 역사가 시작된다. 민다나오 섬에서 선교사로 활동했던 프랭크 로바크(Frank Laubach) 박사는 말했다.

"길 되시는 예수님이 우리에게 들어오실 때에, 우리는 그 길의 일부가 된다. 하나님의 고속도로가 우리를 관통하고 지나간다."

예수님께서 우리를 찾아오시면 우리는 하나님의 작품이 된다. 하나님의 전시장에 진열될 걸작품이 된다. 하나님께서 다듬어 놓으신 작품들이다. 모든 맹인들이 예수님을 믿으면 눈을 뜰 수 있다는 말이 아니다. 모든 소아마비 환자들이 휠체어를 버리고 걸을 수 있다는 말은 아니다. 듣거나 말하지 못하는 모든 장애인들이 어느 날 갑자기 듣고 말할 수 있다는 말이 아니다. 물론 하나님께서 뜻하시면 지금도 그런 일들이 얼마든지 일어날 수 있다. 그러나 그런 장애를 가진 분들이 예수님을 만나면 누구나 장애의 장벽을 넘어서서 창조적인 삶을 살게 된다. 그렇게 사셨던 분들이 우리 주변에 헤아릴 수 없이 많다.

예수님께서 주변에 서 있던 사람들에게 말씀하셨다.

"내가 심판하러 이 세상에 왔으니 보지 못하는 자들은 보게 하고 보는 자들은 맹인이 되게 하려 함이라"(요 9:39).

그러자 바리새인들이 혼잣말로 중얼거렸다.

"우리도 맹인인가"(요 9:40).

예수님과 함께 있던 바리새인들, 그들은 아마도 예수님에 대하여 호감을 가지고 따라다니던 사람들이었으리라. 그러나 그들의 영혼에는 참 빛이 들어갈 수 있는 틈새가 없었다. 안타깝고도 슬픈 일이었다. 그래서 예수님이 탄식하며 말씀하셨다.

"너희가 맹인이 되었더라면 죄가 없으려니와 본다고 하니 너희 죄가 그대로 있느니라"(요 9:41).

"나는 양의 문이라"

// 요한복음 10:1-10 //

예수님께서 제자들에게 '양의 우리(pen)'에 대한 그림을 '말씀'이라는 붓으로 그려주셨다.

돌담으로 둘러쳐진 양의 우리에는 드나드는 문이 하나뿐이다. 양을 치던 목자들이 해가 질 무렵이면 양들을 데리고 우리로 모여든다. 목자는 문으로 들어간다. 담을 넘어 들어가는 자는 도둑이다. 양들은 우리 안에서 안전하게 밤을 지낸다. 아침이 되면 목자가 문밖에서 자기 양들의 이름을 부른다. 그러면 양들은 목자의 음성을 듣고 그를 따라 문을 나선다. 여러 목자들의 양들이 뒤섞여 있지만 자기 양을 잃어버리는 일은 절대로 없다.

이 말씀의 주제는 '목자와 양과 문'이다. 예수님께서 비유로 이 말씀을 하셨으나 듣는 이들 중에 그 뜻을 아는 사람이 아무도 없었다. 그래서 직설법을 사용하셔야 했다.

"내가 진실로 진실로 너희에게 말하노니 나는 양의 문이라"(요 10:7).

'진실로 진실로 너희에게 이르노니'(아멘 아멘 레고 후민, ἀμὴν ἀμὴν

λέγω ὑμῖν)라는 표현은 요한복음에만 25회 나온다. 다른 복음서들은 모두 '진실로 너희에게 이르노니'라는 표현을 사용한다. 그만큼 요한은 예수님의 말씀을 중요하게 여겼다. 예수님 자신이 양들을 위한 문이 되어 주셨다. 예수님보다 먼저 온 자들은 다 절도요 강도였다. 여기에서 '먼저 온 자들'은 구약의 선지자들이 아니다. 당시의 유대교 지도자들을 두고 하신 말씀이다. 그들은 양을 보호하기는 커녕 오히려 잡아먹었다.

'나는 양의 문'이라는 말씀은 무슨 뜻일까? 문은 안전을 상징한다. 누구나 잠들기 전에 문단속을 한다. 문이 없는 집에서는 밤에 깊은 잠을 잘 수가 없다. 옛날 내가 살던 시골집에 대문(大門)이 있었다. 말이 대문이지 허술하기 짝이 없어서 닫을 때는 조심조심 들어 올려서 닫아야 했다. 그래도 어머니는 밤마다 그 문을 걸어 잠그시고 잠자리에 드셨다. 내가 교회에서 늦게 돌아오면 어김없이 "아가(야), 대문 잠갔냐?" 하고 물으셨다. 도둑이 들어오기로 하면 시골 울타리 하나쯤은 식은 죽 먹기다. 그래도 대문을 잠그고 나면 사방에 철벽을 두른 것처럼 편안했다.

심리학자 아들러(Adler)는 "사람은 안전을 갈망한다"고 했다. 가장 고통스러운 감정 중의 하나가 불안감이다. 불안하기 때문에 염려한다. 불안과 염려는 사촌이다. 예수님 안에서만 우리는 안전할 수 있다. 평안을 누릴 수 있다.

"내가 평안히 눕고 자기도 하리니 나를 안전히 살게 하시는 이는 오직 여호와이시니이다"(시 4:8).

문은 구원을 상징한다. 들짐승에게 쫓기던 사람이 성문 안으로 들어서면 구원을 얻는다. '성 안의 사람들'과 '성 밖의 사람들' 사이의 차이점은 위기가 다가올 때 구원에 대한 확신이다. 예수님이 우리의 문이 되시면 아무도 건드릴 수 없다. 도둑이 그 문을 파괴하고 들어와 양을 훔쳐갈 수 없다. 만질 수도 없다.

"하나님께로부터 난 자는 다 범죄하지 아니하는 줄을 우리가 아노라. 하나님께로부터 나신 자가 그를 지키시매 악한 자가 그를 만지지도 못하느니라"(요일 5:18).

"여호와의 이름은 견고한 망대라. 의인은 그리로 달려가서 안전함을 얻느니라"(잠 18:10).

문은 배부름을 상징한다. 집안에 음식이 있는 것처럼 양들이 문 안으로 들어서면 목자가 따로 준비해둔 꼴이 있다. 영국이나 아일랜드(Ireland)의 언덕에는 수많은 양들이 기름진 풀을 한가롭게 뜯어먹는다. 그러나 이스라엘을 비롯한 중근동에는 기후가 메말라 풀이 잘 자라지 못한다. 하루 종일 뜯어 먹어도 허기가 가시지 않는다. 그런데 문 안에 들어서면 목자들이 풍성한 꼴을 던져준다. 도둑은 죽이는 일을 하고 목자는 살리는 일을 한다. 예수님의 말씀이다. 가슴에 새겨두자.

"도둑이 오는 것은 도둑질하고 죽이고 멸망시키려는 것뿐이요 내가 온 것은 양으로 생명을 얻게 하고 더 풍성히 얻게 하려는 것이라"(요 10:10).

"나는 선한 목자라"

// 요한복음 10:11-21 //

성경에 '선하다'는 동사가 둘이 있다. 하나는 '아가도스'(ἀγαθός)로서 도덕적인 선(善)을 말한다. 다른 하나는 '칼로스'(καλός)로서 본능적인 선을 의미한다. 전자(前者)가 선생의 심정이라면 후자는 부모의 심정이다. 예수님은 부모들처럼 목숨을 걸고 자기 양 떼를 사랑하신다.

"나는 선한 목자라. 선한 목자는 양들을 위하여 목숨을 버리거니와 삯꾼은 목자가 아니요 양도 제 양이 아니라. 이리가 오는 것을 보면 양을 버리고 달아나나니 이리가 양을 물어 가고 또 헤치느니라. 달아나는 것은 그가 삯꾼인 까닭에 양을 돌보지 아니함이나 나는 선한 목자라. 나는 내 양을 알고 양도 나를 아는 것이 아버지께서 나를 아시고 내가 아버지를 아는 것 같으니 나는 양을 위하여 목숨을 버리노라"(요 10:11-15).

삯꾼은 목자가 아니다. 위험이 다가오면 자기 살길부터 찾는다. 그러나 선한 목자는 자기 양을 보호한다. 양을 먹여 살리기 위해 온 힘을 다한다. 양을 선한 길로 인도하며 존귀하게 대우한다. 그러다가 위기가 닥치면 양을 대신해 목숨을 내놓는다. 이사야 선지자는 이스라엘을 돌보시는 하나님을 선한 목자로 묘사했다.

> "보라, 주 여호와께서 장차 강한 자로 임하실 것이요 친히 그의 팔로 다스리실 것이라. 보라, 상급이 그에게 있고 보응이 그의 앞에 있으며 그는 목자같이 양 떼를 먹이시며 어린 양을 그 팔로 모아 품에 안으시며 젖먹이는 암컷들을 온순히 인도하시리로다"(사 40:10-11).

목자의 '선함'은 구체적 행동이다. 다윗은 시편 23편에서 목자 되신 하나님께서 하시는 구체적인 선한 일들을 이렇게 노래하고 있다.

> "여호와는 나의 목자시니
> 내게 부족함이 없으리로다.
> 그가 나를 푸른 풀밭에 누이시며
> 쉴 만한 물 가로 인도하시는도다.
> 내 영혼을 소생시키시고
> 자기 이름을 위하여 의의 길로 인도하시는도다.
> 내가 사망의 음침한 골짜기로 다닐지라도
> 해를 두려워하지 않을 것은
> 주께서 나와 함께하심이라.
> 주의 지팡이와 막대기가 나를 안위하시나이다.
> 주께서 내 원수의 목전에서 내게 상을 차려 주시고
> 기름을 내 머리에 부으셨으니
> 내 잔이 넘치나이다.

내 평생에 선하심과 인자하심이 반드시 나를 따르리니
내가 여호와의 집에 영원히 살리로다."

다윗은 목동(牧童)이었다. 그는 양들에게 무엇이 필요한지 잘 알았다. 양들에게 목자보다 더 필요한 존재는 없다. 그래서 다윗은 하나님을 자신의 목자로 고백했다. 목자 되신 하나님께서 그에게 일용할 양식을 공급해 주셨다. 푸른 풀과 맑은 물, 쉼이 있는 삶, 매일 매일 모자람이 없었다. 하나님께서 그의 영혼을 활기차게 해주시고 바른 길로 인도하시며 후회 없는 삶을 살게 해주셨다. 죽음의 기운이 서려 있는 음침한 골짜기를 지날 때에도 두려움이 없었다. 하나님께서 함께 하시고 그의 능력의 펴신 팔로 붙들고 계시기 때문이다.

모든 사람이 '다윗은 더 이상 희망이 없다'고 포기할 때, 원수들이 회심의 미소를 지을 때, 하나님은 그를 보호하시고 동행하셨다. 원수들 앞에 잔칫상을 베푸심으로 다윗의 체면을 세워 주셨다. 다윗의 머리에 기름을 부어 영광을 회복시켜 주셨다. 그리고 기쁨의 잔을 높이 들게 해주셨다. 하나님의 선하심과 인자하심이 그를 떠나지 않고 따르는데 무엇이 더 필요한가? 여호와의 집에 영원히 거할 터인데 무엇이 부족한가?

예수님은 선한 목자이시다. 그래서 자기 양 떼를 위하여 스스로 목숨을 내어놓으신다.

"나는 선한 목자라…나는 양(들)을 위하여 목숨을 버리노라"(요 10:14-15).

> "내가 내 목숨을 버리는 것은 그것을 내가 다시 얻기 위함이니 이로 말미암아 아버지께서 나를 사랑하시느니라. 이를 내게서 빼앗는 자가 있는 것이 아니라 내가 스스로 버리노라. 나는 버릴 권세도 있고 다시 얻을 권세도 있으니 이 계명은 내 아버지에게서 받았노라"(요 10:17-18).

요한은 그의 첫 번째 편지에서 이렇게 말했다.

> "하나님의 사랑이 우리에게 이렇게 나타난바 되었으니 하나님이 자기의 독생자를 세상에 보내심은 그로 말미암아 우리를 살리려 하심이라"(요일 4:9).

누가 십자가의 은혜를 감당할 수 있을까? 언제 우리가 예수님을 생각이나 했던가? 우리 죄를 위해 대신 죽어달라고 구한 적이 있었던가? 우리의 죄 때문에 스스로 탄식해본 적이 있었던가? 하나님의 아들이 사람이 되실 것을 기대라도 했던가? 우리가 예수님의 양이 되리라고 상상이라도 해본 적이 있었던가? 없다. 전혀 없다. 아무것도 없다. 그래서 은혜다.

아버지 하나님과 아들 하나님이 우리를 구원하실 계획을 만세 전에 세우셨다. 그리고 때가 이르니 실천에 옮기셨다.

> "때가 차매 하나님이 그 아들을 보내사 여자에게서 나게 하시고"(갈 4:4).

세상에 오신 아들 하나님께서 우리에게 진리를 가르쳐 주셨다. 성령 하나님은 그 진리를 우리에게 이해시켜 주시고, 마침내 믿게 해주셨다. 때가 되매 아버지는 아들을 십자가 위에 내어놓으셨다. 그리고 아들은 십자가 위에서 그의 목숨을 버리셨다. 그 후에 우리를 '형제라 부르시기를' 부끄러워하지 아니하셨고, 우리를 가리키시며 "볼지어다. 나와 및 하나님께서 내게 주신 자녀라"고 만천하에 소개하셨다(히 2:11, 13).

처음부터 끝까지 은혜다. 영원한 은혜요 무궁한 은혜요, 감당할 수 없는 은혜다. 일본이 낳은 위대한 기독교인 가가와 도요히코(賀川豊彦)는 이렇게 말했다.

"나는 신도, 불교, 유교에 대해 감사한다. 나는 이 신앙들의 덕을 많이 보았다. 내가 공경하는 정신을 가지고 태어났으며, 이 세상의 삶을 초월하는 가치들을 지칠 줄 모르고 갈망하고, 중용의 길을 걸으려고 애쓴다는 사실은 전적으로 이러한 일본 고유 종교의 영향 때문이다. 하지만 이 세 종교는 내 마음의 가장 깊은 필요를 충족시키는 데는 완전히 실패했다. 나는 반환점이 없는 길고 긴 길을 여행하는 순례자였다. 나는 지쳐 있었다. 발도 아팠다. 나는 비극이 짙게 깔려 있는 어둡고 우울한 세상을 방황하며 다녔다. 낮이나 밤이나 눈물이 나의 식량이었다…불교는 대자대비를 가르쳐 주었다…하지만 태초 이래 '이것은 죄 사함을 얻게 하려고 많은 사람을 위하여 흘리는바 나의 피 곧 언약의 피니라'고 단언한 사람이 누가 있었던가?"

예수님의 양 떼는 열두 제자 이상이다. 유대인과 헬라인 이상이다. 모든 인류를 포함한다. 우리와 우리 자손들도 포함된다. 예수님의 음성을 듣고 따르는 전 세계인들이 다 예수님의 양 떼들이다.

> "또 이 우리에 들지 아니한 다른 양들이 내게 있어 내가 인도하여야 할 터이니 그들도 내 음성을 듣고 한 무리가 되어 한 목자에게 있으리라"(요 10:16).

양은 목자의 음성을 듣고 반응한다. 그러나 어떤 양은 반응이 없다. 예수님에게 속한 양이 아니기 때문이다. 어떤 사람은 십자가의 은혜 때문에 눈물을 흘리고, 어떤 사람은 십자가를 조롱한다. 신학적으로 표현하면 어떤 사람은 택함을 받고 어떤 사람은 버림을 당한다. 예수님께서 "나는 양의 문이다. 나는 선한 목자다. 선한 목자는 양을 위하여 자기 목숨을 버린다"고 말씀하실 때 어떤 사람들은 예수님이 귀신 들렸다고 비웃었다. 왜 그럴까? 아무리 생각해 보아도 이해할 수 없는 일이다.

> "이 말씀으로 말미암아 유대인 중에 다시 분쟁이 일어나니 그중에 많은 사람이 말하되 '그가 귀신 들려 미쳤거늘 어찌하여 그 말을 듣느냐' 하며, 어떤 사람은 말하되 '이 말은 귀신 들린 자의 말이 아니라. 귀신이 맹인의 눈을 뜨게 할 수 있느냐' 하더라"(요 10:19-21).

이야기 둘_ "예수님은 누구신가?"

프레데릭 밀러(Frederick S. Miller, 1866-1937)라는 선교사가 있었다. 그는 펜실베이니아에서 태어나서 피츠버그 대학교와 유니온 신학교를 졸업하고 1892년에 한국에 선교사로 왔다. 그의 한국 이름은 민로아(閔老雅)였다. 40여 년 동안 충북 청주를 중심으로 교회들을 개척하여 시무하고 많은 교육 사업을 했다. 청주에 내려오기 전에 서울에서 운영했던 '예수교 학당'(훗날 '민로아 학당'으로 개명)에서 자라난 학생 중에는 안창호 선생도 있었다. 지금은 그의 가족들과 함께 양화진의 선교사들 묘역에 안장되어 있다.

그는 많은 찬송가의 가사를 짓고 작곡도 했는데 그중 몇 곡은 지금도 우리가 즐겨 부르고 있다. 예를 들면, '예수님은 누구신가'(96장), '주의 말씀 듣고서'(204장), '맘 가난한 사람'(427장), '예수 영광 버리사'(451장), '공중 나는 새를 보라'(588장) 등이다. 그가 지은 찬송 가사들을 보면 언제나 예수님 중심이요, 하나님의 은혜 중심이었다. 특히 96장 '예수님은 누구신가'가 더 그렇다. 어떻게 그렇게 아름다운 시를 지었을까?

이런 상상을 펼쳐보자. 청주 지역에 사는 사람들은, 당시 어느 곳도 마찬가지였지만, 시골의 농부들이 대부분이었다. 가난하고 병들고 업신여김 당하며, 아물지 않은 상처를 가슴에 안고 죽음만 생각하며 사는 사람들이었다. 민로아 선교사는 그들에게 예수님이 필요하다고 역설했다. 예수님만이 그들을 도와주실 수 있다고 설득했다. 그는 복음의 내용을 간단하게 기억할 만한 노래로 만들었다. 아무나 일하면서 흥얼거릴 수 있는 내용이었다. 먼저 영어로 시를 지었다. 그리고 영어 가사를 절친한 친구이자 동역자였던 언더우드 박사(연세대학교 설립자)가 한글로 번역했다. 한글 가사와 영어 가사는 다음과 같다. 영어 가사에 숨어 있는 깊은 맛이 있어서 첨가했다.

1절 / 예수님은 누구신가 우는 자의 위로와 없는 자의 풍성이며 천한 자의 높음과 잡힌 자의 놓임 되고 우리 기쁨 되시네

("Who", you ask me, is my Jesus? Mourners' Comforter is He. He is plenty for the needy. Height for all of low degree. He's the freedom of the captive, and our joy eternally.)

2절 / 예수님은 누구신가 약한 자의 강함과 눈 먼 자의 빛이시며 병든 자의 고침과 죽은 자의 부활 되고 우리 생명 되시네

(Who is Jesus? Strength for Weakness; Light and vision for the blind; He is healing for the ailing, Health of body, soul and mind; for the dead He's Resurrection, and in him our life we find.)

3절 / 예수님은 누구신가 추한 자의 정함과 죽을 자의 생명이며 죄인들의 중보와 멸망자의 구원 되고 우리 평화 되시네

(Who is Jesus? He's the Answer when uncertainties increase; Life for death; and Mediator for the sinner's sure release; Sure salvation for the perished, and our ever lasting peace.)

4절 / 예수님은 누구신가 온 교회의 머리와 온 세상의 구주시며 모든 왕의 왕이요, 심판하실 주님 되고 우리 영광 되시네

(Who is Jesus? He's the Head of us His Church; our Lord and Friend. He's the Savior of all nations, King to whom all kings shall bend; Lord of

Judgement for all peoples, and our glory without end.)

지금 내 귓가에는 논밭에서 일하며 이 찬송을 부르던 청주 성도들의 노랫소리가 들린다. 당신의 귓가에도 들리는가? 노래의 중심에 예수님이 계신다. 누군가 큰 소리로 "예수님은 누구신가?" 하고 선창(先唱)한다. 그러면 다 같이 합창을 한다. "우는 자의 위로와 없는 자의 풍성이시며, 천한 자의 높임과 잡힌 자의 놓임 되고 우리 기쁨 되신다." 일하다 말고 손뼉을 치며 덩실덩실 춤을 추었을 것이다. 세상에 그보다 더 좋은 일이 어디 있겠는가? 그것이 바로 복음이다. 기쁜 소식이다. 예수님은 우리에게 복음이 되시기 위해 세상에 오셨다.

지금은 예수님 때보다 살기가 더 좋아졌다. 정말 그런가? 민로아 선교사가 살던 1920년대보다 더 좋은 세상이 되었는가? 병도 없고, 이별도 없고, 가난도 없고, 아픔도 없고, 슬픔도 없는가? 지금은 복음이 필요 없는 세상인가? 천만의 말씀이다. 더 심각한 세상이 되었다. 더 복음이 필요한 세상이 되었다. 과거 어느 때보다 더 예수님이 필요한 세상이 되었다.

주님의 말씀을 가슴에 되새겨 보자.

> "내가 진실로 진실로 너희에게 말하노니, 나는 양의 문이라…내가 문이니 누구든지 나로 말미암아 들어가면 구원을 받고 또는 들어가며 나오며 꼴을 얻으리라. 도둑이 오는 것은 도둑질하고 죽이고 멸망시키려는 것뿐이요 내가 온 것은 양으로 생명을 얻게 하고 더 풍성히 얻게 하려는 것이라. 나는 선한 목자라. 선한

목자는 양들을 위하여 목숨을 버리거니와…나는 선한 목자라. 나는 내 양을 알고 양도 나를 아는 것이 아버지께서 나를 아시고 내가 아버지를 아는 것 같으니, 나는 양을 위하여 목숨을 버리노라"(요 10:7-15).

잠시 눈을 감고 생각해 보라.

오늘, 당신이 서 있는 그 환경에서, 예수님은 누구신가? 특별히 당신에게….

주변에 있는 사람들이 예수님은 누구냐고 물어볼 때 뭐라고 설명할 수 있겠는가? 이웃들에게….

당신은 지금 어떤 노래를 부르고 있는가? 당신을 사랑하셔서 목숨을 버리신 예수님께….

"나는 하나님의 아들이라"

// 요한복음 10:22-42 //

이 단락에서 자주 나오는 단어는 '아버지'(8회)와 '믿음'(5회)이다. 두 단어만 가지고 이 단락의 주제를 만든다면 "내가 하나님의 아들임을 믿으라"는 내용이 된다. 실제로 예수님께서 "나는 하나님의 아들이라"고 말씀하셨다. 왜 예수님께서 하나님과 자신의 관계를 아버지와 아들이라고 강조하셨을까?

'수전절'은 12월 중순부터 8일 동안 계속되는 절기이다. 주전 323년, 헬라의 알렉산더 대왕은 33세에 요절(夭折)하면서 그의 네 장수들에게 자기 영토를 분배해 주었다. 유대는 시리아의 셀레우커스 왕조 관할이 되었다. 그 왕조의 안티오커스 4세(Antiochus IV Epiphanes)가 주전 173년경 예루살렘 성전 마당에 제우스 신상을 세우고 유대인들이 가장 불결하게 여기는 돼지를 잡아 제사를 지냈다. 이로 인하여 민중봉기가 일어나고 유다 마카비우스(Judah Maccabeus)가 예루살렘 성전을 탈환했다. 그는 성전을 다시 깨끗이 한 후에 하나님께 제사를 드리기 시작했다. 유대인들은 이날을 기념하여 수전절(The Feast of Dedication)이라 불렀다. 그 기간에는 불을 밝히기 때문에 '빛의 축제' 혹은 '하누카'(Hanukkah)라고도 불렀다.

12월은 겨울이고 또 비가 자주 오기 때문에 예수님께서는 솔로몬이 세운 행각 안을 거니셨다. (행각은 비를 피할 수 있는 일종의 긴 베란다(veranda)였다. 이곳에서 38년 된 병자가 고침을 받은 적이 있다.) 그러자 유대인들이 예수님을 에워싸고 재촉했다.

> "당신이 언제까지나 우리 마음을 의혹하게 하려 하나이까. 그리스도이면 밝히 말씀하소서"(요 10:24).

메시아인지 아닌지 분명히 자신을 드러내라는 말이다. 예수님은 수가 성 우물가에서 만난 여인에게 자신이 메시아라고 밝히 말씀하셨다. 그러나 유대인들의 질문에는 에둘러 대답하셨다.

> "예수께서 대답하시되, 내가 너희에게 말하였으되 믿지 아니하는도다. 내가 내 아버지의 이름으로 행하는 일들이 나를 증거하는 것이거늘 너희가 내 양이 아니므로 믿지 아니하는도다. 내 양

은 내 음성을 들으며 나는 그들을 알며 그들은 나를 따르느니라. 내가 그들에게 영생을 주노니 영원히 멸망하지 아니할 것이요 또 그들을 내 손에서 빼앗을 자가 없느니라. 그들을 주신 내 아버지는 만물보다 크시매 아무도 아버지 손에서 빼앗을 수 없느니라. 나와 아버지는 하나이니라 하신대"(요 10:25-30).

예수님께서 이미 말씀하셨지만 유대인들이 믿지 않았다. 예수님은 '그리스도'(메시아의 헬라어 역)라는 어휘 대신에 '하나님의 아들'이라는 표현을 사용하셨다. 왜 그러셨을까? 두 가지 이유 때문이다.

첫째 이유는 유대인들을 위해서였다. 유대인들은 여러 가지 절기를 지키고 종교의식을 행하였지만 정작 하나님은 잊어버리고 살았다.

마태복음 21장을 보면 '포도원 농부 비유'가 나온다. 어떤 사람이 포도원을 만들어 농부들에게 세를 주고 타국에 갔다. 포도원에서 소득이 나올 즈음, 주인이 그 열매를 받으려고 종들을 농부에게 보냈다. 그랬더니 농부들이 종들을 잡아 하나는 심히 때리고 하나는 죽이고 하나는 돌로 쳤다. 주인이 아들을 보내며 "내 아들은 존대하리라" 하였더니 농부들은 한 술 더 떠서 "이는 상속자니 자 죽이고 그의 유산을 차지하자"며 아들마저 죽였다. 이제 농부들에게 남은 선택은 진멸을 당하는 것뿐이었다. 예수님은 주인을 하나님으로, 농부를 유대인으로, 아들을 자신으로 비유하셨다.

비록 예수님께서 세상을 구원하실 메시아로 오셨지만 그보다 더 중요한 것은 하나님과 이스라엘의 관계 회복이었다. 예수님께서 그들에게 하나님을 나타내셨다. 하나님의 사랑과 인내와 부르심을 전하셨다. 지금까지 선지자들을 박해하고 죽였던 이스라엘 백성들에게 마침내 아들이 오셨다. 아들이 아버지의 말씀을 전하기 위해 사람이 되어 오셨다. 그들이 아들을 영접하면 하나님의 생명, 곧 영생을 얻게 될 것이다. 아들을 믿는 자마다 아버지께서 영생을 선물로 주실 것이다. 그러나 아들을 거절하면 남은 것은 진멸당하는 일뿐이다. 그러므로 '아들인 나를 믿으라'고 하셨다. 이보다 더 급하고 중요한 일이 없었다.

둘째 이유는 헬라문화의 영향 아래 사는 사람들을 위해서였다. 헬라문화는 이원론(二元論)을 주장했다. 물질은 악하고 영혼과 정신은 선하다는 생각이다. 그래서 물질로 구성된 이 세계를 창조한 신은 악한 신이라고 여겼다. 그들의 주장에 따르면, 세상을 창조하신 하나님은 악한 신에 속한다. 그래서 기독교의 복음을 이원론의 틀에 맞추어 넣었다. 구약의 하나님은 악하지만 신약의 예수님은 선하다고 주장했다. 주로 영지주의자들(Gnostics, 英智主義)이 그렇게 생각했다. 그들은 자기들만이 그런 영적 지식을 가지고 있다고 자부했다. 그때나 지금이나 이단은 언제나 자기들만이 특별한 지식을 가지고 있다고 주장한다. 예수님은 훗날 이런 이단들이 나타나 그의 교회에 혼란을 일으킬 줄 미리 아시고 '아버지(하나님)와 나는 하나'라고 말씀하셨다.

예수님께서 하나님을 아버지로 부르자 유대인들이 다시 돌을 들어 치려고 했다. 예수님은 뒤로 물러나지 않으셨다. 당당히 맞서시며 그들의 잘못을 책망하셨다.

"예수께서 이르시되 너희 율법에 기록된바 내가 너희를 신이라 하였노라 하지 아니하였느냐. 성경은 폐하지 못하나니 하나님의 말씀을 받은 사람들을 신이라 하셨거든 하물며 아버지께서 거룩하게 하사 세상에 보내신 자가 나는 하나님의 아들이라 하는 것으로 너희가 어찌 신성모독이라 하느냐? 만일 내가 내 아버지의 일을 행하지 아니하거든 나를 믿지 말려니와 내가 행하거든 나를 믿지 아니할지라도 그 일은 믿으라. 그러면 너희가 아버지께서 내 안에 계시고 내가 아버지 안에 있음을 깨달아 알리라"(요 10:34-38).

예수님은 시편 82편 6절 말씀을 인용하셨다. 그 구절에 "내가 너희를 신이라 하였노라"는 말이 있다. 예수님의 말씀은 모든 사람들이 다 신이라는 뜻이 아니다. 예수님은 자신을 가리켜 '아버지께서 거룩하게 하사 세상에 보내신 자'라고 소개하시면서 '나는 하나님의 아들이라'고 선언하셨다. 하나님의 말씀을 받은 사람들을 신이라 하였는데 (그것도 폐지할 수 없는 성경이), 하물며 하나님의 아들이 하나님을 '아버지'라고 부르는 것이 어찌 신성모독이 되겠느냐고 물으셨다. '아버지와 나는 하나'라는 말씀은 아버지께서 아들 안에, 아들이 아버지 안에 계신다는 말이다.

어떻게 그 사실을 알 수 있는가? 예수님께서 하신 모든 선한 일들 때문이다. 그 일은 곧 하나님의 일이었다. 그 진리를 제일 먼저 깨달은 사람이 니고데모였다.

"그가 밤에 예수께 와서 이르되 랍비여 우리가 당신은 하나님께로부터 오신 선생인 줄 아나이다 하나님이 함께하시지 아니하시면 당신이 행하시는 이 표적을 아무도 할 수 없음이니이다"(요 3:2).

왜 하나님의 아들이셔야만 하는가?

요한복음 11장으로 넘어가기 전에 '하나님의 아들'이라는 주제를 정리해 보자. 5장과 6장, 그리고 8장과 10장에 이 주제가 거듭 강조되고 있기 때문이다. 요한은 이 주제의 중요성을 깨닫고 예수님의 말씀 중에서 따로 모아놓았다. 왜 예수님은 유대인들이 그렇게 듣기 싫어하는 '하나님의 아들'이라는 칭호를 그렇게 자주 사용하셨을까? 그리고 왜 요한은 그 점을 그토록 강조했을까?

요한복음을 읽다보면 예수님께서 자신이 하나님의 아들이심을 의도적으로 강조하셨다는 느낌이 든다. 예수님께서 평범하게 기적을 행하시고 말씀만 가르치셨다면 그렇게 큰 충돌이 일어나지 않았을 것이다. 안식일에 병든 자들을 고치신 일도 비난은 하겠지만 예수님을 죽이겠다고 음모를 꾸밀 만한 일은 아니다. 그런데 왜 예수님은 하나님과 자신의 관계를 '아버지와 아들'의 관계로 부각시키셨을까?

최초의 논쟁은 요한복음 5장에 나온다. 38년 된 병자를 고쳐주신 후에 예수님께서 하신 말씀 때문이다.

> "그러므로 안식일에 이러한 일을 행하신다 하여 유대인들이 예수를 박해하게 된지라. 예수께서 그들에게 이르시되 내 아버지께서 이제까지 일하시니 나도 일한다 하시매, 유대인들이 이로 말미암아 더욱 예수를 죽이고자 하니 이는 안식일을 범할 뿐만 아니라 하나님을 자기의 친아버지라 하여 자기를 하나님과 동등으로 삼으심이러라"(요 5:16-18).

예수님은 요한복음 5장에서 '아버지와 아들의 관계'를 이렇게 설명하셨다.

1. 아버지가 하시는 일을 아들도 똑같이 한다.
2. 아버지처럼 아들도 죽은 자들을 살린다.
3. 아버지께서 심판을 아들에게 맡기셨다.
4. 아버지를 공경하듯 아들을 공경해야 한다.
5. 아들의 말을 듣고 아들을 믿는 자는 영생을 얻는다.
6. 아들을 믿는 자는 심판을 면하고 사망에서 생명으로 옮겨진다.
7. 아들의 음성을 듣는 자는 살아난다.
8. 내가 하는 일을 통하여 아버지가 나를 증언하신다.
9. 너희가 아버지를 사랑하면 나를 영접할 것이다.
10. 나를 영접하는 자는 아버지의 영광을 보게 될 것이다.

두 번째 논쟁은 6장에 나온다. 5천 명 이상을 기적적으로 먹이신 후였다.

1. 아버지께서 나를 보내셨다. 나를 믿는 것이 곧 너희가 해야 할 하나님의 일이다.
2. 하나님에게서 온 자만 아버지를 보았느니라.
3. 내 아버지께서 너희에게 참 떡, 곧 생명의 떡을 주신다.
4. 아버지께서 내게 주신 자들은 다 내게로 올 것이다.
5. 아버지의 뜻은 아들을 믿는 자마다 영생을 얻는 것이다.

6. 내가 아버지로 말미암아 사는 것같이 나를 먹는 그 사람도 나로 말미암아 영원히 살리라.

세 번째 논쟁은 8장에서 나온다. 간음하다 현장에서 잡힌 여인을 용서하신 후였다.

1. 나를 아는 자는 아버지도 알았으리라.
2. 나를 보내신 이가 참되시매 내가 그에게 들은 그것을 세상에 말하노라.
3. 나를 보내신 이가 나와 함께하시도다.
4. 나는 스스로 온 것이 아니요 아버지께서 나를 보내신 것이니라.
5. 내게 영광을 돌리시는 이는 내 아버지시니 곧 너희가 하나님이라 칭하는 그이시라.

네 번째 논쟁은 10장에서 나온다. '나는 선한 목자라'고 말씀하신 후였다.

1. 아버지께서 나를 아시고 내가 아버지를 안다.
2. 내가 목숨을 버리는 것은 다시 얻기 위함이다. 이로 인하여 아버지가 나를 사랑하신다.
3. 나와 아버지는 하나이니라.
4. 나는 아버지께서 거룩하게 하사 세상에 보내신 자다.
5. 아버지가 내 안에 계시고 내가 아버지 안에 있다.

예수님께서는 베다니에 머무시며 예루살렘 성을 드나드셨다. 그 때 "당신은 누구인가, 당신의 정체를 밝히라"고 유대인들이 다그쳤다. 예수님께서 "나와 아버지는 하나이니라"고 대답하셨다가 하마터면 돌에 맞을 뻔한 사건이 있었다. 그 후 예수님은 예루살렘을 떠나 옛날 세례 요한이 세례를 주던 요단 강 건너편으로 내려가셨다. 그곳은 베다니에서 동쪽으로 40여 킬로미터, 백여 리 쯤 떨어진 곳에 있었다. 많은 사람들이 그곳까지 예수님을 따라와서 말씀을 듣고 예수님을 믿었다. 예수님의 말씀을 한 구절로 요약한다면 바로 요한복음 3장 16절 말씀이다.

> "하나님이 세상을 이처럼 사랑하사 독생자를 주셨으니 이는 그를 믿는 자마다 멸망하지 않고 영생을 얻게 하려 하심이라."

이 구절을 통하여 예수님은 구원에 대한 세 가지 진리를 말씀하셨다.

첫째로, 하나님은 사랑이시다. 요한복음 3장 16절에는 우리 성경에 나오지 않은 접속사 '가르'(γάρ, 왜냐하면)가 있다. 그래서 16절을 14-15절에 연결시킨다. 즉, 하나님께서 그의 아들을 세상에 보내셔서 죽게 하신 까닭은 세상을 사랑하셨기 때문이라는 말이다. 왜 사랑하셨는가? 그가 창조하셨기 때문이다. 이 진리가 요한복음뿐만 아니라 성경 전체에 담겨 있다.

둘째로, 하나님은 의로우시다. 그 때문에 오직 하나님의 아들만이 우리의 죄를 대신하여 죽으실 수 있다. 그의 죽으심 외에 구원의 다른 길이 없다. 죗값은 죽음이기 때문이다. '독생자를 주셨으니'에서 독생자는 '하나님에게서 나신 단 하나뿐인 아들'이라는 말 그 이상의 의미가 있다. 우리를 위하여 대신 죽으실 분은 오직 예수 그리스도밖에 없다는 의미이다.

셋째로, 하나님의 능력이다. 세상 모든 사람이 나를 위해 죽는다고 해도 나에게 영생을 줄 수는 없다. 왜냐하면 그들에게 영생이 없기 때문이다. 그런데 예수님은 거듭거듭 아버지와 아들에게 영생이 있다고 말씀하셨다. 아들을 믿는 자들은 사망에서 생명으로 옮겨졌는데, 왜냐하면 영생을 얻었기 때문이다. 단순한 생명이 아니다. 멸망하지 않고 영원히 사는 생명이다. 영생을 얻지 못한다면 멸망할 수밖에 없다. 인간에게 다른 선택이 없다.

이제 이해가 되는가? 왜 그렇게 예수님께서 줄기차게 자신이 하나님의 아들이심을 믿으라고 외치셨는지 이해가 되는가? 왜 그렇게 요한이 집요하게 예수 그리스도가 하나님의 아들이심을 믿으라고 하는지 이해가 되는가? 예수님이 하나님의 아들이 아니시라면 세상에 구원의 희망이 없기 때문이다. 아무도 영원한 생명을 얻지 못하고 멸망할 것이기 때문이다. 그래서 요한이 복음서를 썼다. 이미 마태, 마가, 누가복음이 있었지만 또 하나의 복음서가 반드시 필요했다. 요한의 저술 목적을 다시 한 번 들어보자.

> "예수께서 제자들 앞에서 이 책에 기록되지 아니한 다른 표적도 많이 행하셨으나 오직 이것을 기록함은 너희로 예수께서 하나님의 아들 그리스도이심을 믿게 하려 함이요, 또 너희로 믿고 그 이름을 힘입어 생명을 얻게 하려 함이니라"(요 20:30-31).

예수님은 자신에게 적대감을 품고 있는 유대교 지도자들에게 이 진리를 주장하셨다. 그 결과는 언제나 논쟁으로 연결되었다.

이제 11장부터는 예수님께서 제자들에게 이 진리를 가르치신다. 확연하게 다른 점을 발견하게 될 것이다. 같은 진리의 말씀이 10장까지는 논쟁으로 끝났지만 11장 이후부터는 아멘으로 받아들여진다.

"나사로야 나오라"

// 요한복음 11장 //

살면서 누군가에게 무시당해본 적이 있는가? 그것도 믿을 만한 사람에게…. '그 사람, 평소에 내가 그렇게 잘 해주었던 사람인데, 내가 어려울 때에 이렇게 못 본 척하다니' 하면서 실망해본 경험이 있는가?

혹시 하나님께 실망해본 적이 있는가? 내 평생에 하나님을 사랑하고, 하나님의 말씀을 따라 살아왔고, 하나님의 이름을 가장 중요하게 생각하며, 무엇을 하든지 하나님의 뜻을 따라 살려고 애쓰며 살아왔는데, 내가 이렇게 어려울 때, 하나님의 도우심이 간절히 필요할 때, 그렇게 애타게 부르짖어 기도했는데 아무 응답이 없어서, '하나님께서도 나를 잊으셨구나' 하고 실망해본 적이 있는가?

베다니는 예루살렘에서 2킬로미터쯤 동쪽 언덕 위에 있는 마을이다. 그 마을에 나사로와 마르다와 마리아 삼남매가 살고 있었다. 그들은 예수님을 사랑했다. 예수님과 제자들이 예루살렘에 오실 때마다 집으로 초청하고 식사를 대접했다. 평소에 "나는 머리 둘 곳이 없다"고 말씀하시던 예수님에게 따뜻한 집을 제공해 드렸다. 예수님은 그들에게 가족과 같은 분이셨다.

불과 며칠 전까지만 해도 예수님께서 그 집에 머무시며 예루살렘 성을 드나드셨다. 그 후 예수님은 예루살렘을 떠나 옛날 세례 요한이 세례를 주던 요단 강 건너편으로 내려가셨다. 그곳은 베다니에서 동쪽으로 40여 킬로미터, 백여 리 쯤 떨어진 곳에 있었다.

며칠 후에 마르다와 마리아가 예수님에게 사람을 보내왔다. "주여, 보시옵소서. 사랑하시는 자가 병들었나이다." 갑자기 나사로가 병이 들었단다. 마르다 자매는 굳이 "나사로가 병들었으니 어서 와서 고쳐주세요" 하지 않아도 그 소식을 들으시면 예수님께서 곧장 올라오실 줄 알았다. 예수님께서 나사로를 그만큼 사랑하셨기 때문이다. 그런데 예수님은 "이 병은 죽을병이 아니라 하나님의 영광을 위함이요 하나님의 아들이 이로 말미암아 영광을 받게 하려 함이라"고 말씀하시면서 느긋하게 이틀을 더 보내셨다.

이 대목에서 요한은 "예수께서 본래 마르다와 그 동생과 나사로를 사랑하시더니"(요 11:5)라는 말을 삽입한다. 이 말은 사람들로 하여금 '그렇게 나사로를 사랑하시던 분이 나사로가 병들었다는 소식을 들으시고도 이틀씩이나 지체하신 이유가 무엇이었을까?' 하는 생각을 하게 한다. 왜 예수님은 즉시 베다니로 올라가지 않으셨을까? 제자들은 그 연유를 몰랐다. 그래서 "유대로 가자"는 예수님의 말씀에 동문서답했다.

"랍비여, 방금도 유대인들이 돌로 치려 하였는데 또 그리로

가시려 하나이까?"
"낮이 열두 시간이 아니냐. (낮은 열두 시간이나 된다.) 사람이 낮에 다니면 이 세상의 빛을 보므로 실족하지 아니하고 밤에 다니면 빛이 그 사람 안에 없는 고로 실족하느니라. 우리 친구 나사로가 잠들었도다. 그러나 내가 깨우러 가노라."
"주여, 잠들었으면 낫겠나이다."
"나사로가 죽었느니라. 내가 거기 있지 아니한 것을 너희를 위하여 기뻐하노니 이는 너희로 믿게 하려 함이라. 그러나 그에게로 가자."

예수님의 말씀을 건성으로 들었던 도마가 엉뚱한 참견을 했다.

"우리도 주와 함께 죽으러 가자."

예수님의 말씀 가운데 핵심은 '영광', '빛', 그리고 '믿음'이었다. 예수님의 관심은 이 세상 사람들로 하여금 하나님의 영광을 보게 하는 데 있었다. 나사로와 그의 누이들은 지금, 비록 스스로 의식하지 못하고 있지만, 하나님의 영광을 위하여 쓰임을 받고 있다. 낮은 열두 시간이나 된다. 예수님 자신이 참 빛으로 거기 계신다. 그러므로 아직은 일하실 시간이다. 그러나 밤이 되면, 즉 예수님이 떠나시면 어둠이 임할 것이다. 그들 속에 빛이 없기 때문이다. 다른 말로 하면 예수님과 동행하는 사람은 영원히 빛 가운데 거한다는 말씀이다. 예수님은 나사로를 살리심으로 제자들이 그를 믿을 수 있도록 도와주셨다.

예수님은 모든 일을 하나님의 때에 맞추어 하셨다. 아버지와 자신의 영광을 드러내시기 위해서, 그리고 제자들의 믿음을 위해서 '나흘'이라는 시간이 필요했다. 베다니에서 내려오는데 하루, 예수님께서 지체하신 이틀, 그리고 올라가신 하루, 이렇게 4일 후에 예수님께서 도착하셨다. 마르다는 자기 오라버니가 죽은 지 나흘이나 되었다고 했다. 마르다 자매가 예수님에게 사람을 보낸 직후에 그의 오라버니가 죽었다는 말이다. 일반적으로 중동 지역에서는 시신이 쉽게 부패하기 때문에 하루를 넘기지 않고 장례를 지냈다.

그렇더라도 예수님께서 다음날 올라오셨더라면 조금 더 위로가 되었을 것이다. 그런데 나사로가 죽은 지 나흘이 지나서야 오셨다. 마르다가 예수님을 마중 나와서 말했다.

"주께서 여기 계셨더라면 내 오라버니가 죽지 아니하였겠나이다"(요 11:21).

'계셨더라면'은 미완료(imperfect)형이다. 풀어서 쓰면 '주께서 그때 떠나지 않고 여기 계속 계셨더라면 내 오라버니가 절대로 죽지 않았을 것입니다'라는 뜻이다. 왜 며칠만 더 머물지 않으시고 그렇게 훌쩍 떠나셨느냐는 원망과 안타까움이 깊이 배어 있다. 물론 이 이야기도 해피 엔딩으로 끝난다. 그러나 아직은 마르다 자매가 그런 축복을 경험하기 이전이다. 그들의 마음에 있는 원망과 아쉬움, 그리고 예수님을 향한 신뢰와 기대감을 최대한으로 느껴보자. 마르다가 말했다.

"그러나 나는 이제라도 주께서 무엇이든지 하나님께 구하시는 것을 하나님이 (주님께) 주실 줄을 아나이다"(요 11:22).

나사로는 이미 죽었다. 문맥상으로 볼 때 마르다와 마리아는 나사로가 다시 살아나리라고 기대하지 않았다. 그런데 무엇을 더 기대한단 말인가? '죽음'이라는 절망을 넘어설 만한 소망이 무엇이라는 말인가? 우리는 마르다가 말하는 '무엇이든지'가 무엇을 의미하는지 알 길이 없다. 그러나 분명한 사실은 마리아가 '죽음'보다 더 큰 어떤 것을 기대하고 있었다는 점이다. 얼마나 긍정적인 자세인가? 예수님께서 화답(和答)하셨다.

"네 오라비가 다시 살아나리라."

물론 그런 기대는 아니었다. 그래서 깊은 생각 없이 대답했다.

"마지막 날 부활 때에는 다시 살아날 줄을 내가 아나이다."

마르다가 오해했다. 예수님은 미래가 아닌 현재 일을 말씀하고 계셨다.

"나는 부활이요 생명이니 나를 믿는 자는 죽어도 살겠고, 무릇 살아서 나를 믿는 자는 영원히 죽지 아니하리니 이것을 네가 믿느냐?"(요 11:25-26)

예수님께서 마르다에게 개인적인 질문을 하셨다. 예수님의 질문을 풀어 쓰면 이런 뜻이 된다.

'나는 부활이고 생명이다. 나를 믿는 자는, 설사 그들이 이 세상에서 죽는다고 해도, 계속해서 살게 될 것이다. 또한 나를 믿음으로 사는 자는 영원히 죽지 아니하리라. 이것을 네가 믿느냐?'

예수님의 말씀의 핵심은 '나를 믿는 자는 영원히 살게 될 것이다'에 있다. 예수님은 세상에서의 죽음을 괄호 속에 묶어 버리셨다. '네 오라버니의 육체적인 죽음을 종착점으로 보지 말라'는 말씀이다. 영원한 생명은 육체의 죽음에 영향을 받지 않는다. 예수님께서 주시는 영생이 만일 육체의 죽음에 종속되고 지배당한다면 그것은 '영생'(eternal life)이 아니고 '터미널 라이프'(terminal life)가 될 것이다. 터미널은 종점(終點)을 의미한다. 마르다가 대답했다.

"주여 그러하외다. 주는 그리스도시요 세상에 오시는 하나님의 아들이신 줄 내가 믿나이다."

건성으로 하는 대답 같다. 그러나 낙심과 슬픔 중에서도 믿음의 도리를 올바로 붙들고 있다는 사실이 얼마나 눈물겨운가. 가끔은 이런 '불확실성의 믿음'이 필요할 때도 있다. '다 알 수 없어도 나 알아 가리라'는 복음 성가의 가사가 생각난다. 다 알고 있다면 왜 믿음이 필요하겠는가. 가끔 우리의 믿음을 전향적(前向的)으로 고백해야 할 때가 있다. 다니엘의 세 친구가 느부갓네살 왕 앞에서 사용했던 '그렇게 하지 아니하실지라도'의 고백(단 3:14-18)처럼….

"선생님이 오셔서 너를 부르신다"는 마르다의 말에 마리아가 벌

떡 일어났다. 함께 울고 있던 이웃들도 따라 나왔다. 마리아도 마르다처럼 "주께서 여기 계셨다면…" 하고 아쉬움을 토로했다. 그 순간 비통함이 예수님의 마음을 가득 채웠다. 눈물을 흘리시며 예수님께서 물으셨다.

"그를 어디 두었느냐?"
"주여, 와서 보옵소서."

뒤따르는 유대인들이 수군거렸다.

"보라. 그를 얼마나 사랑하셨는가. 맹인의 눈을 뜨게 한 이 사람이 그 사람은 죽지 않게 할 수 없었더냐?"

모두 나사로의 죽음을 기정사실(旣定事實)로 받아들였다. 그들은 예수님께서 많은 기적을 행하셨어도 나사로의 죽음만큼은 되돌려 놓을 수 없다고 생각했다. 오직 예수님 한 분만이 다른 생각을 하고 계셨다. 그가 이전에 뭐라고 말씀하셨던가? 요한복음 6장에만 '살린다'(아니스테미, ἀνίστημι)는 말씀이 네 번이나 나온다.

"내 아버지의 뜻은 아들을 보고 믿는 자마다 영생을 얻는 이것이니 마지막 날에 내가 이를 다시 살리리라 하시니라"(요 6:40).

나사로를 통하여 '죽은 자를 다시 살리신다'는 약속의 말씀을 실제로 증명하실 기회가 왔다. 나면서부터 눈 먼 자를 통하여 하나님의 하시는 일을 보여주셨던 것처럼 나사로를 통하여 부활의 능력을 보여주실 것이다. 그러는 사이에 예수님 일행이 나사로의 무덤 앞에 이르렀다. 큰 돌이 무덤 입구를 가로막고 있었다.

"돌을 옮겨 놓으라."

예수님의 말씀에 마르다가 손사래를 치며 앞으로 나섰다.

"주여, 죽은 지가 나흘이 되었으매 벌써 냄새가 나나이다."
"내 말이 네가 믿으면 하나님의 영광을 보리라 하지 아니하였느냐."

마지못해 사람들이 돌을 옮겨 놓자 예수님께서 하늘을 우러러보시며 이렇게 말씀했다.

"아버지여 내 말을 들으신 것을 감사하나이다. 항상 내 말을 들으시는 줄을 내가 알았나이다. 그러나 이 말씀 하옵는 것은 둘러선 무리를 위함이니 곧 아버지께서 나를 보내신 것을 그들로 믿게 하려 함이니이다."

예수님은 이미 아버지 하나님께 나사로를 위해 기도하셨다. 같은 말씀을 다시 하심은 곁에 있는 사람들로 믿게 하기 위함이었다. 무엇을 믿게 하셨는가? '아버지께서 그의 아들 예수님을 메시아(구주)로 보내신 것'을 믿게 하셨다. 이것이 믿음의 근본이다. 그리고 요한이 복음서를 저술한 목적이다.

예수님께서 큰 소리로 나사로를 부르셨다.

"나사로야, 나오라!"

죽었던 나사로가 온 몸을 베로 동인 채 나오는데 그의 얼굴은 따로 수건에 싸여 있었다. 사람들이 얼마나 놀랐을까? 아무도 입을 다물 수가 없었다. 그 순간, 예수님의 음성이 천둥소리처럼 들려왔다.

"풀어 놓아 다니게 하라."

그날 그 자리에 있던 많은 유대인들이 예수님을 (하나님의 아들로) 믿었다. 그러나 어떤 사람들은 그 일을 바리새인들에게 가서 보고했다. 하나님의 은혜가 아니면 아무나 예수님을 믿을 수가 없다. 이 소식을 들은 대제사장들과 바리새인들이 근심에 싸인 채 공회(公會)를 소집했다.

"이 사람이 많은 표적을 행하니 우리가 어떻게 하겠느냐. 만일 그를 이대로 두면 모든 사람이 그를 믿을 것이요 그리고 로마인들이 와서 우리 땅과 민족을 빼앗아 가리라"(요 11:47-48).

염려는 태산 같은데 해결책이 없었다. 그때 그해의 대제사장인 가야바가 말했다.

"너희가 아무 것도 알지 못하는도다. 한 사람이 백성을 위하여 죽어서 온 민족이 망하지 않게 되는 것이 너희에게 유익한 줄을 생각하지 아니하는도다"(요 11:49-50).

사실은 그의 생각이 아니고 하나님의 뜻이었다. 그날부터 그들은 예수님을 죽일 모의(謨議)를 시작했다. 예수님께서 그들의 생각을 아시고 빈들로 물러나셨다. 얼마 후면 유월절이 다가온다. 이 유월절은 예수님에게 마지막 유월절이 될 것이다. 유대교 지도자들은 아는지 모르는지 이 유월절을 예수님을 죽일 수 있는 적기(適期)라고 생각했다.

훗날 요한은 가야바의 말을 이렇게 해석했다.

"이 말은 스스로 함이 아니요 그 해의 대제사장이므로 예수께서 그 민족을 위하시고 또 그 민족만 위할 뿐 아니라 흩어진 하나님의 자녀를 모아 하나가 되게 하기 위하여 죽으실 것을 미리 말함이러라"(요 11:51-52).

다음 장으로 넘어가기 전에 나사로의 죽음에 대한 의문점 하나를 해결하자. 아마도 지금쯤 여러분의 마음속에 이런 질문이 맴돌고 있을 것이다.

'하나님의 영광을 위해서라…좋지요. 그러나 하나님의 영광을 위해서 어떤 사람이 영문도 모른 채 그렇게 죽는 것이 옳은 일인가요? 나중에 나사로가 다시 살아나서 다행이지만 그 동안에 가족들의 놀람과 슬픔은 누가 보상해 주나요?'

이런 질문을 하면서 아마도 자신이 경험했던 고난과 고통이 모두 하나님 탓 아니냐고 묻고 싶을지도 모른다. 성경은 두 가지 대답을 주고 있다. 물론 믿는 자들에게 주신 대답이다.

> "이 사람아 네가 누구이기에 감히 하나님께 반문하느냐? 지음을 받은 물건이 지은 자에게 어찌 나를 이같이 만들었느냐 말하겠느냐. 토기장이가 진흙 한 덩이로 하나는 귀히 쓸 그릇을, 하나는 천히 쓸 그릇을 만들 권한이 없느냐?"(롬 9:20-21).

하나님을 믿는 모든 성도들은 첫째로 하나님의 주권을 인정해야 한다. 누가 하나님보다 더 지혜로운가? 누가 하나님보다 더 선한가? 누가 하나님보다 더 미래를 잘 알 수 있는가? 기독교 신앙은 어느 시점에 이르면 하나님의 권위에 복종하는 단계로 들어간다. 다 이해하기 때문에 믿는 것이 아니다. 하나님께서 그렇게 말씀하셨기 때문에 믿는다. 모세가 그런 믿음을 가졌다. 욥이 그런 믿음을 가졌다. 바울도 그런 믿음을 가졌다.

그러면 기독교 신앙은 막무가내의 믿음인가? 아니다. 우리 믿음은 하나님의 선하심과 인자하심에 그 토대를 두고 있다. 성경에 하나님께서 하신 일 중에 악한 일은 하나도 없다. 물론 사탄의 눈에는 악하게 보이겠지만 하나님의 자녀들의 눈에는 그보다 더 선할 수가 없다. 그것이 바로 두 번째 대답이다.

> "우리가 알거니와 하나님을 사랑하는 자 곧 그의 뜻대로 부르심을 입은 자들에게는 모든 것이 합력하여 선을 이루느니라"(롬

8:28).

이 '모든 것' 속에는 고난도 포함된다. 억울함도 포함된다. 부족함도 포함된다. 아쉬움도 포함된다. 부끄러움도 포함된다. 예수님께서 십자가 위에서 부끄러움을 참으셨기 때문에 우리를 구원하실 수 있었다.

"믿음의 주요 또 온전하게 하시는 이인 예수를 바라보자 그는 그 앞에 있는 기쁨을 위하여 십자가를 참으사 부끄러움을 개의치 아니하시더니 하나님 보좌 우편에 앉으셨느니라"(히 12:2).

그래서 시편 기자는 "고난 당한 것이 내게 유익이라"(시 119:71)고 노래했다.

그래도 마음이 불편할 때는 어떻게 해야 할까? 나는 그때마다 바울의 가르침을 기억한다.

"아무것도 염려하지 말고 다만 모든 일에 기도와 간구로, 너희 구할 것을 감사함으로 하나님께 아뢰라. 그리하면 모든 지각에 뛰어난 하나님의 평강이 그리스도 예수 안에서 너희 마음과 생각을 지키시리라"(빌 4:6-7).

마지막 유월절

// 요한복음 12장 //

예수님께서 유월절 엿새 전에 예루살렘으로 올라가셨다. 요한복음에 나오는 세 번의 유월절 중 마지막이다. 나사로가 사는 동네에서 잔치가 벌어졌다. 나사로를 죽음에서 살려주신 은혜에 대한 감사의 잔치였다. 잔치 중에 갑자기 나사로의 누이 마리아가 값진 향유를 예수님의 발에 붓고 머리털로 닦았다. 향유 냄새가 온 집에 가득했다. 며칠 후면 예수님을 팔아넘길 유다가 퉁명스럽게 말했다.

> "이 향유를 어찌하여 삼백 데나리온에 팔아 가난한 자들에게 주지 아니하였느냐?"(요 12:5).

그때만 해도 제자들은 유다의 말이 맞다고 생각했다. 그러나 훗날에 유다의 의도가 밝혀졌다. 요한은 '그가 가난한 사람들을 생각해서 한 말이 아니고 도둑질하려고 그런 말을 했다'고 부연설명을 했다. 유다는 예수님 일행의 돈주머니를 맡은 자였다. 더구나 향유를 시장에 내다 팔면 1년 품삯에 해당하는 거액이다.

침묵을 깨시면서 예수님께서 말씀하셨다.

> "그를 가만 두어 나의 장례할 날을 위하여 그것을 간직하게 하라. 가난한 자들은 항상 너희와 함께 있거니와 나는 항상 있지 아니하리라"(요 12:7-8).

가난한 자들을 도울 수 있는 기회는 앞으로도 많을 것이다. 그러나 예수님의 십자가는 처음이자 마지막이다. 물론 마리아가 예수님의 죽으심을 미리 알고 준비했다고 확언할 수는 없다. 때때로 우리가 알지 못하고 했던 일들이 하나님의 나라와 영광을 위하여 예비된 것임을 뒤늦게 깨달을 때가 있다.

많은 사람들이 예수님을 만나기 위해 베다니로 몰려왔다. 나사로가 죽은 지 나흘 만에 살아났다는 소문 때문이었다. 대제사장들은 이참에 나사로까지 죽여야 한다고 생각했다. 그런 분위기 속에서 예수님은 이튿날 나귀 새끼를 타고 예루살렘으로 들어가셨다. 마침 유월절을 지키기 위해 많은 사람들이 예루살렘에 모여 있었다. 그들은 종려나무 가지를 흔들며 예수님을 맞았다.

> "호산나, 찬송하리로다. 주의 이름으로 오시는 이, 곧 이스라엘의 왕이시여!"(요 12:13)

온 예루살렘이 흥분에 휩싸였다. 오래 전 조상들로부터 기다리던 메시아가 오셨기 때문이다. 죽었다가 살아난 나사로 때문에 예수님이 메시아라는 사실을 아무도 의심하지 않았다. 나사로가 다시 살아난 타이밍도 놀라웠다. 모든 일들이 하나님의 '때'에 일어났다. 바리새인들이 절망적인 어조로 말했다.

> "볼지어다. 너희 하는 일이 쓸 데 없다. 보라 온 세상이 그를 따르는도다"(요 12:19).

마침 명절을 지키기 위해 올라온 헬라인 몇이 빌립을 찾아와서 예수님을 만나고 싶다고 했다. 빌립이 안드레와 함께 예수님께 가서 말씀드렸다. 예수님께서는 뜻밖의 대답을 하셨다.

"인자가 영광을 얻을 때가 왔도다"(요 12:23).

왜 그렇게 말씀하셨을까? 구원의 복음이 유대를 넘어 온 세상에 전파될 때가 되었다는 말씀이다. 예수님은 늘 '하나님의 때'에 초점을 맞추셨다. 이제는 한 알의 밀알처럼 땅에 떨어져 죽으실 때가 온 것이다. 예수님은 우리를 살리시기 위해 그의 생명을 버리셨다. 머지않아 헬라 지역에도 복음이 전파될 것이다.

요한은 다른 복음서들처럼 예수님의 수난을 순서대로 기록하지 않았다. 그의 관심은 그토록 고통스러운 시간에 예수님께서 아버지 하나님과 함께 어떤 말씀을 나누었는지에 있었다.

"지금 내 마음이 괴로우니 무슨 말을 하리요. 아버지여 나를 구원하여 이때를 면하게 하여 주옵소서. 그러나 내가 이를 위하여 이때에 왔나이다. 아버지여, 아버지의 이름을 영광스럽게 하옵소서"(요 12:27-28).

이 짧은 구절에 '겟세마네의 기도'가 함축되어 있다. 새번역으로 읽어보면 좀 더 명쾌해진다.

"지금 내 마음이 괴로우니, 무슨 말을 하여야 할까? '아버지,

이 시간을 벗어나게 하여 주십시오' 하고 말할까? 아니다. 나는 바로 이 일 때문에 이때에 왔다. 아버지, 아버지의 이름을 영광스럽게 드러내십시오."

그 순간 하늘에서 소리가 들렸다. 사람들은 천둥소리라고도 하고 천사의 소리라고도 했지만 제자들은 분명한 말씀을 들을 수 있었다.

"이에 하늘에서 소리가 나서 이르되 내가 이미 영광스럽게 하였고 또다시 영광스럽게 하리라"(요 12:28).

십자가는 아버지 하나님과 아들 하나님, 그리고 성령 하나님께서 함께 계획하시고 성취하신 구원의 도구였다. 아들은 아버지의 뜻을 이루시기 위해 세상에 오셨다. 그렇게 하심으로 이미 아버지를 영화롭게 하셨고 또 십자가를 통하여 다시 한 번 더 영화롭게 해드릴 것이다. 예수님의 말씀이 계속되었다.

"이제 이 세상에 대한 심판이 이르렀으니 이 세상의 임금이 쫓겨나리라. 내가 땅에서 들리면 모든 사람을 내게로 이끌겠노라"(요 12:31-32).

십자가 외에 구원의 다른 길이 없었다. 모든 인류의 죗값을 대신하여 예수님이 십자가에 달리셔야 했다. 그러면 악한 권세를 가진 사탄의 세력이 패망하고 쫓겨날 것이다. 요한복음에서 '들린다'는 말은 십자가의 죽으심과 높임 받으심을 의미했다. 예수님은 십자가에 달리심으로 오히려 높임을 받으셨다. 세상을 구원하신 주님이 되셨기 때문이다.

유대인들은 '인자가 들림을 받으리라'는 예수님의 말씀에 혼란이 일어났다. 그들은 '인자'를 다니엘서 7장 13절의 배경으로 이해하고 있었다.

> "내가 또 밤 환상 중에 보니 인자 같은 이가 하늘 구름을 타고 와서 옛적부터 항상 계신 이에게 나아가 그 앞으로 인도되매."

그래서 인자는 메시아로 이 세상에 오셔서 영원히 머물러 있으리라고 오해하고 있었다. 그래서 물었다.

> "우리는 율법에서 그리스도가 영원히 계신다 함을 들었거늘 너는 어찌하여 인자가 들려야 하리라 하느냐. 이 인자는 누구냐?" (요 12:34).

잘못된 선입견을 가진 사람에게는 아무리 일러주어도 소용이 없다. 예수님은 다시 한 번 '빛'에 대하여 말씀하신 후에 그 자리를 피하셨다. 유대인들의 믿지 않음을 답답하게 여기던 요한은 훗날 이사야 선지자의 예언에서 그 비밀을 깨닫고 이렇게 기록했다.

> "이렇게 많은 표적을 그들 앞에서 행하셨으나 그를 믿지 아니하

니 이는 선지자 이사야의 말씀을 이루려 하심이라. 이르되, 주여 우리에게서 들은 바를 누가 믿었으며 주의 팔이 누구에게 나타났나이까 하였더라. 그들이 능히 믿지 못한 것은 이 때문이니 곧 이사야가 다시 일렀으되, 그들의 눈을 멀게 하시고 그들의 마음을 완고하게 하셨으니 이는 그들로 하여금 눈으로 보고 마음으로 깨닫고 돌이켜 내게 고침을 받지 못하게 하려 함이라 하였음이더라"(요 12:37-40).

예수님을 '우리를 구원하기 위해 오신 하나님의 아들'로 믿는 사람은 복 있는 사람이다. 아무나 가질 수 없는 믿음을 선물로 받았기 때문이다. 그럼 왜 유대인들은 믿지 못했을까? 믿지 않기로 작정했기 때문이다. 이사야는 하나님께서 그들의 믿지 않음을 그냥 내버려두셨다는 말씀을 에둘러 표현하고 있다. 그러나 산헤드린 관리들 중에도 예수님을 믿는 자들이 있었다. 다만 바리새인들 때문에 그 믿음을 드러내지 못하고 있었다. 그들은 '사람의 영광을 하나님의 영광보다 더 사랑하는' 사람들이었다. 요한은 니고데모와 아리마대 사람 요셉을 염두에 두었을 것이다.

사도 요한은 마태복음 24-25장에 기록된 마지막 날과 심판에 대하여 12장 말미에 간략하게 요약하고 있다. 여기에서도 '아버지와 아들은 하나'라는 진리가 강조된다.

제3장

제자들에게 주신 교훈과 대제사장의 기도 (요한복음 13–17장)

"새 계명을 주노니 서로 사랑하라"

// 요한복음 13장 //

요한복음 13-17장은 특별히 제자들에게 주신 예수님의 말씀이다. 예수님은 제자들의 발을 씻어 주시면서 사랑과 겸손을 가르치셨다.

"유월절 전에 예수께서 자기가 세상을 떠나 아버지께로 돌아가실 때가 이른 줄 아시고 세상에 있는 자기 사람들을 사랑하시되 끝까지 사랑하시니라"(요 13:1).

이 구절을 요한의 말로 표현하면 이런 뜻이다.

'선생님께서 유월전 전에 세상을 떠나 아버지께로 돌아가실 때가 이른 줄 아시고 세상에 남은 우리들을 사랑하시되 끝까지 사랑하셨다.'

물론 요한은 예수님께서 죽으시고 부활 승천하신 후에야 이 진리를 깨달았다.

"잡수시던 자리에서 일어나서, 겉옷을 벗고, 수건을 가져다가 허리에 두르셨다. 그리고 대야에 물을 담아다가, 제자들의 발을 씻기시고, 그 두른 수건으로 닦아주셨다"(요 13:4-5, 새번역).

예수님께서 하신 일을 마음으로 그려보자. 예수님께서 식사를 하시다 말고 일어나셨다. 겉옷을 벗으시고 수건을 허리에 두르실 때까지 제자들은 눈여겨보지 않았다. 그런데 밖에 나가시더니 대야에 물을 떠오셨다. 그리고 한 제자의 발을 씻어 주시고 허리에 두른 수건으로 물기를 닦아 주셨다. 나머지 제자들은 너무 놀란 나머지 아무 말도 하지 못했다. 예수님은 다시 밖으로 나가셔서 새 물을 떠다가 또 다른 제자의 발을 씻기셨다. (먼지 범벅이 된 제자의 발을 씻으신 물을 다시 사용하셨을 리 만무하다.) 그렇게 해서 베드로의 차례가 되었을 때 베드로는 두 발을 옷 아래로 숨기며 손사래를 쳤다.

"주여 주께서 내 발을 씻으시나이까?"

예수님께서 대답하셨다.

"내가 하는 것을 네가 지금은 알지 못하나 이 후에는 알리라."

천만의 말씀이다. 세상에 제자들의 발을 씻어 주는 선생은 없다. 이 일은 절대로 용납할 수 없었다. 그래서 단호하게 거절했다. 아마 베드로가 고개를 적당히 돌린 채 눈을 지그시 감고 낮은 톤으로 말했을 것이다.

"내 발을 절대로 씻지 못하시리이다."

그때 예수님께서 조용히 타이르셨다.

"내가 너를 씻어 주지 아니하면 네가 나와 상관이 없느니라."

베드로는 자기 귀를 의심했다. 예수님과 상관없는 남남이 되다니, 그보다 더 끔찍한 일은 없다. 베드로는 두 팔을 벌려 큰 동작을 취하면서 다급한 어조로 말했다.

"주여 내 발뿐 아니라 손과 머리도 씻어 주옵소서."

예수님께서 (아마도 베드로의 발에 물을 부으시면서) 말씀하셨다.

"이미 목욕한 자는 발밖에 씻을 필요가 없느니라. 온몸이 깨끗하니라. 너희가 깨끗하나 다는 아니니라."

예수님께서 '사랑의 물'로 열두 제자들의 발을 깨끗하게 씻어 주셨다. 그런데 다 깨끗하게 된 것은 아니라는 말씀은 무슨 뜻인가? 하나님께서 그의 사랑으로 모든 죄인들의 죄를 사하시고 구원해 주셨다. 그런데 어떤 사람은 그 사랑을 거절한다. 그래서 죄 사함 받을 기회를 놓친다. 여전히 더러운 채로 살아간다. 대표적인 사람이 바로 예수님을 팔아넘길 가룟 유다였다.

유다의 이야기로 넘어가기 전에 예수님의 사랑을 정리해보자. 제자들의 발을 씻어 주시면서 예수님은 사랑의 세 가지 특성을 보여주셨다. 물론 이 사랑은 조건 없는 사랑, 곧 아가페의 사랑이다.

첫째로, 예수님은 포기하지 않으셨다. 조건 없는 사랑에는 충분함이 없다. '이만하면 충분하다'고 돌아서지 않는다. 예수님은 그의 제자들을 끝까지 사랑하셨다. 여기에서 '끝'은 시간이 아닌 완전을 의미한다. 어떻게 표현하면 좋을까. 예수님은 그의 제자들을 완전히 사랑해 버리셨다. 과거와 현재와 미래를 초월하는 사랑이다. 그래서 변치 않는 사랑이다. 그 사랑은 "하나님이 세상을 이처럼 사랑하사"에서 시작되었고 십자가로 완성되었다. 예수님께서 자기 사람들을 사랑하셨다. '자기 사람들', 이 구절을 쓰면서 요한은 또 한 번 울컥했으리라.

끝까지 사랑하는 사랑은 실망하지 않는다. '내가 자기를 그렇게 사랑했는데 고작 반응이 이 정도뿐이냐'고 따지지 않는다. 배반했을 때에도 여전히 사랑한다. 무능하게 보여도 소망 가운데 사랑한다. 상대방의 삶에 하나님의 뜻이 온전히 이루어질 때까지 사랑한다. 그런 의미에서 사랑은 믿음이다. 우리가 사용하는 '끝까지'는 너무 짧고 순간적이다. 그러나 예수님의 '끝까지'는 영원하다. '우리가 지금 그의 영원한 사랑 안에 있다.' 이것이 바로 요한이 깨달았던 진리였다.

둘째로, 예수님은 제자들을 한없이 높여주셨다. 사랑은 따뜻한 말과 겸손한 행위를 동반한다. 유대인들에게 선생(랍비)은 특별한 존재였다. 하나님의 말씀을 가르치는 사람이기 때문이다. 그런데 선생 되신 예수님께서 제자들의 발을 씻어 주셨다. 상상도 할 수 없는 일이었다.

흔히 우리는 편지 서두를 '존경하는 ○○○님께'라는 칭호로 시작한다. 그런데 나는 어떤 목사님으로부터 '존귀하신 김영길 목사님', 이렇게 시작하는 이메일을 받은 적이 있다. 한 번도 들어본 적이 없는 표현이었다. 메일을 읽다 말고 그 말을 곰곰이 되새겨보았다. 존중할 뿐만 아니라 귀하게 여긴다는 뜻이다. 깊은 맛이 배어났다. 그

칭호가 나를 황홀하게 만들어 주었다. 전에 느껴보지 못한 감정이었다. 예수님께서 제자들 앞에 무릎을 꿇고 앉아 발을 씻기셨다. 그보다 더 존귀하게 대할 다른 방법이 있을까? 제자들이 엉겁결에 존귀히 여김을 받았다. 그런데 베드로가 거절했다.

"주여, 주께서 내 발을 씻으시나이까?"

자신은 존귀하게 여김을 받을 자격이 없다는 말이다. 그가 존귀하게 여김을 받을 자격이 있느냐 없느냐는 별로 중요하지 않았다. 존귀하게 여겨주시는 분이 중요하다. 하나님의 아들이 지금 우리를 존귀하게 여겨주신다. 어찌 거절할 수 있겠는가?

셋째로, 예수님은 제자들을 상관(相關)하셨다. 아가페의 사랑은 상관하는 사랑이다. 베드로가 발을 숨기며 거절할 때에 예수님께서 말씀하셨다.

"내가 너를 씻어 주지 아니하면 네가 나와 상관이 없느니라."

'상관'(相關)은 서로가 서로에게 존재의 일부분이 되어 준다는 말이다. 사람들이 "그는 나와 상관없는 사람이야" 하고 말할 때, 그 의미는 '그는 내 존재의 일부가 아니야'라는 뜻이다. 날카롭고 차갑게 거절하는 말이다. 그 사람은 내가 관심을 베풀 만한 가치가 없다는 말이다. 예수님은 자기 사람들을 상관하시기 위해 오셨다. 그들의 존재 속으로 들어가시기 위해 오셨다. 그래서 그들이 예수님의 살을 먹고 피를 마셔야 한다고 상징적으로 말씀하셨다. 그런데 베드로가 거절했다. 상관하지 않겠다는 말이다. 예수님께서 얼마나 당황하셨을까.

그리스도인들은 서로에게 "나는 당신과 상관없어" 하고 말할 수 없다. 절대로 불가능한 표현이다. 우리는 형제가 죄를 범할 때에 찾아가서 간절한 사랑으로 상관해야 한다. 일흔 번씩 일곱 번이라도 용서해 주어야 한다. 자매가 낙심할 때에 그리스도의 소망으로 일으켜 세워 주어야 한다. 사소한 일로 시험에 들었을 때에 '서로 용서하고 화목하라'고 상관해야 한다. 아가페의 사랑은 서로 기꺼이 상관하는 사랑이다. 그래서 어렵다. 그런데 예수님께서 새로운 길을 열어 주셨다.

> "새 계명을 너희에게 주노니 서로 사랑하라. 내가 너희를 사랑한 것같이 너희도 서로 사랑하라"(요 13:34).

예수님의 사랑을 받고나면 사랑하기가 수월해진다. 신비한 현상이 나타난다. 상대방도 주저하지 않고 나의 사랑을 받아들인다. 엄밀하게 말하면 그것은 우리의 사랑이 아니다. 우리 사이를 드나드는 예수 그리스도의 사랑이다. 그러므로 내가 사랑하려고 애쓸 필요가 없다. 예수님의 사랑 안에 잠기기만 하면 된다.

> "너희가 서로 사랑하면 이로써 모든 사람이 너희가 내 제자인 줄 알리라"(요 13:35).

예수님의 제자들은 다투지 않는다. 서로 사랑하기 때문이다. 예수님의 말씀을 우리가 조금만 더 진지하게 받아들인다면 교회에서 다툼이 사라질 것이다.

이제 가룟 유다의 이야기를 나누어보자. 요한은 "예수님께서 자기 사람들을 사랑하시되 끝까지 사랑하시니라"는 감동적인 문장 다음에 싸늘한 분위기의 문장을 덧붙였다.

> "(저녁 먹고 있을 때에) 마귀가 벌써 시몬의 아들 가룟 유다의 마음에 예수를 팔려는 생각을 넣었더라"(요 13:2).

문법적으로 읽어보면 이런 뜻이다.

'아직 유월절 저녁을 먹고 있을 때에 마귀가 가룟 유다의 마음에 예수를 팔려는 생각을 넣어 버렸더라.'

언제부터 가룟 유다가 예수님을 팔아넘길 생각을 했을까? 우리는 모른다. 그러나 분명한 사실은 그가 계속 그런 생각을 해오다가 그날 저녁을 먹으면서 최종적인 결심을 했다는 점이다. 예수님께서 그의 발을 씻어 주시는 그 시간에도 그는 선생님을 팔아버릴 생각만 하고 있었다. 예수님께서 그의 생각을 알고 계셨다. 그가 할 일도 알고 계셨다. 간혹 가룟 유다를 동정하는 사람들이 있다. 그는 그 역할을 맡도록 예정되었을까? 그는 마귀가 그런 생각을 넣어줄 때에 단호하게 거절할 수 없었을까? 파리는 아무 곳에나 앉지 않는다. 구린 냄새가 나는 곳을 찾아간다. 가룟 유다는 욕심이 많았다. 돈궤에서 몰래 돈을 훔치곤 했다. 그의 탐심이 마귀에게 기회를 주었다. 예수님은 그가 돌아설 수 있도록 충분한 기회를 주셨다.

> "너희가 깨끗하나 다는 아니니라 하시니 이는 자기를 팔 자가 누구인지 아심이라"(요 13:10-11).

> "그러나 내 떡을 먹는 자가 내게 발꿈치를 들었다 한 성경을 응하게 하려는 것이니라"(요 13:18).

> "예수께서 이 말씀을 하시고 심령이 괴로워 증언하여 이르시되 내가 진실로 진실로 너희에게 이르노니 너희 중 하나가 나를 팔리라 하시니"(요 13:21).

> "예수께서 대답하시되 내가 떡 한 조각을 적셔다 주는 자가 그니라 하시고 곧 한 조각을 적셔서 가룟 시몬의 아들 유다에게 주시니"(요 13:26).

예수님께서 하신 말씀들은 유다의 잘못된 생각을 돌리기에 충분했다. 다만 그가 귀를 막았을 뿐이다. 성경은 이런 경우를 두고 '양심에 화인 맞았다'고 말한다. 유다 자신이 잘못된 길을 스스로 선택했다. 예수님께서 탄식하시며 말씀하셨다.

> "인자는 자기에 대하여 기록된 대로 가거니와 인자를 파는 그 사람에게는 화가 있으리로다. 그 사람은 차라리 나지 아니하였더라면 자기에게 좋을 뻔하였느니라 하시니라"(막 14:21).

예수님은 유다가 나간 후에 이렇게 말씀하셨다.

"지금 인자가 영광을 받았고 하나님도 인자로 말미암아 영광을 받으셨도다. 만일 하나님이 그로 말미암아 영광을 받으셨으면 하나님도 자기로 말미암아 그에게 영광을 주시리니 곧 주시리라"(요 13:31-32).

가룟 유다가 예수님을 팔기 위해 나가는 순간, 예수님은 영광의 십자가를 향해 걸어가셨다. 아버지 하나님과 아들 하나님 사이에 영광이 충만했다. 아버지와 아들이 십자가의 죽음을 보면서 영광을 받으셨다. 세상에 이런 역설이 어디 또 있겠는가?

"…그는 그 앞에 있는 기쁨을 위하여 십자가를 참으사 부끄러움을 개의치 아니하시더니 하나님 보좌 우편에 앉으셨느니라"(히 12:2).

예수님께서 자신의 죽으심을 통하여 구원받게 될 하나님의 자녀들을 보시면서 기뻐하셨다는 말이다. 그 기쁨이 곧 아버지와 아들의 영광이었다. 그 십자가의 영광이 우리에게도 임해야 한다.

유월절 저녁 식사가 끝나기 전에 베드로가 물었다.

"주여 어디로 가시나이까?"
"예수께서 대답하시되 내가 가는 곳에 네가 지금은 따라올 수 없으나 후에는 따라오리라."

그날 저녁에 뭔가 심각한 일이 일어날 것만 같았다. 베드로가 단호하게 말했다.

> "주여 내가 지금은 어찌하여 따라갈 수 없나이까? 주를 위하여 내 목숨을 버리겠나이다."
> "예수께서 대답하시되 네가 나를 위하여 네 목숨을 버리겠느냐? 내가 진실로 진실로 네게 이르노니 닭 울기 전에 네가 세 번 나를 부인하리라."

그날 밤에 베드로가 예수님을 모른다고 세 번 부인했다. 그래도 나는 베드로가 존경스럽다. 단호하게 결심하는 베드로가 부럽다. 비록 넘어졌지만 베드로의 결심만은 진지하고 아름다웠다.

"내가 곧 길이요, 진리요, 생명이다"

// 요한복음 14장 //

요한복음에 자주 나오는 칭호 중의 하나가 '아버지'이다. 160회 중에 151회가 예수님의 입에서 나왔으며 모두 하나님을 아버지로 부르고 있다. 그런데 그중에 23회가 요한복음 14장에 나와 있다. 전체 31절 가운데 거의 매 절마다 하나님 아버지에 대한 칭호가 나오는 셈이다. 그러므로 요한복음 14장은 아버지 하나님을 중심으로 이해되어야 한다.

> "너희는 마음에 근심하지 말라. 하나님을 믿으니 또 나를 믿으

라. 내 아버지 집에 거할 곳이 많도다. 그렇지 않으면 너희에게 일렀으리라. 내가 너희를 위하여 거처를 예비하러 가노니 가서 너희를 위하여 거처를 예비하면 내가 다시 와서 너희를 내게로 영접하여 나 있는 곳에 너희도 있게 하리라"(요 14:1-3).

예수님께서 아버지의 집에 관해 먼저 말씀하셨다. '아버지의 집'이 집합적이라면 '거처'는 그 집에 있는 독립적인 공간들을 의미한다. 예수님께서 그의 제자들을 아버지의 집으로 인도하여 개별적으로 거하게 하시겠다는 말씀이다. 요즘은 판타지(fantasy) 영화가 천상(天上)의 세계를 제멋대로 그려내고 있다. 그러나 아무리 상상력을 동원해도 우리는 아버지의 집에 대한 정확한 그림을 그릴 수가 없다. 그럼에도 불구하고 한 가지만은 확실하다. 우리는 아버지의 집에서 예수님과 함께 영원히 살게 될 것이다.

나는 35년 목회생활 중에 수많은 장례예배를 인도했다. 특별한 경우를 제외하고 거의 대부분은 요한복음 14장 1-3절 말씀을 읽고 위로의 말씀을 전했다. 성도들의 장례식은 물론이고 성도가 아닌 경우에도 나는 이 말씀을 읽으며 예수님께서 약속하신 아버지의 집에 대하여 복음을 전했다.

인간은 목적을 추구하는 존재이다. 죽은 후에 어디로 간다는 목적도 없이 산다면 그것은 바른 삶이 아니다. 예수님은 단순히 제자들을 위로하기 위해 이 말씀을 하시지 않았다. 삶의 가장 중요한 목적지로 '아버지의 집'을 설정해 주셨다. 그 집은 가상의 세계가 아니다. 예수님 자신이 영원 전부터 거기 계셨고, 지금도 계시며, 앞으로도 영원히 계실 곳이다. 예수님은 그곳에 제자들을 위한 거처를 준비하셨다. 물론 나와 당신을 위한 거처도 마련해 놓으셨다.

"내가 어디로 가는지 그 길을 너희가 아느니라"(요 14:4).

이 말씀은 질문에 가까운 뉘앙스를 품고 있다.

'내가 지금 어디로 가고 있는지(현재 진행형) 그 길을 너희는 이미 알고 있다.(완료형) 그렇지?'

이런 의미였다. 제자들이 망설이고 있을 때에 도마가 대답했다.

"주여 주께서 어디로 가시는지 우리가 알지 못하거늘 그 길을 어찌 알겠사옵나이까?"(요 14:5)

도마는 말을 돌려 할 줄 몰랐다. 다른 제자들이 모르면서도 아는 척하고 있을 때, 그는 '무슨 말씀인지 잘 모르겠다'고 솔직하게 대답했다. 예수님의 말씀을 읽다보면 그가 얼마나 지혜로운 선생님이신지 자주 놀라곤 한다. 예수님께서 도마의 우직한 질문을 오히려 기다리고 계셨다. 그리고 그 질문에 대답하시기 위해 요한복음 14장 전체를 할애하셨다.

"예수께서 이르시되 내가 곧 길이요 진리요 생명이니 나로 말미암지 않고는 아버지께로 올 자가 없느니라. 너희가 나를 알았더라면 내 아버지도 알았으리로다. 이제부터는 너희가 그를 알았고 또 보았느니라"(요 14:6-7).

토마스 아 켐피스(Thomas à Kempis)는 요한복음 14장 6절 말씀을 예수님 편에서 이렇게 이해했다.(The Imitation of Christ, Thomas A Kempis, edited by James N. Watkins, Worthy Inspired, 2015, pp. 10-11.)

> "내 길 아니고는 너희가 갈 수 없다. 내 진리 아니고는 너희가 알 수 없다. 내 생명 아니고는 너희가 성장할 수 없다. 나는 너희가 반드시 따라야 할 길이다. 나는 너희가 반드시 믿어야 할 진리이다. 나는 너희가 반드시 바라야 할 생명이다. 나는 절대로 변하지 않는 길이다. 나는 일절 결점이 없는 진리이다. 나는 결코 끝나지 않을 생명이다. 나는 바른 길이다. 나는 최고의 진리이다. 나는 진실하고 복되며 창조되지 않은 생명이다."

길은 내가 서 있는 곳과 가려는 곳을 연결해 준다. 내가 서 있는 곳은 죄와 악이 가득한 사망의 땅이다. 나는 그 땅에서 죄인으로 살고 있다. 내가 가기를 소원하는 곳은 아버지 하나님의 집이다. 죄인은 아무도 아버지의 영광에 이를 수가 없다. 심판의 깊은 계곡이 나와 아버지의 집 사이에 가로놓였기 때문이다. 죗값은 사망이다.

그런데 예수님께서 나를 위하여 죽으시고 내 죄를 사해주셨다. 십자가로 계곡 위에 생명의 다리를 놓아주셨다. 예수님과 그의 하신 일을 믿을 때에 나는 심판을 면하고 아버지의 집으로 들어갈 수 있게 된다. 예수님이 나를 아버지께로 인도해 주시는 길이 되셨기 때문이다. 바울은 그것이 바로 아버지 하나님의 뜻이라고 말했다.

“이 예수를 하나님이 그의 피로써 믿음으로 말미암는 화목제물로 세우셨으니 이는 하나님께서 길이 참으시는 중에 전에 (우리들이) 지은 죄를 간과하심으로 자기의 의로우심을 나타내려 하심이니, 곧 이때에 자기의 의로우심을 나타내사 자기도 의로우시며 또한 예수 믿는 자를 의롭다 하려 하심이라”(롬 3:25-26).

우리가 범죄할 때에 우리는 하나님과 원수가 되었다. 그러나 하나님께서 그의 아들을 세상에 보내셔서 하나님과 우리 사이를 화목시키는 십자가의 제물이 되게 하셨다. 우리의 죄를 용서하시기 위해 하나님께서 그동안 오래 참아 오셨다. 그것이 바로 ‘간과’(看過, 묵인)의 뜻이다. 누구든지 이 사실을 믿음으로 받아들이면 죄 사함을 받고 의롭다 하심을 얻는다. 동시에 하나님도 의롭다 여기심을 받는다. 왜냐하면 우리의 죄를 위해 그 아들을 죽게 하셨기 때문이다. 우리의 죄는 탕감되지 않고 대속(代贖, 대신 지불)되었다.

예수님께서 길과 진리가 되셨다. 사탄은 거짓으로 아담과 하와를 속였다. 속임수를 쓰는 사람은 어둠 속에 숨어 산다. 밝은 곳으로 나올 수가 없다. 그러나 예수님은 참 빛으로 이 세상에 오셨다. 그에게는 어둠이 없다. 그를 따르는 제자들도 어둠을 벗어나 빛 가운데로 다니게 된다.

“나는 빛으로 세상에 왔나니 무릇 나를 믿는 자로 어둠에 거하지 않게 하려 함이로라”(요 12:46).

예수님은 우리에게 하나님의 은혜와 축복을 주시기 위해서 오셨다. 예수님께서 자주 사용하신 관용어가 '진실로, 진실로 너희에게 이르노니'였다. 진실하신 분만이 축복을 베푸실 수 있다.

요한복음에 자주 나오는 단어 중의 하나가 '생명'이다. 예수님은 사람을 향해서는 두 번을 제외하고는 '영생'이라는 어휘를 사용하셨다. 예수님을 믿음으로 우리가 얻는 생명은 세상의 생명과 다르다. 그것은 하나님과 함께 사는 영원한 생명이다. 하나님의 생명은 하나뿐이지만 우리의 생명은 둘이다. 하나는 유한하고 다른 하나는 무한하다. 예수님은 그 둘을 구별해 주셨다.

많은 사람들이 '나는 영생을 얻었는가?' 하는 질문을 하다가 혼란에 빠지곤 한다. 복잡하게 생각할 필요가 없다. 모든 생명은 스스로 그 살아 있음을 증명한다. 영생도 마찬가지다. 영원한 생명을 부여받은 사람은 신령과 진정으로 하나님을 예배한다. 예배드림이 기쁘고 즐겁다. 사모하며 기다린다. 영원한 생명을 얻은 사람은 하나님의 말씀에 순종하고 복종한다. 그 말씀에 동의하고 복창(復唱)한다. 영생을 얻은 사람은 하나님을 사랑하고 자랑한다. 거룩한 삶을 추구한다. 잘못을 저질렀을 때에는 견디지 못하고 회개한다. 예수님은 우리에게 영원한 생명을 선물로 주셨다. 성도들은 그 선물을 누리며 살아간다.

> "내가 진실로 진실로 너희에게 이르노니 내 말을 듣고 또 나 보내신 이를 믿는 자는 영생을 얻었고 심판에 이르지 아니하나니 사망에서 생명으로 옮겼느니라"(요 5:24).

예수님의 궁극적인 목적은 제자(성도)들을 아버지 하나님께로 인도하시는 일이었다. 그 안에 구원도 포함되고 영생도 포함된다. 예수님은 자신을 나타내심으로 아버지를 보여주셨다. 아버지를 알게 해주셨다. 요한에게 있어서 '하나님의 아들 예수 그리스도'는 믿음의 핵심이었다. 그 사실만 믿으면 누구나 영생을 얻게 된다.

예수님의 말씀을 듣던 빌립의 마음에 그 진리를 더 알고 싶은 열망이 피어올랐다.

> "빌립이 이르되, 주여 아버지를 우리에게 보여 주옵소서. 그리하면 족하겠나이다"(요 14:8).

도마가 우직스럽다면 빌립은 깐깐한 편이다. 예수님께서 '내 아버지를 너희가 (이미) 보았느니라'고 말씀하셨는데, 빌립은 본 적이 없다고 말했다. 그를 비난하지 말자. 나름대로 정직했으니까. 예수님께서 진리를 가르치시는 과정에서 빌립은 성실한 학생의 역할을 하고 있을 뿐이다.

> "예수께서 이르시되, 빌립아, 내가 이렇게 오래 너희와 함께 있으되 네가 나를 알지 못하느냐. 나를 본 자는 아버지를 보았거늘 어찌하여 아버지를 보이라 하느냐. 내가 아버지 안에 거하고 아버지는 내 안에 계신 것을 네가 믿지 아니하느냐? 내가 너희에게 이르는 말은 스스로 하는 것이 아니라. 아버지께서 내 안에 계셔서 그의 일을 하시는 것이라. 내가 아버지 안에 거하고 아버지께서 내 안에 계심을 믿으라. 그렇지 못하겠거든 행하는 그 일로 말미암아 나를 믿으라"(요 14:9-11).

예수님께서 3년여 동안 제자들과 함께 지내셨다. 제자들은 하던 일을 그만두고 예수님을 따랐다. 이와 같은 '동행'을 통하여 예수님은 제자들에게 무엇을 기대하셨을까? 대답은 의외로 간단하다. 예수님은 자신이 제자들에게 더 깊이, 더 철저하게, 더 완전하게 알려지기를 원하셨다. 제자들이 이구동성으로 "우리는 예수님을 온전히 압니다" 하고 고백하기를 원하셨다. 그런데 아직도 제자들은 예수님이 누구신지 알지 못했다. 그래서 탄식의 어조로 빌립에게 물으셨다.

"빌립아, 내가 이렇게 오래 너희와 함께 있으되 네가 나를 알지 못하느냐?"

만일 빌립이 예수님을 알았더라면 "주여, 아버지를 우리에게 보여 주옵소서" 하고 말하지 않았을 것이다. 왜냐하면 예수님과 아버지 하나님은 하나이시기 때문이다.

"나와 아버지는 하나이니라"(요 10:30).

예수님을 본 자는 곧 아버지 하나님을 보게 된다. 다른 말로 하면, 예수님을 아는 자는 아버지를 알게 된다. 왜 그런가? 아들이 아버지 안에 계시고 아버지가 아들 안에 계시기 때문이다. 예수님께서 행하신 모든 일들이 곧 아버지의 일이기 때문이다. 기독교의 독특한 관용어 중의 하나가 '너희가 내 안에, 내가 너희 안에'라는 말이다. 이 말씀이 요한복음 15장의 핵심이다. 예수님을 아는 자는 자연스럽게 아버지를 알게 된다. 따로 아버지를 보여 달라고 부탁할 필요가 없다. 예수님은 단순히 빌립의 무지함을 꾸짖지 않으셨다. 오히려 그런 믿음을 가지라고 당부하셨다.

"나를 믿으라."

예수님을 믿게 되면 아버지 하나님도 믿게 된다. 기독교의 믿음은 인격적인 믿음이다. 무엇을 믿느냐가 아니고 누구를 믿느냐이다. 우리는 예수님을 믿어야 한다. 예수님의 죽으심과 부활하심을 믿는다는 말보다는 죽으시고 부활하신 예수님을 믿는다는 말이 더 정확하다. 처녀에게서 나시고, 우리처럼 사시고, 십자가 위에서 죽으시고, 부활하시고 승천하신 예수님을 믿어야 한다. 예수님은 우리에게 하나님 아버지를 보여주셨다. 아버지의 사랑과 의로우심을 보여주셨다. 그리고 하나님의 말씀을 전하시고 하나님의 일을 하셨다. 예수님은 제자들이 이 진리를 깨닫기를 간절히 원하셨다.

또한 예수님께서 아버지와 하나이신 것처럼 제자들과도 하나 되기를 원하셨다.

"내가 진실로 진실로 너희에게 이르노니 나를 믿는 자는 내가 하는 일을 그도 할 것이요 또한 그보다 큰일도 하리니 이는 내가 아버지께로 감이라. 너희가 내 이름으로 무엇을 구하든지 내가 행하리니 이는 아버지로 하여금 아들로 말미암아 영광을 받으시게 하려 함이라. 내 이름으로 무엇이든지 내게 구하면 내가 행하리라. 너희가 나를 사랑하면 나의 계명을 지키리라"(요 14:12-15).

이 단락의 주제는 '내가 아버지께로 간다'는 말씀이다. 예수님께서 죽은 자 가운데서 부활하시고, 이전에 계시던 곳으로 승천(昇天)하실 때 일어날 일들을 말씀하고 있다. 그때는 예수님을 믿는 자들이 예수님께서 하시던 일보다 더 큰 일도 하게 될 것이다. 여기에서 '더 큰 일'은 질적인 일보다 양적인 일을 의미한다. 제자들을 통하여 더 많은 사람들이 복음을 듣게 될 것이다. 제자들이 예수님의 이름으로 구할 때에 더 많은 사람들이 치료받고 변화될 것이다.

과연 예수님이 떠나가신 후에 제자들은 사명을 온전히 감당할 수 있을까? 장담할 수 없다. 몇 십 년이 지나면 아련한 추억으로 남을지도 모른다. 한두 세대 지나는 동안 예수님께서 주신 계명이 변질되거나 왜곡될지도 모른다. 그래서 예수님은 다른 보혜사를 보내주시겠다고 약속하셨다.

> "내가 아버지께 구하겠으니 그가 또 다른 보혜사를 너희에게 주사 영원토록 너희와 함께 있게 하리니, 그는 진리의 영이라. 세상은 능히 그를 받지 못하나니 이는 그를 보지도 못하고 알지도 못함이라. 그러나 너희는 그를 아나니 그는 너희와 함께 거하심이요 또 너희 속에 계시겠음이라. 내가 너희를 고아와 같이 버려두지 아니하고 너희에게로 오리라. 조금 있으면 세상은 다시 나를 보지 못할 것이로되 너희는 나를 보리니 이는 내가 살아 있고 너희도 살아 있겠음이라"(요 14:16-19).

예수님은 제자들을 위하여 아버지께 성령을 구하셨다. 성령 하나님은 예수님과 똑같은 다른 분이시다. 성령 하나님은 우리를 위하여 우리 곁에 부르심을 받고 와 계신다. 예수님께서 육신적으로 제자들을 떠나시지만 성령님은 영원히 그들과 함께 계실 것이다. 성령님은 진리의 영이시기 때문에 진리를 깨닫게 하시고 진리의 길로 제자들을 인도하실 것이다.

세상은 성령님을 알 수 없지만 제자들은 그분을 안다. 성령님께서 그들과 함께, 그리고 그들 안에 계실 것이기 때문이다. 그때 비로소 제자들은 예수님께서 그들을 고아와 같이 버려두지 않으셨다는 사실을 깨닫게 된다. 세상 사람들은 다시 예수님을 볼 수 없을 것이다. 그러나 제자들은 예수님과 다시 동행하며 이전처럼 친밀한 대화를 나눌 수 있다. 예수님이 살아계신 것처럼 성령이 그 안에 임하신 사람도 '살아 있는 사람'이 될 것이기 때문이다. 이보다 더 큰 선물이 없다. 예수님을 믿는 모든 사람들은 성령의 임재하심 아래 살아가야 한다.

앤드류 머레이(Andrew Murray) 목사는 《성령님의 임재연습》(In search of Spiritual Excellence)(두란노 간)에서 성령의 충만함을 받는 두 단계를 명시(明示)하고 있다.

첫째로, 성령만을 사모하는 믿음의 단계이다.

"그러므로 오순절의 충만한 축복이 신성한 사실임을 확실히 믿어야 한다. 하나님의 자녀들은 그것을 반드시 소유해야 한다. 그것을 완전히 이해하는 데는 시간이 걸린다. 성령의 영광스러운 의미와 능력을 묵상함으로써 그것을 우리 자신의 것으로 완전히 소유하는 데도 시간이 걸린다. 우리의 이해 범위 내에서 그 축복에 대한 확고한 확신을 갖는 것은 바로 그것을 받기 위한 첫 번째 단계이다. 그리고 그것을 추구하는 강력한 추진력이 필요하다."

둘째로, 영적인 목마름의 단계이다.

"충만한 축복을 받기 위한 두 번째 단계는 우리가 이러한 축복을 소유하고 있지 않음을 인정하는 것이다…많은 그리스도인들은 자신들이 이미 성령을 소유하고 있다고 생각하고 있다…그들은 이미 하나님의 은혜 가운데 서 있다고 생각한다…그들은 자신의 계속적인 성장을 위해 필요한 모든 것을 다 소유하고 있다고 상상한다…확신하건대 이 같은 영혼들은 건강하지 못한 상태에 있으며, 치유를 받을 필요가 있다. 만약 '성령의 충만함을 받으라'고 하는 명령에 아직 순종하고 있지 못하다면 이러한 실패는 나태함, 자기만족, 믿음이 없는 탓으로 보아야 한다. 이처럼 충만한 축복을 아직 받지 못했다고 하는 고백이 그들의 아주 깊은 곳에서 나올 때, 그 축복을 받기 위한 보다 더 강한 추진력이 나타날 것이다."

예수님은 제자들에게 다시 한 번 '사랑의 계명'을 당부하셨다.

"그날에는 내가 아버지 안에, 너희가 내 안에, 내가 너희 안에 있는 것을 너희가 알리라. 나의 계명을 지키는 자라야 나를 사랑하는 자니, 나를 사랑하는 자는 내 아버지께 사랑을 받을 것이요, 나도 그를 사랑하여 그에게 나를 나타내리라"(요 14:20-21).

성령을 받은 사람은 하나님 아버지와 사랑의 관계로 들어가게 된다. 하나님 아버지를 사랑하고 예수님을 사랑하며 다른 성도들을 사랑할 수 있도록 도와주신다. 성령이 임하시면 교회가 하나 되고 다툼이 사라지며 평안하게 된다.

우리 교회를 건축할 때에 철골(鐵骨) 공사를 하시는 분에게 들었던 이야기다. 쇠기둥마다 주어지는 여유(allowance)가 있는데 약 8분의 1인치다. 그러나 이런 오차가 130개의 기둥에 한쪽 방향으로만 계속 주어지면 마지막에는 기둥과 벽 사이가 40센티미터나 벌어져서 한 쪽 벽을 무너뜨리고 다시 세워야 한다고 했다. 모든 것이 처음에는 조금씩 벌어지지만 마지막에 가면 돌이킬 수 없는 차이가 난다. 사람 사이의 틈도 마찬가지다. "서로 사랑하라"는 예수님의 계명은 작은 틈을 메꾸며 살아가라는 말씀이다.

예수님의 말씀을 듣다가 안타까웠던지 가룟 유다가 아닌 다른 유다가 대화에 불쑥 끼어들었다.(이것은 사복음서를 통틀어 그가 했던 유일한 말이다.)

"주여 어찌하여 자기를 우리에게는 나타내시고 세상에는 아니하려 하시나이까"(요 14:22).

예수님께서 부드럽게 대답하셨다.

"사람이 나를 사랑하면 내 말을 지키리니 내 아버지께서 그를 사랑하실 것이요 우리가 그에게 가서 거처를 그와 함께하리라. 나를 사랑하지 아니하는 자는 내 말을 지키지 아니하나니 너희가 듣는 말은 내 말이 아니요 나를 보내신 아버지의 말씀이니라"(요 14:23-24).

우리의 신앙생활은 '예수님 사랑'에 그 뿌리를 둔다. 참 그리스도인은 예수님을 사랑한다. 그의 모든 말과 행동이 예수님을 사랑하는 마음에서 시작된다. 예수님을 사랑하면 예수님의 말씀을 지킨다. 그 말씀은 아버지 하나님의 말씀이다. 그래서 아버지 하나님께서 그를 사랑하신다. 그와 거처를 함께하신다. 그는 항상 하나님을 의식하며 살아간다. 거룩함이 그의 삶에 충만하게 된다. 그러므로 모든 그리스도인들은 자주 스스로의 영적 상태를 진단해야 한다. '나는 예수님을 사랑하고 있는가?' 하고 물어야 한다. 바울은 말했다.

"만일 누구든지 주를 사랑하지 아니하면 저주를 받을지어다"(고전 16:22).

예수님께서 다시 보혜사 성령님에 관하여 말씀하셨다.

"내가 아직 너희와 함께 있어서 이 말을 너희에게 하였거니와 보혜사 곧 아버지께서 내 이름으로 보내실 성령 그가 너희에게 모든 것을 가르치고 내가 너희에게 말한 모든 것을 생각나게 하리라"(요 14:25-26).

'보혜사 곧 아버지께서 내 이름으로 보내실 성령', 여기에서 우리는 삼위일체 하나님을 만나게 된다. 성부 하나님과 성자 하나님, 그리고 성령 하나님(보혜사)은 같은 하나님이시다. 서로 나누어질 수가 없다. 성령님의 가르치심은 예수님의 가르치심과 일치한다. 그뿐만 아니라 예수님의 모든 말씀들을 생각나게 하고 이해시켜 주신다. 성경을 읽다가 이해가 되지 않거든 성령님의 도우심을 구하라. 그러면 깨닫게 될 것이다.

> "평안을 너희에게 끼치노니 곧 나의 평안을 너희에게 주노라. 내가 너희에게 주는 것은 세상이 주는 것과 같지 아니하니라. 너희는 마음에 근심하지도 말고 두려워하지도 말라. 내가 갔다가 너희에게로 온다 하는 말을 너희가 들었나니 나를 사랑하였더라면 내가 아버지께로 감을 기뻐하였으리라. 아버지는 나보다 크심이라"(요 14:27-28).

세상이 주는 평안과 예수님께서 주시는 평안은 어떻게 다를까? 세상이 주는 평안은 넉넉하고 안전하며 대적하는 사람이 없는 경우를 말한다. 그러나 역설적으로 그런 평안은 좀처럼 얻을 수가 없다. 늘 부족하며 불안하고 위험한 세상에 우리가 살고 있기 때문이다. 그러나 예수님의 평안은 질적으로 다르다. 넉넉하지 않고 안전을 장담할 수 없으며 대적들이 끊임없이 일어나는 시간에도 예수님은 평안하셨다. 예수님의 평안을 소유한 사람은 무엇인가 부족한 경우에도 "나는 부족함이 없다"고 고백한다. '여호와가 나의 방패가 되시기' 때문에 어떤 위험 가운데서도 안전하다. 사랑으로 화목하기 때문에 원수를 두려워하지 않는다. 예수님은 제자들에게 그런 평안을 선물로 주겠다고 약속하셨다. 성령님이 함께하실 때에 우리는 그런 평안을 누린다. 성령님과 함께 동행하자. 그러면 평안할 것이다.

"이제 일이 일어나기 전에 너희에게 말한 것은 일이 일어날 때에 너희로 믿게 하려 함이라. 이 후에는 내가 너희와 말을 많이 하지 아니하리니 이 세상의 임금이 오겠음이라. 그러나 그는 내게 관계할 것이 없으니 오직 내가 아버지를 사랑하는 것과 아버지께서 명하신 대로 행하는 것을 세상이 알게 하려 함이로라"(요 14:29-31).

훗날 제자들은 예수님의 말씀을 기억하며 믿음의 사람들이 되었다. 말씀을 많이 읽어두면 믿음이 더욱 굳세게 된다. 이제 십자가의 시간이 가까이 다가오고 있다. 예수님께서 지금처럼 가르치시는 일도 없을 것이다. 세상 임금은 예수님을 십자가에 못 박으려는 유대교의 세력과 로마 세력이다. 그들이 노도처럼 밀려오는 시간에도 예수님은 평안했다. 아버지에 대한 사랑과 순종의 마음이 예수님을 평안하게 했다. '아버지께서 명하신 대로 행하는 것', 그것은 바로 십자가의 죽으심이었다.

"일어나라. 여기를 떠나자 하시니라"(요 14:31).

예수님께서 유월절 식사 자리를 떠나시는 모습이다. 마태, 마가, 누가복음에서는 유월절 식사와 예수님의 수난 사이가 긴박하게 진행된다. 그러나 요한복음에서는 15-17장까지 세 장이 더 삽입되어 있다. 요한복음은 누가복음처럼 정확한 순서대로 기록된 책이 아니다. 사도 요한이 설정한 주제, 곧 예수님이 하나님의 아들이심을 믿고 영생을 얻게 하려는 주제에 맞게 예수님의 가르치심을 정리해서 보여준다.

"내 안에 거하라. 나도 너희 안에 거하리라"

// 요한복음 15장 //

공관복음서들보다 요한복음에 더 많이 나오는 어휘가 '거하다'(μένω: 메노)이다. 이 단어가 마태복음에 3회, 마가복음에 2회, 누가복음에 7회 나오는 반면, 요한복음에는 38회나 나온다. 그중에서도 요한복음 15장에 집중적으로(12회) 나오는데, 대부분이 예수님과 그의 말씀 안에 거한다는 의미로 사용되고 있다. ('거하다'는 요한의 서신에 다시 한 번 집중적으로 26회나 사용된다). 요한은 신약성경의 다른 어떤 저자보다도 이 단어를 더 자주 사용한다. 왜 그랬을까?

요한은 하나님 아버지와 예수님의 관계, 예수님과 우리의 관계, 그리고 우리와 아버지 하나님과의 관계를 강조한다. 그 관계를 가리키는 용어가 '사랑'(ἀγάπ:아가페)이다(신약 전체에 나오는 '아가페'는 절반 이상이 사도 요한의 복음서와 서신서에 나온다). 그러면 '사랑'을 어떻게 표현할 수 있을까? 요한은 '거하다'로 '사랑의 관계'를 표현하고 있다.

사랑하기 때문에 함께 산다. 예수님을 사랑하는 사람도 예수님과 함께 산다. '함께 산다'는 말은 시간과 공간 안에 함께 거한다는 말이다. 물론 정서적으로도 함께 살아간다. 예수님은 이 '거한다'는 의미를 '붙어 있다'고 표현하셨다. 예수님과 붙어 있으면, 함께 거하고, 함께 살며, 함께 사랑한다. 그때 세상이 이해할 수 없는 어떤 특별한 일이 일어난다.

예수님의 생명이 우리의 영원한 생명이 되고, 그 영생을 소유한 사람은 특별한 열매, 곧 사랑의 열매를 맺게 된다. 그것은 우리의 능력과 노력으로 맺을 수 있는 열매가 아니다. 성령님께서 맺도록 도와주시는 열매이다. 하나님 아버지께서 성실한 농부처럼 우리를 돌보아 주신다. 더 많은 열매 보기를 소원하시면서….

이런 이해를 가지고 요한복음 15장을 읽어보자. 여기 포도나무 한 그루가 있다. 줄기는 예수님이고 가지는 우리다. 그리고 그 포도나무를 가꾸시는 분은 하나님 아버지이시다.

> "나는 참포도나무요 내 아버지는 농부라. 무릇 내게 붙어 있어 열매를 맺지 아니하는 가지는 아버지께서 그것을 제거해 버리시고 무릇 열매를 맺는 가지는 더 열매를 맺게 하려 하여 그것을 깨끗하게 하시느니라. 너희는 내가 일러준 말로 이미 깨끗하여졌으니 내 안에 거하라 나도 너희 안에 거하리라 가지가 포도나무에 붙어 있지 아니하면 스스로 열매를 맺을 수 없음같이 너희도 내 안에 있지 아니하면 그러하리라"(요 15:1-4).

이 말씀 가운데 "무릇 내게 붙어 있어 열매를 맺지 아니하는 가지는 아버지께서 그것을 제거해 버리시고"라는 구절이 마음에 걸릴 것이다(NIV 성경에도 "He cuts off every branch in me that bears no fruit"라고 번역되어 있다). 그런데 5절을 보면 예수님은 "그가 내 안에, 내가 그 안에 거하면 사람이 열매를 많이 맺나니"라고 말씀하셨다. 6절에서는 "사람이 내 안에 거하지 아니하면 가지처럼 밖에 버려져 마르나니"라고 하셨다. 그렇다면 2절의 내용을 어떻게 해석해야 할까? 예수님에게 붙어 있으면서 열매를 맺지 못한다는 말이 어딘가 이상하지 않은가?

"아버지께서 그것을 제거해 버리시고"라는 말씀은 두 가지로 해석할 수 있다. 하나는 완전히 잘라내 버리신다는 뜻이다. 또 다른 해석도 가능하다. '제거하다'(αἴρω: 아이로오)라는 단어의 첫 번째 의미는 '들어 올리다'이다. 두 번째 의미가 '잘라내다'이다.

예를 들어보자. 어떤 사람이 예수님을 믿고 예수님 안에 거한다. 그런데 그가 연약하여 넘어지고 신앙생활에 열매를 잘 맺지 못한다고 치자. 그러면 하나님께서 당장에 제거해 버리실까? 아니다. 성경 전체는 하나님의 긍휼하심을 강조하고 있다.

> "상한 갈대를 꺾지 아니하며 꺼져가는 심지를 끄지 아니하기를 심판하여 이길 때까지 하리니"(마 12:20).

예수님의 말씀이다. 하나님의 긍휼하심이 심판의 날까지 계속되리라는 약속의 말씀이다. 하나님께서는 연약한 자를 사랑으로 징계해서라도 반드시 일으켜 세우신다. 히브리서 기자의 말을 들어보자.

> "그러므로 피곤한 손과 연약한 무릎을 일으켜 세우고 너희 발을 위하여 곧은 길을 만들어 저는 다리로 하여금 어그러지지 않고 고침을 받게 하라"(히 12:12-13).

한 농부가 아침 일찍 양동이에 물을 채워가지고 포도밭으로 향한다. 그리고 땅 위에 늘어져 있는 포도나무 가지를 발견한다. 며칠 전에 내린 비에 잎들이 흙탕물을 뒤집어쓰고 있다. 그는 떠온 물로 가지와 잎들을 잘 닦은 후에 다시 들어 올려서 고정시켜 준다. 머지않아 그 가지에서 열매가 주렁주렁 맺힐 것이다.

하나님께서 그렇게 우리를 들어 올려주신 적이 어디 한두 번이신가. 그의 말씀으로 우리를 정결케 하신 적은 또 얼마나 많았던가. 넘어지더라도 예수님에게 붙어 있기만 하면 된다. 부끄럽고 볼품없을지라도 주님의 이름을 부르기만 하면 된다. 주께서 우리를 다시 들어 올려주실 것이다. 그것이 아가페의 사랑이다. '제거'의 숨은 뜻이다. 이런 마음으로 예수님의 말씀을 소리 내어 읽어보자.

> "나는 포도나무요 너희는 가지라. 그가 내 안에, 내가 그 안에 거하면 사람이 열매를 많이 맺나니 나를 떠나서는 너희가 아무 것도 할 수 없음이라. 사람이 내 안에 거하지 아니하면 가지처럼 밖에 버려져 마르나니 사람들이 그것을 모아다가 불에 던져 사르느니라. 너희가 내 안에 거하고 내 말이 너희 안에 거하면 무엇이든지 원하는 대로 구하라. 그리하면 이루리라. 너희가 열매를 많이 맺으면 내 아버지께서 영광을 받으실 것이요 너희는 내 제자가 되리라. 아버지께서 나를 사랑하신 것같이 나도 너희를 사랑하였으니 나의 사랑 안에 거하라. 내가 아버지의 계명을 지켜 그의 사랑 안에 거하는 것같이 너희도 내 계명을 지키면 내 사랑 안에 거하리라. 내가 이것을 너희에게 이름은 내 기쁨이 너희 안에 있어 너희 기쁨을 충만하게 하려 함이라"(요 15:5-11).

"할렐루야! 아멘!"이 터져 나오지 않는가? 그의 사랑이 우리 가슴에 밀려들어 오지 않는가? 눈시울이 뜨거워지지 않는가? 잠시 책을 덮어놓고 감사의 기도를 드리자. 그리고 그분의 팔에 안겨보자.

예수님은 '지킨다'는 말과 '거한다'는 말을 동격으로 사용하셨다. 예수님의 사랑 안에 거하려면 그의 계명을 지켜야 한다. 지킨다는 말은 '순종'을 의미한다. 예수님도 아버지의 계명을 지키심으로 그의 사랑 안에 거하셨다. 이 계명은 곧 사랑이다. 하나님과 예수님의 관계처럼 예수님과 우리의 관계도 사랑 안에서만 유지될 수 있다. 사랑하지 않으면 그 관계 안에 거할 수가 없다. 그 안에 거하지 않으면 은혜가 사라진다.

사랑은 선택이 아니고 필수다. 사랑하기가 쉽지 않을 때에는 울부짖어야 한다. 사랑할 수 있게 도와주시라고, 은혜 안에 거할 수 있게 해주시라고, 간절히 구해야 한다. 축복하며 구해야 한다. 누군가 싫어질 때, 누군가에게 섭섭해질 때, 마음속에 미움이 싹틀 때, 온 마음을 다하여 그를 축복해 보라. 그러면 하나님의 사랑이 우리를 다스리게 될 것이다.

예수님의 소원은 우리의 삶에서 많은 열매를 거두시는 것이다. 다름 아닌 '사랑의 열매'이다. 하나님의 사랑이 예수님 안에 있고 예수님의 사랑이 우리 안에 있다. 이 사랑이 다시 우리 이웃들에게로 흘러간다. 우리는 더 많은 사랑의 열매를 맺기 위해 예수님의 이름으로 아버지 하나님께 구하게 된다. 사용할 곳이 올바르면 얼마든지 부어주실 것이다.

이야기 셋_ 희망을 실은 트럭

1969년 8월 25일 저녁 7시 35분에 두 명의 경관이 초인종을 눌렀다. 집안에는 아빠, 엄마가 빨리 돌아오기를 기다리는 네 명의 어린 아이들과 그 아이들을 돌보는 사람만 있었다. 위로 아들이 셋이고 막내딸은 이제 다섯 살이었다. 의아한 눈으로 쳐다보는 아이들에게 경찰이 조심스럽게 말했다. "너희 아버지와 어머니가 탄 차가 술에 취한 사람의 차와 정면으로 충돌해서 아버지는 돌아가시고 어머니는 중상을 입었단다." 그 말을 듣고 막내딸이 "나는 엄마 아빠를 원해요"(I want Mommy and Daddy) 하며 울음을 터트렸다.

소식을 듣고 이웃들이 몰려왔다. 경찰이 그 사람들을 향해서 말했다. "여러분 중에 혹시 오늘 저녁에 이 아이들을 돌보아주실 친척이나 이웃들이 계십니까? 안 계시다면 우리가 경찰서로 데려가야 합니다." 그때 빌과 로바다 데이비스(Bill and Louvada Davis)라는 젊은 부부가 손을 들었다. 아이들은 데이비스의 집에서 그날 저녁을 지냈다. 하룻밤만 지낸 것이 아니었다. 어머니가 완치되어 병원에서 나올 때까지 4개월이 넘게 그 집에서 살았다.

데이비스 부부에게도 어린 아이들이 넷이나 있었다. 그들의 집은 트레일러 하우스(trailer house, 이동식주택)였다. 침대가 부족해서 서로 돌아가며 마룻바닥 위에서 자야 했다. 부인은 열 명의 음식과 빨래와 청소를 해야 했고 빌은 불어난 식구들을 먹여 살리기 위해 채석장에서 더 많은 일을 해야 했다. 그런 열악한 환경 가운데서도 빌은 슬픔을 당한 아이들에게 이렇게 말하곤 했다.

"너희들은 어린 시절에 당한 이 참혹한 비극이 너희 평생을 살아가는 데 변명이 되지 않게 해야 한다. 왜냐하면 말이야, 너희의 삶이 시작된 곳이 꼭 너희 인생의 끝이 될 필요는 없으니까"(Don't allow the tragedy of your childhood to become a lifelong excuse, because where you start in life doesn't have to dictate where you end).

아버지는 생명보험도 없이 세상을 떠났고 음주운전을 했던 상대방도 차량보험이 없었다. 그래서 남은 것은 가난과 배고픔과 슬픔뿐이었다. 엄마가 퇴원하고 일자리를 잡았지만 여전히 가난했다. 이 가정의 셋째 아들 할 도날드슨(Hal Donaldson)은 그 당시의 상황을 '빈 접시에 담긴 분노'라고 회상했다. 그러나 할은 가난과 배고픔에 굴복하지 않았다. 자기처럼 갑자기 재난을 당하고 어려움 가운데 있는 사람들에게, 데이비스 부부가 베풀어 주었던 사랑을 되돌려주기로 결심했다. 그는 대학을 졸업하고 직장생활을 하던 중에 이런 생각을 했다.

'만일 한 사람이 친절한 마음으로 시선을 돌려 다른 사람의 필요에 집중한다면 어떤 일이 일어날까? 실제로 무엇이 달라질 수 있을까?'(What if a person was led by kindness and took his eyes off himself and focused on the needs of others? What difference could be really made?)

그는 잠언 21장 21절의 말씀을 묵상했다.

"할 수 있는 한 이웃에게 바로 대하고 한결같이 따뜻하게 대해 주는 이는 생명을 얻고 존경을 받는다"(현대어 성경).

그는 이 말씀을 실험해 보기로 했다. 그래서 1994년에 '희망의 트럭'(Convoy of Hope)이라는 자선단체를 만들었다. 그리고 여기저기에서 기증을 받아 가난한 사람들에게 전해주기 시작했다. 그 단체는 지금까지 16억 달러어치의 물품과 돈을 기증받아서 미국과 세계 각국에 있는 가난한 사람들에게 나누어주었다. 어느 지역이든지 재난이 일어나면 그들의 트럭이 자원봉사자들과 함께 달려갔다.

지난 2018년에만 1억 7천 8백만 달러어치의 구호품을 세계 각지로 보냈고 20만 명 이상의 아이들에게 음식을 제공했다. 이 단체는 전체 기부의 10% 미만을 운영비로 사용하는, 미국에서 가장 모범적인 자선단체가 되었다.

만일 할의 가족에게 빌 아저씨네가 없었더라면 슬픔과 충격에서 벗어날 수 없었을 것이다. 만일 할이 예수님 안에 거하지 않았더라면, 평생 어렸을 때 겪은 비극의 노예가 되어 살았을 것이다. 그러나 그는 이웃의 사랑으로 비극의 굴레에서 벗어났다. 예수님 안에 거함으로 새 사람이 되었다. 할은 자기가 겪었던 가난의 경험을 승화시켜서 재난을 당한 사람들을 위해 살았다. 예수님 안에 거하는 사람은 하나님의 사랑을 체험한다. 그리고 자신의 삶 속에 사랑의 열매가 맺힌다. 그때 기적 같은 이야기들이 생산된다.

다시 예수님이 말씀에 귀를 기울여 보자.

> "내 계명은 곧 내가 너희를 사랑한 것같이 너희도 서로 사랑하라 하는 이것이니라. 사람이 친구를 위하여 자기 목숨을 버리면 이보다 더 큰 사랑이 없나니 너희는 내가 명하는 대로 행하면 곧 나의

친구라. 이제부터는 너희를 종이라 하지 아니하리니 종은 주인이 하는 것을 알지 못함이라. 너희를 친구라 하였노니 내가 내 아버지께 들은 것을 다 너희에게 알게 하였음이라. 너희가 나를 택한 것이 아니요 내가 너희를 택하여 세웠나니 이는 너희로 가서 열매를 맺게 하고 또 너희 열매가 항상 있게 하여 내 이름으로 아버지께 무엇을 구하든지 다 받게 하려 함이라. 내가 이것을 너희에게 명함은 너희로 서로 사랑하게 하려 함이라"(요 15:12-17).

우리에게 이런 친구가 있다. 나를 위하여 목숨을 버리신 분, 그의 아버지에게서 들으신 모든 것을 알려주신 분, 그리고 우리의 삶에 풍성한 열매를 맺도록 돌보아주시는 분, 예수님이 바로 그런 친구가 되셨다. 이 친구를 가장 소중하게 생각하자. 그분에게 관심을 갖고, 그분의 이야기를 경청하고, 그분에게 나의 사정을 아뢰어야 한다. 세상이 다 나를 버려도 이런 친구만 내게 있으면 된다. 오래 전에 즐겨 불렀던 찬송가가 마음속에 울려 퍼진다.

1. 이 세상의 친구들 나를 버려도
   나를 사랑하는 이 예수뿐일세
2. 검은 구름 덮이고 광풍 일어도
   예수 나의 힘 되니 겁낼 것 없네
3. 괴로운 일 당해도 낙심 말아라
   영원하신 주 능력 나를 붙드네
   (후렴) 예수 내 친구 날 버리잖네
   온 천지는 변해도 날 버리지 않네(찬송가 394장)

예수님 안에 거하는 사람은 원수를 사랑하여 친구로 만든다. 그러나 세상은 친구도 원수로 만든다. 빛과 어둠만큼 사랑과 미움이 대조된다. 세상은 성도들을 미워하고 교회를 싫어한다. 왜 그럴까? 우리가 세상에 속하지 아니하고 예수님에게 속하였기 때문이다.

> "세상이 너희를 미워하면 너희보다 먼저 나를 미워한 줄을 알라. 너희가 세상에 속하였으면 세상이 자기의 것을 사랑할 것이나 너희는 세상에 속한 자가 아니요 도리어 내가 너희를 세상에서 택하였기 때문에 세상이 너희를 미워하느니라. 내가 너희에게 종이 주인보다 더 크지 못하다 한 말을 기억하라. 사람들이 나를 박해하였은즉 너희도 박해할 것이요 내 말을 지켰은즉 너희 말도 지킬 것이라. 그러나 사람들이 내 이름으로 말미암아 이 모든 일을 너희에게 하리니 이는 나를 보내신 이를 알지 못함이라"(요 15:18-21).

물론 상반된 표현도 가능하다. 만일 세상이 우리를 사랑한다면 우리는 더 이상 예수님에게 속한 사람이 아니다. 오해하지 말자. 일부러 세상의 미움을 사자는 말이 아니다. 세상은 교회가 하는 선한 일에 애초부터 관심이 없었다. 오히려 대적했다. 왜냐하면 우리가 세상에 속한 사람들을 예수님께로 인도하기 때문이다. 세상이 교회를 미워하는 가장 큰 이유는 교회가 예수님의 이름을 부르며 그 이름을 믿기 때문이다. 왜 그럴까? 그들이 하나님을 모르기 때문이다.

교회여, 본래의 사명을 다하자. '사랑'이라는 도구를 사용하여 세상에 복음을 전하자. 예수 이름을 들려주자. 다른 방식으로 세상의 칭찬을 들으려고 하지 말자. 세상의 부러움을 사려고 애쓰지도 말자. 비본질적인 일에 천착(穿鑿)하지 말자. 그러다가 잘못하면 길을 잃게 될지도 모른다.

예수님께서 세상의 죄를 책망하셨다. 세상이 예수님의 하신 말씀과 행하신 일들을 보고도 믿지 않았기 때문이다. 예수님은 다시 한 번 자신을 아버지께 연결 지으셨다.

> "나를 미워하는 자는 또 내 아버지를 미워하느니라. 내가 아무도 못한 일을 그들 중에서 하지 아니하였더라면 그들에게 죄가 없었으려니와 지금은 그들이 나와 내 아버지를 보았고 또 미워하였도다"(요 15:23-24).

왜 세상이 예수님을 미워할까? 이유를 알 수 없다. '그들이 이유 없이 나를 미워하였다'는 말씀이 이루어졌다(시 35:19).

교회와 성도들에게 주신 하나님의 가장 큰 축복은 성령님의 임재하심이다. 성령님은 우리로 하여금 예수님을 믿게 하신다. 그것이 성령님께서 하시는 가장 큰 일이다. 요한은 16장에서 다시 성령님에 관하여 기록하고 있다.

진리의 성령님

// 요한복음 16장 //

원래 초대교회는 유대교를 떠날 생각이 없었다. 예수님이 부활 승천하신 후에도 그들은 여전히 회당예배에 참석했다. 사도 바울도 가는 곳마다 회당에 들어가서 복음을 전했다. 그런데 회당에 있던 유대인들이 바울을 쫓아냈다. 돌로 쳐서 죽은 줄 알고 성 밖에 버리기도 했다. 그들은 예수님의 제자들을 박해하는 일이 곧 하나님을 위한 일이라고 생각했다. 이유는 단순했다. 그들이 예수님과 그의 아버지 되시는 하나님을 알지 못했기 때문이다. 훗날 박해를 당하면서 제자들은 예수님께서 이런 일이 있을 것이라고 하셨던 말씀을 기억했다.

제자들에게 있어서 예수님은 절대적인 존재였다. 예수님 때문에 하나가 되었고 예수님의 능력으로 옷 입었다. 예수님은 그들의 선생이요 인도자요 보호자였다. 그런데 예수님께서 갑자기 그들을 떠나신다고 생각해 보라. 상상할 수 없는 일이다. 그런 일은 절대로 일어나지 않아야 했다. 그런데 예수님께서 그의 '떠나심'에 대하여 점점 더 자주 말씀하셨다. 이 일이 제자들에게 큰 근심이 되었다. 예수님도 그들의 마음을 알고 계셨다. 차라리 "주여, 어디로 가십니까" 하고 솔직하게 묻는 편이 더 좋으련만, 제자들은 아무도 입을 열려고 하지 않았다. 그래서 예수님께서 먼저 말문을 여셨다.

> "지금 내가 나를 보내신 이에게로 가는데 너희 중에서 나더러 어디로 가는지 묻는 자가 없고 도리어 내가 이 말을 하므로 너희 마음에 근심이 가득하였도다"(요 16:5-6).

하나님 아버지께서 아들을 세상에 보내셨다. 우리에게 영원한 생명을 주시기 위해 보내셨다. 이제 아들이 아버지께로 다시 돌아가신다. 십자가 위에서 돌아가신다. 예수님은 십자가의 길에 대하여 제자들과 말씀을 나누고 싶으셨다. 그러나 제자들은 관심이 없었다. 근심만 가득했다. 그러나 반드시 들려주셔야 할 말씀이 있었다. 보혜사 성령님에 대한 말씀이었다.

> "그러나 내가 너희에게 실상을 말하노니 내가 떠나가는 것이 너희에게 유익이라. 내가 떠나가지 아니하면 보혜사가 너희에게로 오시지 아니할 것이요 가면 내가 그를 너희에게로 보내리니, 그가 와서 죄에 대하여, 의에 대하여, 심판에 대하여 세상을 책망하시리라. 죄에 대하여라 함은 그들이 나를 믿지 아니함이요, 의에 대하여라 함은 내가 아버지께로 가니 너희가 다시 나를 보지 못함이요, 심판에 대하여라 함은 이 세상 임금이 심판을 받았음이라"(요 16:7-11).

'실상'의 원어는 '진리'이다. 예수님께서 "내가 떠나는 것이 너희에게 유익이라"는 진리의 말씀을 들려주셨다. 어떤 면에서 유익이 될까? 이미 요한복음 14장에서 말씀해 주셨다.

> "내가 아직 너희와 함께 있어서 이 말을 너희에게 하였거니와 보혜사 곧 아버지께서 내 이름으로 보내실 성령 그가 너희에게 모든 것을 가르치고 내가 너희에게 말한 모든 것을 생각나게 하리라"(요 14:25-26).

성령님께서 예수님의 말씀을 기억나게 하실 것이다. 단순한 기억이 아니다. 그 말씀을 깊고 바르게 이해할 수 있도록 도와주신다. 이해에서 그치지 않는다. 그 말씀의 능력이 듣고 읽는 사람들을 변화시켜 준다. 성령님은 언제 오시는가? 예수님께서 세상을 떠나 아버지께로 가신 후에 오실 것이다. 예수님께서 성령님을 보내주시기 때문이다. 그러므로 예수님은 제자들에게 자기의 떠남을 근심하지 말라고 하셨다.

성령님이 오시면 세 가지 면에서 세상을 책망하신다.

첫째로, 세상이 예수님을 믿지 않음을 책망하신다. 하나님의 아들이 세상에 오셨지만 유대교 지도자들은 예수님을 거절하고 불신했다. 그의 말씀에 동의하지 않았다. 예수님의 말씀을 믿지 않고 거절함이 곧 세상의 죄였다. 성령님께서 오셔서 예수님의 말씀이 진리였음을 증명하실 것이다.

둘째로, 세상이 '의'에 관하여 오해하였음을 책망하실 것이다. 유대교 지도자들은 예수님이 자기 죄 때문에 십자가에 달렸다고 생각했다. 예수님께서 자신을 '하나님의 아들'이라고 주장하셨기 때문이다. 그런데 예수님께서 죽은 자 가운데서 부활하실 것이다. 모든 제자들이 '예수 부활'의 증인이 될 것이다. 부활하신 예수님께서 구름 사이로 들려 올라가시는 장면을 제자들이 보게 될 것이다. 부활과 승천은 예수님의 의로우심을 만천하에 증명하는 우주적인 사건이다. 그 자신뿐만 아니라 그를 믿는 모든 자들을 의롭게 해주실 것이다. 성령님은 예수님의 의로우심을 부인하고 거절한 세상을 심판하실 것이다.

셋째로, 이 세상 공중권세 잡은 사탄이 십자가에서 심판을 받는다. 예수님의 죽음과 부활을 통하여 원수 사탄이 패할 것이다. 마지막 심판 때까지 잠시 원수 노릇을 하겠지만 그것은 그림자에 불과하다. 예수님께서 십자가 위에서 이루신 승리에 대하여 바울은 이렇게 기록하고 있다.

> "또 범죄와 육체의 무할례로 죽었던 너희를 하나님이 그와 함께 살리시고, 우리의 모든 죄를 사하시고, 우리를 거스르고 불리하게 하는 법조문으로 쓴 증서를 지우시고 제하여 버리사 십자가에 못 박으시고, 통치자들과 권세들을 무력화하여 드러내어 구경거리로 삼으시고, 십자가로 그들을 이기셨느니라"(골 2:13-15).

여기에서 '통치자들과 권세들'은 영적으로 공중권세 잡은 사탄의 세력을 말한다. 얼마나 통쾌한가. 성령님께서 모든 성도들에게 이 십자가의 비밀을 깨닫게 하신다. 천국의 비밀을 들려주신다. 장래의 일도 보여주신다. 성령님을 통하여 우리는 성부 하나님과 성자 하나님을 더 깊이 알게 된다. 지금 예수님에 관해 부분적으로 알던 것들이 완전하게 이해될 것이다. 이보다 더 큰 유익이 어디 있겠는가. 예수님께서 다정하신 목소리로 다시 한 번 일러주셨다.

> "내가 아직도 너희에게 이를 것이 많으나 지금은 너희가 감당하지 못하리라. 그러나 진리의 성령이 오시면 그가 너희를 모든 진리 가운데로 인도하시리니 그가 스스로 말하지 않고 오직 들은 것을 말하며 장래 일을 너희에게 알리시리라. 그가 내 영광을 나타내리니 내 것을 가지고 너희에게 알리시겠음이라. 무릇 아버지께 있는 것은 다 내 것이라. 그러므로 내가 말하기를 그가 내

것을 가지고 너희에게 알리시리라 하였노라"(요 16:12-15).

얼마나 답답하셨을까? 더 많은 진리를 들려주고 싶으셨지만 제자들이 감당할 수 없었다. 마치 엘리사 시절에 과부의 기름 그릇과 같았다(왕하 4장 참조). 기름은 끝이 없이 흘러나오는데 그릇들이 모자랐다. 제자들은 '지금, 여기'에 머물러 있다. 며칠 후를 내다보지 못했다.

성령님께서 들려주시는 진리의 말씀을 들을 수 있는 사람은 복 있는 사람이다. 그 말씀을 들으면서 우리는 예수님의 영광을 보게 된다. 그 영광 가운데로 들어가게 된다. 누가 그 음성을 들을 수 있는가. 마음을 비우고 귀를 기울인 상태로 성경을 읽는 사람, 그 말씀에 전적으로 순종할 각오를 가지고 성경을 읽는 사람, 가슴으로 성경을 읽는 사람은 성령님의 음성을 들을 수 있다.

장차 성령님이 오시면 제자들을 도와주실 것이다. 모든 진리를 다 기억나게 해주시고 깨닫게 해주실 것이다. 예수님의 영광도 보게 될 것이다. 그런데 아직은 아니다.

"조금 있으면 너희가 나를 보지 못하겠고 또 조금 있으면 나를 보리라 하시니 제자 중에서 서로 말하되, 우리에게 말씀하신바 조금 있으면 나를 보지 못하겠고 또 조금 있으면 나를 보리라 하시며 또 내가 아버지께로 감이라 하신 것이 무슨 말씀이냐 하고, 또 말하되 조금 있으면이라 하신 말씀이 무슨 말씀이냐 무엇을 말씀하시는지 알지 못하노라 하거늘, 예수께서 그 묻고자 함을 아시고 이르시되 내 말이 조금 있으면 나를 보지 못하겠고 또 조금 있

으면 나를 보리라 하므로 서로 문의하느냐?"(요 16:16-19)

'잠깐 후면 나를 보지 못하고(현재형), 또 잠깐 후면 나를 보리라(미래형).' 수수께끼 같은 말씀이었다. 아버지께로 가신다는 말씀은 또 무슨 뜻인가. 당시에는 요한도 이 말씀을 이해할 수 없었다. 그러나 훗날 성령님이 임하시자 분명하게 알 수 있었다. 유월절 저녁에 들려주신 예수님의 말씀이 절절하게 깨달아졌다. 그래서 다른 복음서에 없는 말씀을 요한이 첨가했다.

"내가 진실로 진실로 너희에게 이르노니 너희는 곡하고 애통하겠으나 세상은 기뻐하리라. 너희는 근심하겠으나 너희 근심이 도리어 기쁨이 되리라. 여자가 해산하게 되면 그때가 이르렀으므로 근심하나 아기를 낳으면 세상에 사람 난 기쁨으로 말미암아 그 고통을 다시 기억하지 아니하느니라. 지금은 너희가 근심하나 내가 다시 너희를 보리니 너희 마음이 기쁠 것이요 너희 기쁨을 빼앗을 자가 없으리라"(요 16:20-22).

제자들이 십자가에 달린 예수님을 보며 애통할 때에 세상에서는 잔치가 벌어졌다. 예수님은 무덤에 묻혀 계신 사흘을 '잠깐'이라고 하셨다. 그러나 제자들에게는 '영원한 절망'이었다. 칠흑 같은 사흘이었다. 근심과 슬픔으로 몸을 가눌 수가 없었다. 그런데 약속하신 말씀처럼 사흘 후에 예수님이 부활하셨다. 다시 예수님을 보게 되었다. 그때 제자들의 기쁨은 가히 폭발적이었다. 누가 그들의 기쁨을 빼앗아갈 수 있겠는가. 잠깐 후에 이런 일이 일어날 것이라고 예수님께서 제자들에게 일러주셨다.

그 '잠깐'이 지나고 나면 놀라운 일들이 일어날 것이다. 무엇보다도 예수님의 아버지가 제자들의 아버지도 되실 것이다. 제자들이 예수님의 이름으로 구할 때 아버지께서 이루어주실 것이다. 제자들의 기쁨은 더욱 충만하게 될 것이다. 이것은 지금까지도 유효한 예수님의 약속이 되었다.

> "그날에는 너희가 아무것도 내게 묻지 아니하리라. 내가 진실로 진실로 너희에게 이르노니 너희가 무엇이든지 아버지께 구하는 것을 내 이름으로 주시리라. 지금까지는 너희가 내 이름으로 아무것도 구하지 아니하였으나 구하라 그리하면 받으리니 너희 기쁨이 충만하리라"(요 16:23-24).

깨닫지 못하는 제자들에게 예수님께서 거듭 설명해 주셨다. 제자들의 입에서 "이제 무슨 말씀인지 알겠습니다" 하는 말이 나올 때까지 도와주셨다. 예수님보다 더 친절하신 선생님이 세상에 또 있을까.

> "이것을 비유로 너희에게 일렀거니와 때가 이르면 다시는 비유로 너희에게 이르지 않고 아버지에 대한 것을 밝히 이르리라. 그 날에 너희가 내 이름으로 구할 것이요 내가 너희를 위하여 아버지께 구하겠다 하는 말이 아니니 이는 너희가 나를 사랑하고 또 내가 하나님께로부터 온 줄 믿었으므로 아버지께서 친히 너희를 사랑하심이라. 내가 아버지에게서 나와 세상에 왔고 다시 세

상을 떠나 아버지께로 가노라 하시니, 제자들이 말하되 지금은 밝히 말씀하시고 아무 비유로도 하지 아니하시니 우리가 지금에야 주께서 모든 것을 아시고 또 사람의 물음을 기다리시지 않는 줄 아나이다. 이로써 하나님께로부터 나오심을 우리가 믿사옵나이다"(요 16:25-30).

그러나 아직 멀었다. 제자들이 목숨을 내놓고 예수님을 믿기에는 아직도 멀었다. 잠깐 후면 그들은 예수님을 모른다고 부인할 것이고 자기 목숨을 위하여 모두 도망갈 것이다. 왜 예수님께서 이런 말씀을 미리 하셨을까? 제자들을 사랑하셨기 때문이다. 그들이 예수님을 잠시 떠날 때조차도 예수님은 변함없이 그들을 사랑하시겠다는 말씀이었다. 예수님은 다가온 슬픔과 고난의 시간에 제자들이 평안하기를 원하셨다. 그것이 예수님의 사랑이었다.

"예수께서 대답하시되 이제는 너희가 믿느냐? 보라 너희가 다 각각 제 곳으로 흩어지고 나를 혼자 둘 때가 오나니 벌써 왔도다. 그러나 내가 혼자 있는 것이 아니라 아버지께서 나와 함께 계시느니라. 이것을 너희에게 이르는 것은 너희로 내 안에서 평안을 누리게 하려 함이라. 세상에서는 너희가 환난을 당하나 담대하라. 내가 세상을 이기었노라"(요 16:31-33).

그리스도인의 삶은 세상과 끊임없이 대결하는 삶이다. 세상은 마치 장마철의 계곡물처럼 우리를 삼키려고 한다. 순간순간, 우리는 '내가 과연 세상을 이길 수 있을까' 하는 두려움을 느낀다. 혼자서 고군분투하는 느낌이다. 사탄과 싸우기 위해 칼을 들어 올릴 힘도 없다. 그때 예수님의 음성이 들려온다.

"용기를 내라. 내가 너와 함께 있다. 내가 세상을 이기었다. 너도 이미 내 안에서 세상을 이기었다. 지금 세상을 향하여 담대하게 승리를 선포하라."

세상 모든 사람들 중에 예수님보다 더 큰 스트레스를 받은 사람은 없었다. 십자가의 고통 때문만이 아니다. 제자들이 모두 도망갔기 때문도 아니다. 예수님께서 세상 모든 사람들의 죄를 짊어지고 죽으셨기 때문이다. 그보다 더 큰 스트레스가 어디에 있겠는가? 예수님께서 그 스트레스를 어떻게 다루셨을까? 짧은 한 마디 속에 그 비밀이 담겨 있다.

"내가 혼자 있는 것이 아니라 아버지께서 나와 함께 계시느니라."

수년 전, 풀러 신학대학원의 심리학 교수 아치발트 하트(Archibald Hart) 박사의 특강을 들은 적이 있다. 그는 스트레스를 세 단계로 나누었다. 첫째 단계는 건강하고 평범한 자극(stimulation)에서 오는 '단순한 흥분상태'(simple arousal)이고, 둘째 단계는 보통 이상의 자극으로서 우리 건강에 해를 끼치지 않는 소위 '스트레스'(stress)이며, 셋째 단계는 강렬한 자극으로 인하여 스트레스가 오랜 기간 계속되는, 소위 '고통'(distress)이다.

하트 박사는 이 '고통'의 단계를 아드레날린 호르몬이 너무 많이 분비될 때에 일어나는 현상이라고 했다. 그 결과 혈액 속에 콜레스테롤이 증가되고, 혈관을 수축시키며, 혈전을 만들어낸다. 아드레날린 호르몬이 잠시 솟아나는 것은 삶을 흥분시키고 기쁘게 하지만 너무 많은 양을, 너무 오랫동안 분출시키면 심장에 큰 손상이 일어난다. 결국 스트레스는 우리의 마음뿐만 아니라 몸에도 심각한 손상을 입히는 심장질환의 주범(主犯)이 된다.

사람 사는 곳에는 어디나 스트레스가 있다. 부부가 함께 살며 자식을 기르는 일이 스트레스다. 한 모임의 지도자가 되는 것, 학교생활이나 직장생활을 하는 것, 사업을 하고 장사를 하는 것도 모두 스트레스다. 어떻게 하면 수시로 밀려오는 스트레스를 잘 다룰 수 있을까? 스트레스를 벗어나기 위해 기독교 심리학자들이 제시하는 다섯 가지의 지혜로운 방법들이 있다.

1. 삶의 한계를 정하라(Set boundaries in your life)

이 세상에는 우리가 할 수 있는 일들이 있고 할 수 없는 일들이 있다. 예수님께서도 세상에 계시는 동안 자신의 한계를 인정하셨다. 한 번은 세베대의 두 아들들이 와서 예수님에게 말했다. "선생님이여 무엇이든지 우리가 구하는 바를 우리에게 하여주시기를 원하옵나이다." 무엇을 원하느냐고 물으시는 예수님에게 그들은 뜻밖의 것을 구했다. "주의 영광 중에서 우리를 하나는 주의 우편에, 하나는 좌편에 앉게 하여 주옵소서."

그때 예수님께서 이렇게 대답하셨다. "내 좌우편에 앉는 것은 내가 줄 것이 아니라 누구를 위하여 준비되었든지 그들이 얻을 것이니라." 만일 예수님께서 그날 세베대의 아들들의 요구를 수락하셨다면 제자들 사이의 관계가 복잡하게 되었을 것이다. 그러나 그 일은 아버지 하나님의 영역이었다. 예수님도 스트레스를 받으실 때에 자신의 삶의 한계를 분명히 하셨다(막 10:35-45 참고).

때때로 우리는 넘어지고 실수한다. 그때에 우리의 실수나 실패를 받아들여야 한다. '실수할 수 있는 자유'를 우리 자신에게 허락하자. 우리 자신을 심하게 비하하거나 꾸짖지 말자. 우리의 연약함을 인정하자. 우리 자신이 스스로를 격려하지 않으면 누가 격려하겠는가? 우리의 실수를 스스로 용서하지 않으면 누가 용서할 수 있겠는가? 하나님의 용서와 사랑을 받아들이자. 우리의 한계를 인정하며 우리 자신에게 좀 더 너그러워지자.

2. 갈등은 빨리 해결하라(Resolve conflicts quickly)

갈등은 오래 놓아둘수록 스트레스만 쌓여간다. 예수님은 "그러므로 예물을 제단에 드리려다가 거기서 네 형제에게 원망들을 만한 일이 있는 것이 생각나거든 예물을 제단 앞에 두고 먼저 가서 형제와 화목하고 그 후에 와서 예물을 드리라. 너를 고발하는 자와 함께 길에 있을 때에 급히 사화하라"(마 5:23-25)고 하셨다. 가족 사이의 갈등은 빨리 해결하는 것이 상책이다. 갈등을 해결할 때에 내 몫을 다 챙기려고 하지 말자. "미안해요" 이 한 마디가 갈등을 해결하는 특효약이다.

3. 마음을 지키라(Guard your heart)

우리의 마음이 먼저 스트레스를 인식한다. 그런 다음 우리의 감정이 스트레스를 더 부풀린다. 대부분의 스트레스는 우리의 생각 속에서 확장된다. 있지도 않고, 일어나지도 않을 일들을 상상 속에서 부풀려 간다. 그래서 스트레스의 시작은 조그만 점에 불과했는데 순간적으로 태산만큼 크고 무서운 괴물이 된다.

그러므로 스트레스가 올 때 우리는 무엇보다도 마음을 지켜야 한다. 상상의 세계로 우리의 마음이 끌려 들어가서 질식당하지 않도록 굳건히 지켜야 한다. "모든 지킬 만한 것 중에 더욱 네 마음을 지키라 생명의 근원이 이에서 남이니라"(잠 4:23)는 말씀은 진리이다.

4. 건강한 관계를 가지라(Have open and healthy relationships)

좋은 믿음의 벗들을 사귀어야 한다. 교회생활의 축복 가운데 하나가 성도의 교제다. 건강한 교회에서 우리는 치료를 경험한다. 연약하여 넘어지는 성도들을 견고하게 붙들어 주자. 짐을 나누어 지며 위로와 격려로 연합전선을 형성하자. 믿음의 벗들에게 스트레스를 털어놓으라. 시간을 내어 다른 사람의 스트레스를 진지하게 들어주라. 듣는 데서 끝나지 말고 하나님의 말씀으로 균형을 잡도록 도와주라. 그리고 기도로 도와주라. 그렇게 함으로 우리 자신의 스트레스도 잘 다룰 수 있는 지혜를 얻게 될 것이다.

5. 감사하라(Cherish God's love and wisdom)

하나님께서 베푸신 은혜를 기억하라. 과거에 베푸신 하나님의 은혜를 회상하면 오늘의 스트레스를 이겨낼 수 있다. 대부분의 스트레스들은 이전에 경험했던 비슷한 일들의 반복이기 때문이다. 하나님의 은혜를 추억하며 감사하고 찬송하라. 감사와 찬송이 스트레스를 무력하게 만들 것이다.

세상 사람들은 스트레스를 벗어나는 것으로 만족한다. 그러나 하나님의 자녀들은 스트레스 속에 담겨 있는 하나님의 뜻을 발견함으로써 더 큰 유익을 얻어야 한다. 스트레스를 통하여 영적으로 인격적으로 성장해 가야 한다. 하나님께서는 모든 일을 합력하여 선을 이루시기 때문이다. 시인은 이렇게 고백했다.

> "고난 당하기 전에는 내가 그릇 행하였더니 이제는 주의 말씀을 지키나이다⋯고난 당한 것이 내게 유익이라 이로 말미암아 내가 주의 율례들을 배우게 되었나이다"(시 119:67, 71).

예수님께서도 십자가를 앞에 두고 말할 수 없는 스트레스를 받으셨다. 그때 예수님은 아버지 하나님과 함께 계셨다.

"보라 너희가 다 각각 제 곳으로 흩어지고 나를 혼자 둘 때가 오나니 벌써 왔도다. 그러나 내가 혼자 있는 것이 아니라 아버지께서 나와 함께 계시느니라. 이것을 너희에게 이르는 것은 너희로 내 안에서 평안을 누리게 하려 함이라. 세상에서는 너희가 환난을 당하나 담대하라. 내가 세상을 이기었노라"(요 16:32-33).

예수님께서 사랑하시던 제자가 예수님을 팔아넘길 것이다. 예수님께서 그렇게 사랑하시던 제자들이 다 어둠 속으로 사라질 것이다. 예수님 홀로 십자가에 달려 돌아가셔야 한다. 그 스트레스 한가운데서 예수님이 말씀하셨다. "나는 혼자가 아니다. 내 아버지께서 지금 나와 함께 계신다." 하나님께서 함께 계시면 혼자가 아니다. 천지와 만물을 지으신 하나님, 지혜와 명철이 한이 없으신 하나님, 영원하시며 계시지 않는 곳이 없는 하나님, 거룩하시고 의로우신 하나님이 함께 계시면, 어떤 스트레스도 그 사람을 무너뜨릴 수가 없다.

인생을 살면서 스트레스로부터 자유로울 수 있는 사람은 아무도 없다. 그래서 예수님은 '세상에서는 너희가 환난을 당할 것'이라고 말씀하셨다. 예수님께서 제자들에게 주신 말씀이 우리에게 큰 위로가 된다. "담대하라. 내가 세상을 이기었노라." 예수님의 이김이 곧 우리의 이김이 된다. 예수님께서 이기신 그 이김에 우리가 겪는 스트레스도 포함된다. 예수님께서 지금 우리를 초청하고 계신다.

"내 안에 거하라. 나도 너희 안에 거하리라"(요 15:4).

> "평안을 너희에게 끼치노니 곧 나의 평안을 너희에게 주노라. 내가 너희에게 주는 것은 세상이 주는 것과 같지 아니하니라. 너희는 마음에 근심하지도 말고 두려워하지도 말라"(요 14:27).

> "수고하고 무거운 짐 진 자들아 다 내게로 오라. 내가 너희를 쉬게 하리라"(마 11:28).

스트레스가 넘치는 세상에서 '쉼'이 필요할 때마다 예수님께 나아가야 한다.

토마스 아 켐피스는 예수님의 평안을 얻는 네 가지 길에 대하여 이렇게 말했다.

> "당신의 뜻보다 다른 사람의 뜻을 이루기 위해 전력하라. 항상 더 많이 가지려 하지 말고 더 적게 가지려고 하라. 언제나 덜 영광스러운 자리를 택하고 모든 권위 아래 당신을 두라. 무엇보다도 하나님의 뜻이 이루어지기를 바라며 기도하라."

예수님께서 주시는 평안을 얻기를 원한다면 예수님께 모든 주의를 기울여야 한다. 마음에 평안이 없을 때는 물론이거니와 평범할 때에도 하루 몇 차례씩 예수님을 그리워하며 묵상해야 한다. 그렇게 함으로 예수님의 평안이 우리 영혼 속에 흘러들어 올 수 있도록 수문(水門)을 활짝 열어 두어야 한다.

대제사장의 기도

// 요한복음 17장 //

예수님께서 제자들을 가르치시는 일이 끝났다. 하실 말씀도 남김 없이 다 하셨다. 그런데도 충분하지 않았다. 한계는 예수님의 가르치심에 있지 않고 제자들의 이해력에 있었다. 예수님은 아버지의 전능하신 손에 제자들을 맡기기로 작정하셨다. 그것이 바로 17장에 기록된 예수님의 기도이다. 예수님께서는 자신과 제자들, 그리고 모든 성도들을 위해 기도하셨다. 이제 한 부분씩 살펴보기로 하자.

첫째로, 예수님은 자신을 위해 먼저 기도하셨다. 그것은 사명 완수를 위한 기도였다.

> "예수께서 이 말씀을 하시고 눈을 들어 하늘을 우러러 이르시되, 아버지여 때가 이르렀사오니 아들을 영화롭게 하사 아들로 아버지를 영화롭게 하게 하옵소서"(요 17:1).

단지 "아들을 영화롭게 하옵소서"라는 기도가 아니다. 아버지를 영화롭게 하기 위해 자신을 영화롭게 해주시라는 말씀이다. 예수님께서 세상에 계시는 동안 영광을 받으신 적이 없다. 한 번도 자신을 높이신 적이 없다. 여우도 굴이 있고 새들도 거처가 있지만 예수님은 머리 둘 곳이 없었다. 이사야의 예언이 적중했다.

> "그는 멸시를 받아 사람들에게 버림받았으며 간고를 많이 겪었으며 질고를 아는 자라 마치 사람들이 그에게서 얼굴을 가리는

> 것같이 멸시를 당하였고 우리도 그를 귀히 여기지 아니하였도다"(사 53:3).

그런데 왜 새삼스럽게 "아들을 영화롭게 하옵소서" 하고 기도하셨을까? 예수님께서 말씀하신 '영화'는 십자가의 죽으심과 부활을 의미한다. 그래서 훗날 사도 베드로는 이렇게 선포했다.

> "아브라함과 이삭과 야곱의 하나님 곧 우리 조상의 하나님이 그의 종 예수를 영화롭게 하셨느니라"(행 3:13).

예수님은 아버지의 뜻이 이루어져 택하신 자들이 영원한 생명을 얻게 되기를 간구하셨다.

> "아버지께서 아들에게 주신 모든 사람에게 영생을 주게 하시려고 만민을 다스리는 권세를 아들에게 주셨음이로소이다. 영생은 곧 유일하신 참 하나님과 그가 보내신 자 예수 그리스도를 아는 것이니이다. 아버지께서 내게 하라고 주신 일을 내가 이루어 아버지를 이 세상에서 영화롭게 하였사오니 아버지여 창세 전에 내가 아버지와 함께 가졌던 영화로써 지금도 아버지와 함께 나를 영화롭게 하옵소서"(요 17:2-5).

예수님께서 어떻게 아버지 하나님을 영화롭게 하셨을까. 아버지께서 그에게 맡겨주신 일을 다 이루어 드렸기 때문이다. 그 일은 바로 그를 믿는 자들에게 영생을 주시는 일이었다. 영생은 신비한 비밀이 아니다. 영생은 '유일하신 참 하나님과 그가 보내신 자 예수 그리스도를 아는 것'이다. 단순한 지식이 아니다. 아버지 하나님과 예수님과 더불어 사는 새로운 삶이다. 예수님은 우리에게 영생을 주시기 위해 그의 권세를 사용하셨다. 어디에서 어떻게 사용하셨던가? 십자가 위에서 그의 생명을 버리시는 데 사용하셨다.

> "내가 내 목숨을 버리는 것은 그것을 내가 다시 얻기 위함이니 이로 말미암아 아버지께서 나를 사랑하시느니라. 이를 내게서 빼앗는 자가 있는 것이 아니라 내가 스스로 버리노라. 나는 버릴 권세도 있고 다시 얻을 권세도 있으니 이 계명은 내 아버지에게서 받았노라 하시니라"(요 10:17-18).

예수님께서 그의 사명을 완성하실 시각이 다가왔다. 아버지께서 영화롭게 되실 때가 다가왔다. 이 세상에 오시기 전, 세상이 존재하기도 전, 아버지와 함께 누리셨던 그 '영화'로 자신을 영화롭게 해주시라고 예수님은 기도했다. 아버지와 아들의 영화로움이 십자가에 나타나게 해주시라고 기도했다. 그것은 온 인류를 구원하시는 영광이었다.

둘째로, 예수님은 제자들을 위해 기도하셨다. 소리 내어 읽어보자.

> "세상 중에서 내게 주신 사람들에게 내가 아버지의 이름을 나타내었나이다. 그들은 아버지의 것이었는데 내게 주셨으며 그들은 아버지의 말씀을 지키었나이다. 지금 그들은 아버지께서 내게 주신 것이 다 아버지로부터 온 것인 줄 알았나이다. 나는

아버지께서 내게 주신 말씀들을 그들에게 주었사오며 그들은 이것을 받고 내가 아버지께로부터 나온 줄을 참으로 아오며 아버지께서 나를 보내신 줄도 믿었사옵나이다. 내가 그들을 위하여 비옵나니 내가 비옵는 것은 세상을 위함이 아니요 내게 주신 자들을 위함이니이다. 그들은 아버지의 것이로소이다. 내 것은 다 아버지의 것이요 아버지의 것은 내 것이온데 내가 그들로 말미암아 영광을 받았나이다"(요 17:6-10).

이 기도문 중에 '아버지의 것'(혹은, 아버지로부터 온 것)이라는 표현이 다섯 번 나온다. 성부, 성자, 성령 하나님은 한 분이시다. 그들 사이에 분리가 없다. 예수님은 "내 것은 다 아버지의 것이요 아버지의 것은 내 것"이라는 공유의식(共有意識)을 가지고 계셨다. 얼마나 평화로운 말씀인가. 논리적으로 해석하면 이런 뜻이다.

'모든 것은 다 아버지 하나님의 것이다. 내 것은 아무것도 없다. 그런데 아버지는 그 모든 것을 나에게 주셨다. 그러므로 아버지의 것이 곧 내 것이다.' 이런 의식 속에 예수님의 '평안'이 있었다. 부족함이 없고 만족하셨다. 왜 그런가? 아버지께서 아들에게 그의 모든 것으로 충만하게 채워주셨기 때문이다. 이것이 바로 바울이 깨달은 진리였다.

"그는 몸인 교회의 머리시라. 그가 근본이시요 죽은 자들 가운데서 먼저 나신 이시니 이는 친히 만물의 으뜸이 되려 하심이요, 아버지께서는 모든 충만으로 예수 안에 거하게 하시고 그의 십자가의 피로 화평을 이루사 만물 곧 땅에 있는 것들이나 하늘에

> 있는 것들이 그로 말미암아 자기와 화목하게 되기를 기뻐하심이라"(골 1:18-20).

제자들도 이 진리를 깨닫고 믿었다. 제자들은 예수님을 통하여 하나님의 자녀들이 되었다. 그러므로 예수님은 하나님께 그의 자녀들을 보호해 주시라고 부탁하셨다. 사탄의 공격으로부터 뿐만 아니라 제자 자신들의 연약함으로부터 지켜주시라고 기도하셨다. 제자들이 걸핏하면 서로 누가 더 높으냐고 다투었던 일이 예수님의 마음에 걸렸을지 모른다. 그래서 "우리와 같이 그들도 하나가 되게 하옵소서" 하고 기도하셨다.

> "나는 세상에 더 있지 아니하오나 그들은 세상에 있사옵고 나는 아버지께로 가옵나니 거룩하신 아버지여 내게 주신 아버지의 이름으로 그들을 보전하사 우리와 같이 그들도 하나가 되게 하옵소서. 내가 그들과 함께 있을 때에 내게 주신 아버지의 이름으로 그들을 보전하고 지키었나이다. 그중의 하나도 멸망하지 않고 다만 멸망의 자식뿐이오니 이는 성경을 응하게 함이니이다"(요 17:11-12).

제자들은 세상과 구별된 삶을 사는 사람들이다. 그래서 세상이 그들을 미워한다. 기회만 있으면 악에 빠지도록 유혹한다. 어떻게 그들을 보호할 수 있을까? 진리의 말씀으로 보호해 주시기를 간절히 기도하셨다. 진리의 말씀만이 그들을 거룩하게 해줄 수 있기 때문이다.

"지금 내가 아버지께로 가오니 내가 세상에서 이 말을 하옵는 것은 그들로 내 기쁨을 그들 안에 충만히 가지게 하려 함이니이다. 내가 아버지의 말씀을 그들에게 주었사오매 세상이 그들을 미워하였사오니 이는 내가 세상에 속하지 아니함같이 그들도 세상에 속하지 아니함으로 인함이니이다. 내가 비옵는 것은 그들을 세상에서 데려가시기를 위함이 아니요 다만 악에 빠지지 않게 보전하시기를 위함이니이다. 내가 세상에 속하지 아니함같이 그들도 세상에 속하지 아니하였사옵나이다. 그들을 진리로 거룩하게 하옵소서. 아버지의 말씀은 진리니이다. 아버지께서 나를 세상에 보내신 것같이 나도 그들을 세상에 보내었고 또 그들을 위하여 내가 나를 거룩하게 하오니 이는 그들도 진리로 거룩함을 얻게 하려 함이니이다"(요 17:13-19).

'거룩'은 하나님을 위하여 구별되었다는 말이다. 제자들은 예수님을 따르는 거룩한 무리들이다. 세상으로부터 구별된 사람들이다. '거룩함'은 '구별됨의 의식'이다. 이런 의식을 지닌 사람들은 언제 어디서나 '나는 어떻게 구별되어야 하는가?'라는 질문을 하게 된다. 예수님은 본래 거룩하신 분이시다.

그런데 "그들을 위하여 내가 나를 거룩하게 하오니"라고 하셨다. 여기에서 '거룩하게 하오니'라는 동사는 현재, 곧 현재진행형이다. 예수님은 우리를 위하여 그 자신을 하나님 앞에서 계속하여 구별하시고 우리를 위한 중보자가 되신다. 중보자란 화목시키고 회복시키시기 위해 하나님과 우리 사이에 서 계시는 분이라는 뜻이다. 바울은 말했다.

"하나님은 한 분이시요 또 하나님과 사람 사이에 중보자도 한 분이시니 곧 사람이신 그리스도 예수라"(딤전 2:5).

예수님께서 그의 제자들을 거룩하게 하셨다. 어두운 세상에 밝은 등불로 보내시기 위해서다. 모든 성도들은 그의 지경을 비추는 밝은 빛이 되어야 한다.

셋째로, 예수님은 모든 성도들을 위해 기도하셨다. 얼마나 감사한 일인가. 예수님께서 우리를 위해 기도하셨다. 지금도 기도하고 계신다. 예수님의 입술에서 내 이름이 불려진다고 생각해 보라. 감격스럽지 않은가. 예수님의 기도 소리를 들어보자.

"내가 비옵는 것은 이 사람들만 위함이 아니요 또 그들의 말로 말미암아 나를 믿는 사람들도 위함이니 아버지여, 아버지께서 내 안에, 내가 아버지 안에 있는 것같이 그들도 다 하나가 되어 우리 안에 있게 하사 세상으로 아버지께서 나를 보내신 것을 믿게 하옵소서. 내게 주신 영광을 내가 그들에게 주었사오니 이는 우리가 하나가 된 것같이 그들도 하나가 되게 하려 함이니이다. 곧 내가 그들 안에 있고 아버지께서 내 안에 계시어 그들로 온전함을 이루어 하나가 되게 하려 함은 아버지께서 나를 보내신 것과 또 나를 사랑하심같이 그들도 사랑하신 것을 세상으로 알게 하려 함이로소이다"(요 17:20-23).

'하나 되어'(혹은, 하나 되게)라는 말이 네 번 나온다. 그중의 세 번은 성도들의 하나 됨에 대한 말씀이다. 기도하시는 예수님의 음성이 갑자기 높아지는 느낌이다. 예수님은 성도들이 하나 되기가 어려울 것이라는 사실을 미리 알고 계셨을까? 교회가 자주 분열하리라는 것도 알고 계셨을까? 예수님은 "너희가 서로 사랑하면 이로써 모든 사람이 너희가 내 제자인 줄 알리라"(요 13:35)고 하셨다. 사랑은 화목이요 연합이다. 사랑은 하나 됨이다. 오직 사랑으로만 온전하게 될 수 있다. 그래서 예수님은 성도들의 하나 됨을 구하셨다.

> "아버지여, 아버지께서 내 안에, 내가 아버지 안에 있는 것같이 그들도 다 하나가 되어 우리 안에 있게 하사 세상으로 아버지께서 나를 보내신 것을 믿게 하옵소서."

하나님께서 예수님을 세상에 보내셨음을 세상이 어떻게 믿을 수 있을까? 성도들의 하나 됨을 통하여 가능하다. 그렇다면 성도들의 하나 됨보다 더 중요한 일이 어디 있겠는가. 예수님은 그의 기도 말미에서 성도들이 하나 됨으로 받게 될 축복을 간절히 구하셨다.

> "아버지여 내게 주신 자도 나 있는 곳에 나와 함께 있어 아버지께서 창세전부터 나를 사랑하시므로 내게 주신 나의 영광을 그들로 보게 하시기를 원하옵나이다. 의로우신 아버지여 세상이 아버지를 알지 못하여도 나는 아버지를 알았사옵고 그들도 아버지께서 나를 보내신 줄 알았사옵나이다. 내가 아버지의 이름을 그들에게 알게 하였고 또 알게 하리니 이는 나를 사랑하신 사랑이 그들 안에 있고 나도 그들 안에 있게 하려 함이니이다"(요 17:24-26).

갑자기 예수님의 음성이 가라앉으신 것 같다. 지치셨을까. 아니다. 너무 간절하시기 때문이다. 예수님의 소원은 무엇인가. 진리의 복음을 듣고 예수님께로 돌아온 모든 사람들이 그의 영광을 보는 것이다. 예수님의 간절한 음성이 들리지 않는가?

"아버지께서 창세전부터 나를 사랑하시므로 내게 주신 나의 영광을 그들로 보게 하시기를 원하옵나이다."

예수님은 아버지의 사랑이 우리 안에 있기를 간구하셨다. 그리고 예수님 자신도 우리 안에 있기를 원하셨다. 그런데 우리가 하나 되지 않으면 어찌 그런 일이 일어나겠는가. 교회는 하나가 되어야 한다. 우리는 중요하지 않다. 하나님의 이름과 영광이 중요하다. 교회가 중요하다. 우리를 통하여 예수님을 믿게 될 영혼들이 중요하다. 교회 안에서 양육 받고 성장해 나갈 영혼들이 더 귀하다.

언젠가 나는 요한복음 17장을 묵상하다가 예수님의 기도에서 따뜻한 체온을 느꼈다. 세상만사에 온도 차이가 있다. 말에도 온도 차이가 있다. 따뜻한 말이 있고 차가운 말이 있다. 우리의 웃음에도 온도 차이가 있다. 미소가 있는가 하면 냉소도 있다.

기도에도 온도 차이가 있다. 따뜻한 기도는 인격적인 관계에서 오고, 차가운 기도는 기계적인 관계에서 온다. 따뜻한 기도는 성령님의 도우심으로 드리는 기도다. 그러나 차가운 기도는 내 욕심을 채우기 위하여 드리는 기도이다. 따뜻한 기도는 하나님의 영광을 구한다. 그러나 차가운 기도는 내 유익을 위해 하나님께 명령하고 위협한다. 따뜻한 기도는 감사가 넘치고 차가운 기도는 원망과 불평이 앞선다.

요한복음 17장은 따뜻한 기도이다. 십자가의 고통을 눈앞에 둔 상황에서 예수님은 "아버지여" 하고 다정하게 부르신다. 아버지 하나님과 우리의 '끊을 수 없는 사랑' 때문에 우리도 "아버지여" 하며 따뜻한 기도를 시작할 수 있다. 따뜻한 기도의 출발점은 하나님의 한없는 사랑이다. 이런 사랑은 사람이 인위적으로 만들어낼 수 없다. 따뜻한 기도는 나를 위한 기도가 아니고 하나님을 위한 기도가 된다. 따뜻한 기도는 언제나 "아버지를 영화롭게 하옵소서" 하는 소원으로 시작한다.

따뜻한 기도는 소소한 내용을 담고 있다. 부부가 수십 년을 함께 살다보면 모르는 것이 없다. 만일 부부가 서로 모르고 있는 이야기만 한다면 하루 몇 마디로 족할 것이다. 부부 사이의 대화는 이미 여러 번 반복했던 이야기들이다. 살다가 환경과 경험과 이해가 달라지면 옛날이야기를 조금씩 달리 각색한다. 이미 알고 있던 이야기지만 다시 나누면서 함께 즐거워하고 함께 슬퍼하고 서로 위로한다. 그것이 바로 따뜻한 대화다. 요한복음 17장의 첫 부분은 아버지 하나님과 예수님께서 오래 전부터 다 알고 계셨던 이야기들이다.

우리도 하나님께 소소한 이야기를 들려드려야 한다. 중요한 내용만 간략하게 기도하려고 하니까 우리의 기도가 짧아진다. 그렇게 해서는 쉬지 않고 기도할 수가 없다. 하나님께서는 우리의 삶에 일어나는 모든 사건과 느낌과 어려움에 대해 듣고 싶어 하신다. 우리의 느낌이 어떤지 알고 싶어 하신다. 하나님께 드리는 기도 가운데 하찮은 내용은 아무것도 없다. 기도는 편지가 아니다. 필요한 내용만 적은 편지 한 장 불쑥 내밀고 일어나지 않아야 한다.

기도는 우리의 삶을 하나님과 나누는 행위다. 하나님께서는 우리의 삶에 개입하시기를 원하신다. 우리가 낙심할 때 우리 손을 붙잡아 일으켜 주시고, 우리가 영적 싸움을 싸울 때 맹렬히 응원해 주신다. 우리가 슬플 때 위로해 주시고, 행복할 때 우리의 손을 잡고 춤을 추신다. 따뜻한 기도는 일상적인 삶의 이야기들을 하나님과 함께 나누는 것이다. 예수님께서 그렇게 기도하셨다면 우리도 그렇게 해야 한다.

따뜻한 기도는 내가 알고 있는 사람들을 위한 간절한 기도다. 예수님은 제자들을 위해 간절히 기도하셨다. 아버지 하나님과 자신이 하나인 것처럼 저들도 하나가 되게 해달라고 기도하셨다. 그들에게 기쁨이 충만하게 해달라고, 악에서 보존해 달라고 기도하셨다. 하나님의 말씀으로 저들을 거룩하게 해달라고, 그 진리의 말씀이 저들로 하여금 바른 삶을 살게 도와달라고 간절히 기도하셨다.

누군가의 이름을 기억하며 오늘 그에게 기쁜 날을 달라고 기도해 본 적이 있는가? 누군가 오늘 실족하지 않게 붙들어 달라고 기도해 본 적이 있는가? 이름을 불러가며 그렇게 기도해 보라. 가슴이 따뜻해질 것이다. 다정한 관계가 될 것이다.

가슴으로
읽는
성경 4 JOHN

제4장

수난과 부활
(요한복음 18–20장)

예수님께서 잡히시다

// 요한복음 18장 //

이미 살펴본 바와 같이 요한은 '예수 그리스도가 하나님의 아들이심'을 증명하기 위해 예수님의 행적들과 말씀들 중에서도 선별적으로 기록했다. 그래서 다른 복음서에 없는 내용들이 많이 등장한다. 요한복음의 전반부에는 기적 이야기들을 중심으로 이스라엘 백성들에게 전하시는 말씀이 주를 이룬다. 그러나 13장부터 16장까지 계속되는 소위 '고별담화'(告別談話)는 제자들에게 주시는 말씀으로 요한복음에만 나온다. 17장 '대제사장의 기도'도 마찬가지다.

예수님은 유월절 저녁 식사 중에 그토록 많은 이야기들을 나누셨다. 그 말씀들이 요한의 마음속에 깊이 자리 잡았다. 그것은 하나님의 아들만이 주실 수 있는 계시의 말씀이었다.

예수님은 말씀을 마치신 후 제자들과 함께 예루살렘 동편에 있는 겟세마네 동산으로 나가셨다. 얼마 후 가룟 유다가 한 무리의 사람들과 함께 예수님을 찾아왔다. 그들은 횃불과 무기를 든 군대와 대제사장의 하인들이었다. 예수님께서 "누구를 찾느냐"고 물으셨다. "나사렛 예수"라는 말에 예수님께서 "내가 그니라"고 대답하셨다. 그 말을 듣고 모두들 땅에 엎드렸다. 예수님께서 다시 말씀하셨다.

"너희에게 내가 그니라 하였으니 나를 찾거든 이 사람들이 가는 것은 용납하라"(요 18:8).

그 순간 사도 베드로가 칼을 빼어 대제사장의 종을 치자 그의 귀가 떨어져 나갔다. 종의 이름은 말고였다. 예수님은 베드로에게 "칼을 칼집에 꽂으라. 아버지께서 주신 잔을 내가 마시지 않겠느냐" 하시면서 귀를 다시 회복시켜 주셨다(마 26:47-53 참고). 마태와 마가는 그때 예수님의 제자들이 다 도망갔다고 기록했다. 물론 마태 자신도 포함했다. 마가복음에는 어떤 청년이 홑이불을 두르고 따라오다가 잡히매 벗어버리고 알몸으로 도망했다는 내용도 있다. 당시의 급박한 상황을 묘사하고 있다.

그러나 요한복음에는 제자들이 도망했다는 말이 없다. 예수님의 요청이 효과를 발휘했다는 뜻이다.

그들은 예수님을 잡아 결박했다. 그리고 그해의 대제사장인 가야바의 장인이자 이전 대제사장이었던 안나스에게로 끌고 갔다. 가야바는 이전에 '(예수) 한 사람이 백성을 위하여 죽어서 온 민족이 망하지 않게 되는 것이 너희에게 유익'하다고 말했던 사람이다(요 11:50). 원래 대제사장은 종신직이었지만 로마의 지배를 받으면서 자주 바뀌었다. 그 직분에 막대한 부와 권력이 걸려 있었기 때문이다.

안나스는 주후 6-15년 사이에 대제사장이었고 그의 사위는 그 후 20여 년 동안 대제사장직을 유지했다. 안나스는 예수님을 심문하다가 죽일 만한 죄목을 찾지 못하자 가야바에게로 보냈다. 정식으로 산헤드린(유대인 최고기구)을 열고 정죄하기 위해서였다. 그들은 새벽(로마 시간으로 새벽 3-6시 경)에 예수님을 로마 총독 빌라도에게로 끌고 갔다.

유대교 지도자들이 예수님에게 붙인 죄목(罪目)은 '행악자'였다. 예수님께서 무슨 악을 행하셨다는 말인가. 누가복음 23장 2절을 보면 그들은 세 가지 죄목들을 나열했다. '첫째로, 예수가 유대인들을 미혹한다. 둘째로, 로마 황제에게 세금 바치는 것을 금한다. 셋째로, 자신이 유대인의 왕이라고 한다.' 모두 억지 주장들이었다. 예수님께서 행하신 일들 중에 악한 일이 도대체 무엇이란 말인가. 훗날 예수님과 함께 십자가에 달린 두 강도 중의 한 사람이 진실을 대변했다.

> "우리는 우리의 행한 일에 상당한 보응을 받는 것이니 이에 당연하거니와 이 사람이 행한 것은 옳지 않은 것이 없느니라"(눅 23:41).

빌라도는 그들의 고소 사건에 흥미가 없었다. 고발하는 내용도 죄로 성립될 수가 없었다. 그래서 "너희가 그를 데려다가 너희 법대로 재판하라"고 거절했다. 그러자 지도자들이 벌떼처럼 일어났다.

> "우리에게는 사람을 죽이는 권한이 없나이다."

처음부터 그들은 예수님을 죽이기로 작정했다. 그러나 죽일 권한이 없었다. 더구나 유대인들이 사용하는 사형 방법은 기껏해야 돌로 쳐 죽이는 것이었다. 예수님은 그런 식으로 죽으실 수가 없었다. 예수님은 여러 번 자신이 땅에서 들릴 것이라고 말씀하셨다(요 3:14). 이는 십자가의 죽음을 의미했다. 로마 당국만이 십자가형을 언도할 수 있었다. 훗날 바울 사도는 예수님께서 십자가에 달리셔야 할 이유를 신명기 21장 23절을 인용하며 이렇게 설명했다.

> "그리스도께서 우리를 위하여 저주를 받은바 되사 율법의 저주에서 우리를 속량하셨으니 기록된바 나무에 달린 자마다 저주 아래에 있는 자라 하였음이라"(갈 3:13).

예수님은 우리의 죄로 임한 모든 저주를 짊어지시고 나무 십자가에 달려 죽으셔야만 했다.

사태의 심각성을 인식한 빌라도는 다시 예수님을 재판정으로 불러서 물었다. 그들이 고소했던 내용 중의 한 가지가 아무래도 마음에 걸렸기 때문이다.

> "네가 유대인의 왕이냐?"

예수님께서 되물으셨다.

> "이는 네가 스스로 하는 말이냐, 다른 사람들이 나에 대하여 네게 한 말이냐?"

머쓱해진 빌라도가 퉁명스럽게 대답했다.

> "내가 유대인이냐? 네 나라 사람과 대제사장들이 너를 내게 넘겼으니 네가 무엇을 하였느냐?"

예수님께서 오해를 풀어주셨다.

"내 나라는 이 세상에 속한 것이 아니니라. 만일 내 나라가 이 세상에 속한 것이었더라면 내 종들이 싸워 나로 유대인들에게 넘겨지지 않게 하였으리라. 이제 내 나라는 여기에 속한 것이 아니니라."

'여기에 속하지 않는 나라'를 빌라도가 무슨 수로 이해할 수 있단 말인가. 질문은 다시 원점으로 돌아갔다.

"그러면 네가 왕이 아니냐?"

아니라고 대답하시면 그만이었다. 그러나 빌라도가 자기 역할을 다 할 수 있도록 예수님께서 친히 도와주셨다.

"네 말과 같이 내가 왕이니라."

다만 빌라도가 오해하지 않도록 몇 마디 더해 주셨다.

"내가 이를 위하여 태어났으며 이를 위하여 세상에 왔나니 곧 진리에 대하여 증언하려 함이로라. 무릇 진리에 속한 자는 내 음성을 듣느니라."

'내가 이를 위하여 태어났다'는 말씀을 마태복음 1장 21절은 이렇게 설명하고 있다.

"아들을 낳으리니 이름을 예수라 하라. 이는 그가 자기 백성을 그들의 죄에서 구원할 자이심이라."

맞다. 예수님은 왕으로 오셨다. 자기 백성을 그들의 죄에서 구원하시기 위해 오셨다. 십자가에 달려 죽으심으로, 그의 깨어진 몸과 흘리신 보배로운 피로 그의 백성들의 죄를 사하시기 위해 오셨다. 왕은 왕이다. 그러나 세상의 왕은 아니시다. 빌라도가 어찌 이 진리를 깨달을 수 있으리요. 그는 "진리가 무엇이냐?"고 무심하게 물으면서 자리에서 일어났다.

십자가에 못 박히신 예수님

// 요한복음 19장 //

빌라도는 예수님에게서 어떤 죄목도 찾을 수가 없었다. 그런데도 불구하고 채찍으로 때리게 했다. 끝이 다섯 가닥으로 갈라지고 가닥마다 날카로운 돌이나 쇳조각을 달아 놓은 그 악명 높은 로마 군대의 채찍이다. 왜 빌라도는 까닭 없이 채찍질을 했을까? 성경에 기록된 말씀 때문이었다.

"그가 찔림은 우리의 허물 때문이요 그가 상함은 우리의 죄악 때문이라. 그가 징계를 받으므로 우리는 평화를 누리고 그가 채찍에 맞으므로 우리는 나음을 받았도다. 우리는 다 양 같아서 그릇 행하여 각기 제 길로 갔거늘 여호와께서는 우리 모두의 죄악을 그에게 담당시키셨도다"(사 53:5-6).

군인들이 왕관을 만들어 예수님의 머리 위에 얹었다. 가시나무 가지로 엮어 만든 관이다. 로마의 황제가 사용하는 보라색 천도 어깨에 걸쳐 주었다. 마태복음을 보면 마치 왕의 손에 든 지휘봉(홀)처럼 갈대를 예수님의 손에 들려주며 예를 갖추었다.

"유대인의 왕이여 평안할지어다!"

그런 후에 손으로 때리고 갈대를 빼앗아 예수님의 머리를 치기 시작했다. 고통 속에서도 예수님은 아무런 반응을 보이지 않으셨다. 그때로부터 7백여 년 전, 이사야는 그 장면을 이렇게 묘사했다.

"그가 곤욕을 당하여 괴로울 때에도 그의 입을 열지 아니하였음이여 마치 도수장으로 끌려가는 어린 양과 털 깎는 자 앞에서 잠잠한 양같이 그의 입을 열지 아니하였도다. 그는 곤욕과 심문을 당하고 끌려갔으나 그 세대 중에 누가 생각하기를 그가 살아 있는 자들의 땅에서 끊어짐은 마땅히 형벌 받을 내 백성의 허물 때문이라 하였으리요"(사 53:7-8).

예수님께서 우리를 대신하여 고난을 당하셨다. 그래서 입을 열지 않으셨다. 반드시 당하셔야 할 고난이었기 때문이다. 빌라도가 예수님의 모습을 유대교 지도자들에게 보여주며 말했다.

"보라. 이 사람을 데리고 너희에게 나오나니 이는 내가 그에게서 아무 죄도 찾지 못한 것을 너희로 알게 하려 함이로라."

악이 사람을 사로잡으면 중간에 멈출 수가 없다. 대제사장의 무리들이 소리를 지르기 시작했다.

"십자가에 못 박으소서! 십자가에 못 박으소서!"

빌라도의 마음에 두려움이 스쳐 지나갔다.

"너희가 친히 데려다가 십자가에 못 박으라. 나는 그에게서 죄를 찾지 못하였노라."
"유대인들이 대답하되 우리에게 법이 있으니 그 법대로 하면 그가 당연히 죽을 것은 그가 자기를 하나님의 아들이라 함이니이다."

하나님의 아들이라니, 신화(神話) 시대에 살고 있던 빌라도에게 갑자기 두려움이 몰려왔다. 그는 예수님을 다시 관정으로 데리고 들어와서 진지하게 물었다.

"너는 어디로부터냐?"

하늘로부터라고 하면 빌라도가 이해할 수 있을까? 예수님께서 대답해 주지 않으셨다. 그러자 빌라도가 역정을 냈다.

"내게 말하지 아니하느냐. 내가 너를 놓을 권한도 있고 십자가에 못 박을 권한도 있는 줄 알지 못하느냐?"

피조물이 창조주 앞에서 큰 소리를 쳤다. 개미 한 마리가 사람의 발 앞에서 두 발을 쳐들고 거드름을 피우는 것 같았다. 예수님께서 조용한 목소리로 말씀하셨다.

"위에서 주지 아니하셨더라면 나를 해할 권한이 없었으리니 그러므로 나를 네게 넘겨 준 자의 죄는 더 크다."

예수님의 권위가 그를 압도해서일까? 빌라도는 예수님을 석방시키기 위해 수고를 아끼지 않았다. 그러나 꿈에 가위 눌린 사람처럼 그 상황을 타개해낼 수가 없었다. 그는 무기력하게 예수님을 십자가에 못 박도록 내어주며 말했다.

"보라. 너희 왕이로다."

아침 6시경, 긴 밤이 지나고 해가 떠오르고 있었다. 지난 2천 년 동안 교회는 이 일을 잊지 않고 기억했다.

"본디오 빌라도(Pontius Pilate)에게 고난을 당하사 십자가에 못 박혀 죽으시고."

군병들은 예수님을 오전 9시경에 십자가에 못 박았다. 못 박기 전에 예수님의 옷을 벗기고 채찍으로 때렸다. 다 때린 후에 다시 옷을 입히고 십자가를 짊어지시게 했다. 예수님이 입고 계신 옷은 비록 피로 물들었지만 찢어진 곳이 없었다. 당시 사형수들은 벌겨 벗긴 채로 십자가에 못 박혔다. 수치감을 극치에 달하게 하기 위해서였다. 군병들은 아마 이렇게 말하면서 예수님의 옷을 나누었을 것이다.

"이 겉옷은 네 가닥으로 나눌 수 있겠구먼. 잘 됐지. 우리 네 사람이 한 조각씩 가져가세. 그리고 이 속옷은 이음새가 없어. 통으로 짠 거야. 이걸 찢어서 나누기에는 너무 아깝잖은가? 누가 가질 것인지 제비뽑으면 어떻겠는가?"

그들은 마음속으로 이런 생각을 했을 것이다.

'이 사람은 이제 끝이야. 더 이상 옷 입을 필요도 없어. 이미 못 박아버렸어. 다 끝났어.'

십자가 곁에는 사랑하는 제자와 예수님의 어머니, 그리고 예수님을 따르는 몇몇 여인들이 서 있었다. 성경학자들은 이 제자가 사도 요한이었다고 생각한다. 예수님께서 요한과 어머니를 내려다보시며 말씀했다.

"여자여, 보소서. 아들이니이다."

사랑하는 제자에게도 당부하셨다.

"보라. 네 어머니라."

갑자기 목이 메어온다. 그때부터 그 제자가 예수님의 어머니를 집에서 모셨다. 이 일에 관하여는 에베소 지역을 중심으로 많은 이야기들이 전해 내려오고 있다.

예수님은 오전 9시부터 오후 3시까지 십자가에 달려 계셨다. 성경에 예언된 모든 일들이 다 이루어졌다. 아니다. 아직 한 가지가 더 남아 있었다. 그 예언까지 다 이루시기 위해 "내가 목마르다" 하고 말씀하셨다.

"그들이 쓸개를 나의 음식물로 주며 목마를 때에는 초를 마시게 하였사오니"(시 69:21).

거기 신 포도주가 가득히 담긴 그릇이 있었다. 사형수들의 고통을 경감시켜 주기 위해서 사용하는 식초였다. 사람들이 신 포도주를 해면에 적셔 예수님의 입에 대주었다. 그때 예수님의 마지막 음성이 들렸다.

"다 이루었다."

그리고 머리를 숙이시는 순간 영혼이 떠나가셨다. 예수님께서 십자가 위에서 외치신 "다 이루었다"라는 말씀은 헬라어로 '테테레스타이'(τετέλεσται)인데 수동태 완료형이다. '다 이루어졌다'(It is completed), 혹은 '다 끝나버렸다'(It is finished)는 뜻이다. 훗날 고고학자들이 파피루스 종이로 만들어진 영수증 한 장을 발견하였는데 거기에는 '세금이 완납되었다'는 글이 있었다. 그 글이 바로 '테테레스타이'였다. 십자가 위에서 예수님은 무엇을 지불하셨을까. 우리의 죗값이다. 우리의 엄청난 죗값을 다 지불해 버리셨다. 기독교는 예수님의 "다 이루었다"는 선언으로부터 시작되었다.

해가 지면 안식일이 시작된다. 유대인들은 예수님을 십자가에 매달아둔 채 무교절을 맞고 싶지 않았다. 그래서 빌라도에게 죄수들의 무릎을 꺾어 달라고 부탁했다. 십자가에 달린 사람들은 피를 흘려서 죽지 않는다. 큰 상처가 아니기 때문에 시간이 지나면 피가 응고된다. 상처도 자가 치료된다. 그러면 무엇이 그들을 죽게 하는가? 질식(窒息)이다.

손목에 박힌 못 때문에 몸을 움직일 때마다 정중신경(正中神經, Median Nerve)을 건드리게 되고, 그 고통 때문에 윗몸을 세워 호흡하기가 어려워진다. 결국 호흡곤란으로 혈관 속의 산소가 결핍되고, 그래서 마치 목을 졸려 죽는 것처럼 서서히 질식(suffocation) 상태에 이른다. 그것이 바로 십자가의 사인(死因)이다. 그 때문에 십자가에 달린 사람은 일주일 정도 지난 후에 운명했다.

그런데 예수님은 십자가에 달리신 지 여섯 시간도 되지 않아 운명하셨다. 창으로 옆구리를 찔러보니 피와 물이 나왔다. 죽음에 대한 또 하나의 증거이다. 다른 두 강도는 아직 살아 있어서 무릎 뼈를 꺾고 피를 쏟아 죽게 했다. 예수님의 죽음마저도 예언의 말씀을 증명해주었다.

“의인은 고난이 많으나 여호와께서 그의 모든 고난에서 건지시는도다. 그의 모든 뼈를 보호하심이여 그중에서 하나도 꺾이지 아니하도다”(시 34:19-20).

“내가 다윗의 집과 예루살렘 주민에게 은총과 간구하는 심령을 부어 주리니 그들이 그 찌른바 그를 바라보고 그를 위하여 애통하기를 독자를 위하여 애통하듯 하며 그를 위하여 통곡하기를 장자를 위하여 통곡하듯 하리로다”(슥 12:10).

열두 제자 외에도 스스로 예수님의 제자라고 자부하는 사람들이 있었다. 그중의 한 사람이 아리마대 사람 요셉이다. 그는 70명으로 구성된 유대 최고 자치 기구에 속한 사람이었다. 마가는 이렇게 기록하고 있다.

“아리마대 사람 요셉이 와서 당돌히 빌라도에게 들어가 예수의 시체를 달라 하니 이 사람은 존경 받는 공회원이요 하나님의 나라를 기다리는 자라”(막 15:43).

또 한 사람이 예수님의 시신에 사용할 몰약과 침향 섞은 향재료를 30여 킬로그램이나 가지고 왔다. 밤에 예수님을 찾아왔던 니고데모였다. 그들은 예수님의 시신을 아무도 장사한 일이 없는 새 무덤에 안장했다.

부활하신 예수님

// 요한복음 20장 //

예수님의 부활은 종교적 산물이 아니다. 예수님을 추종하던 사람들이 꾸며낸 이야기가 아니라는 말이다. 제자들 중에 예수님의 부활을 기대하는 사람은 아무도 없었다. 예수님을 사랑하고 존경하며 따랐던 여인들도 마찬가지였다. 그들은 예수님께서 부활하셨다는 말을 듣고도 믿지 않았다. 그들에게는 부활에 대한 기대가 아예 없었다.

예수님은 금요일 오후에 묻히셨다. 토요일은 유대인들의 안식일이었다. 제자들은 그날을 슬픔과 절망 가운데 보냈다. 네 복음서를 종합해 보면, 안식일 후 첫날 새벽에 이런 일들이 일어났다. 막달라 마리아와 야고보의 어머니 마리아, 그리고 살로메(혹은 요안나)라고 불리는 세 여인이 예수님의 시체에 넣을 향료를 준비해 가지고 무덤으로 올라갔다. 올라가면서 "누가 우리를 위하여 무덤의 돌문을 옮겨줄 수 있을까" 하고 근심했다.

그런데 갑자기 큰 지진이 일어나고 천사가 내려와서 돌문을 굴려내었다. 무덤을 지키던 로마의 병정들은 천사를 보고 두려워하여 죽은 자같이 되었다. 천사가 여자들에게 말했다.

> "너희는 무서워하지 말라. 십자가에 못 박히신 예수를 너희가 찾는 줄을 내가 아노라. 그가 여기 계시지 않고 그가 말씀하시던 대로 살아나셨느니라. 와서 그가 누우셨던 곳을 보라. 또 빨리 가서 그의 제자들에게 이르되 그가 죽은 자 가운데서 살아나

셨고 너희보다 먼저 갈릴리로 가시나니 거기서 너희가 뵈오리라 하라. 보라 내가 너희에게 일렀느니라"(마 28:5-7).

그 후에 막달라 마리아가 베드로와 요한(예수께서 사랑하시던 제자)을 찾아와서 말했다. 그녀는 디베랴 서북쪽에 있는 막달라(Migdal) 동네 사람으로 이전에 일곱 귀신이 들렸다가 고침 받은 적이 있었다.

"사람들이 주님을 무덤에서 가져다가 어디 두었는지 우리가 알지 못하겠다"(요 20:2).

막달라 마리아는 천사들이 전해준 예수님의 부활을 믿을 수가 없었다. 마리아의 말을 듣고 무덤을 찾아온 베드로와 요한이 빈 무덤을 확인했다. 무덤 속에는 예수님의 시신을 쌌던 수건과 세마포만 있었다. 요한은 그때 자신이 예수님의 부활을 믿었다고 암시하고 있다(요 20:8). 그러나 대부분의 여인들과 제자들은 예수님의 부활을 믿을 수가 없었다. 그래서 요한은 훗날 그의 복음서에 "그들은 성경에 그가 죽은 자 가운데서 다시 살아나야 하리라 하신 말씀을 아직 알지 못하더라"(요 20:9)고 부연 설명을 했다.

두 제자가 산을 내려가고 홀로 남은 마리아가 울다가 무덤 속을 들여다보았다. 무덤 안에 두 천사들이 하나는 예수님의 시체를 뉘였던 머리 편에, 그리고 다른 하나는 발편에 앉아 있었다. 천사들이 마리아에게 물었다.

"여자여, 어찌하여 우느냐?"

"사람이 내 주를 가져다가 어디 두었는지 내가 알지 못함이니이다."

막달라 마리아는 아직도 누군가 예수님의 시체를 어딘가로 옮겨갔다고 생각했다. 인기척이 나서 돌아보니 어떤 사람이 뒤에 서 있었다. 마리아는 그가 예수님인 줄 알아보지 못했다. 거기 예수님이 계시리라고 기대하지 않아서일까? 아니면 눈물 때문에 예수님을 알아보지 못해서였을까? 혹은 예수님께서 변화된 모습으로 부활하셨기 때문일까? 아무튼 마리아는 예수님의 음성을 듣고도 그가 동산지기인 줄로만 알았다.

"여자여 어찌하여 울며 누구를 찾느냐?"
"주여 당신이 옮겼거든 어디 두었는지 내게 이르소서. 그리하면 내가 가져가리이다."
"마리아야."

예수님께서 그녀의 이름을 부르실 때 비로소 제정신이 들었다. 그녀는 "랍오니(선생님)!" 하며 예수님의 발을 붙잡고 경배했다(마 28:9).

"예수께서 이르시되 나를 붙들지 말라 내가 아직 아버지께로 올라가지 아니하였노라. 너는 내 형제들에게 가서 이르되 내가 내 아버지 곧 너희 아버지, 내 하나님 곧 너희 하나님께로 올라간다 하라 하시니, 막달라 마리아가 가서 제자들에게 내가 주를 보았다 하고 또 주께서 자기에게 이렇게 말씀하셨다 이르니라"

(요 20:17-18).

그때서야 막달라 마리아는 예수님의 부활하심을 믿을 수 있었다. "내 아버지 곧 너희 아버지, 내 하나님 곧 너희 하나님"이라는 이 말씀은 부활하시기 이전에 한 번도 사용하신 적이 없었던 표현이다.

부활하신 예수님께서 제자들을 만나주셨다. 그리고 "성령을 받으라"고 말씀하셨다. 그것은 복음서와 사도행전을 연결시켜 주시는 중요한 말씀이었다.

> "예수께서 또 이르시되 너희에게 평강이 있을지어다 아버지께서 나를 보내신 것같이 나도 너희를 보내노라. 이 말씀을 하시고 그들을 향하사 숨을 내쉬며 이르시되 성령을 받으라. 너희가 누구의 죄든지 사하면 사하여질 것이요 누구의 죄든지 그대로 두면 그대로 있으리라 하시니라"(요 20:21-23).

예수님은 그 이후로 계속하여 도마를 비롯한 제자들에게 그가 실제의 몸으로 부활하셨음을 증거하셨다. 예수님께서 부활하신 후에 제자들과 40일 동안 함께 지내셨다. 그리고 그 대부분의 시간을 자신이 죽은 자 가운데서 부활하셨음을 제자들로 하여금 믿게 하시는 데 사용하셨다.

사도 요한은 20장 끝에 그의 저술 목적을 명확하게 기록하고 있다. 요한복음의 모든 내용은 이 '저술 목적'에 의해 해석되어야 한다.

> "예수께서 제자들 앞에서 이 책에 기록되지 아니한 다른 표적도

많이 행하셨으나 오직 이것을 기록함은 너희로 예수께서 하나님의 아들 그리스도이심을 믿게 하려 함이요 또 너희로 믿고 그 이름을 힘입어 생명을 얻게 하려 함이니라"(요 20:30-31).

요한에게 있어서 '믿음'과 '영생'은 하늘나라로 들어가는 '두 짝의 문'과 같았다. 목회를 하다보면 하나님의 은혜로 예수님을 믿고 영생을 얻는 성도님들을 자주 본다. 내가 한 일은 아무것도 없었다. 하나님의 은혜로 그들이 예수님을 믿고 영원한 생명을 얻는 모습을 보곤 했다.

가슴으로
읽는
성경 4 JOHN

제5장

"네가 나를 더 사랑하느냐?"

(요한복음 21장)

사복음서에는 예수님께서 부활하신 후에 하신 일들이 다양하게 기록되어 있다. 마태복음에는 "온 족속으로 제자를 삼으라"는 대사명(大使命)이 있다. 마가복음에는 "만민에게 복음을 전파하라"는 명령과 약속이 있다. 누가복음에는 '제자들을 축복하시고 승천하시는 장면'이 있다. 요한복음에는 베드로에게 "내 양을 먹이라"는 부탁의 말씀이 있다.

어느새 요한복음의 끝자락에 이르렀다. 우리 모두 부드러운 새벽안개가 피어오르는 갈릴리 호숫가로 내려가 보자. 지금 그곳에서 예수님과 그의 제자들이 아침 식사를 하고 계신다.

그런데 혹시, '혹시' 말이다. 서로 다투고 화해하지 못한 채 한 지붕 밑에서 여러 날 지내본 적이 있는가? 손톱 밑에 박힌 가시처럼 괴로운 날들을 살아본 적이 있는가?

베드로는 평소에도 생각을 가슴속에 담아두고 사는 사람이 아니었다. 그는 생각하는 동시에 말하는 사람이었다. 그래서 베드로는 말의 실수가 많았다. 마태복음 26장을 보면 예수님께서 십자가에 못 박혀 돌아가시기 전날, 유월절 저녁 식사를 드시면서 이렇게 말씀하셨다.

> "오늘 밤에 너희가 다 나를 버리리라. 기록된바 내가 목자를 치리니 양의 떼가 흩어지리라 하였느니라."

예수님의 말씀이 끝나기가 무섭게 베드로가 대답했다.

"모두 주를 버릴지라도 나는 결코 버리지 않겠나이다."

그냥 단순하게 "주님, 저는 끝까지 주님을 따르겠습니다" 해도 될 말을, 베드로는 다른 사람들과 비교하면서 '다 주를 버려도 나는 버리지 않고 따르겠다'는 식으로 과장해서 표현했다. 다른 사람들이 다 주를 버릴 것이라는 상황을 전제하고 있었다. 같은 말을 해도 곁에 있는 이들의 마음에 상처를 주는 사람들이 있다. 예수님께서 다시 베드로에게 말씀하셨다.

"내가 진실로 네게 이르노니 오늘 밤 닭 울기 전에 네가 세 번 나를 부인하리라."

그 정도에서 멈추었으면 좋았을 것이다. 그러나 베드로는 더 강한 말로 맹세했다.

"내가 주와 함께 죽을지언정 주를 부인하지 않겠나이다."

그날 밤 베드로는 닭 울기 전에 예수님을 세 번 부인했다. 누가복음 22장을 보면 예수님이 잡혀 들어가신 대제사장의 집 뜰에서 베드로가 다른 사람들과 함께 모닥불 주변에 앉아 있는 장면이 나온다. 안 뜰에서는 예수님이 희롱을 당하고 계셨다. 한 계집종이 지나가다가 모닥불 빛에 베드로의 얼굴을 알아보고 말했다.

"이 사람도 그와 함께 있었느니라."

베드로가 즉시 부인했다.

"이 여자여, 내가 그를 알지 못하노라."

조금 있다가 또 한 사람이 베드로를 가리키며 "너도 그 도당(徒黨)이다" 하고 말했다. 베드로는 이번에도 단호하게 부정했다. "이 사람아, 나는 아니다." 그렇게 한 시간쯤 지났다. 다른 사람이 장담하면서 베드로를 다시 지목(指目)했다.

"당신은 갈릴리 사람이니 참으로 그와 함께 있었느니라."

베드로가 펄쩍 뛰며 부인했다.

"이 사람아, 나는 네가 하는 말을 알지 못하노라."

다른 복음서를 보면 베드로가 이 대목에서 저주하며 부인했다고 기록되어 있다. 베드로의 세 번째 부인하는 말이 끝나기도 전에 새벽닭이 울기 시작했다. 그 순간 예수님께서 몸을 돌이켜 베드로를 쳐다보셨다. 눈이 마주친 베드로는 예수님의 말씀이 생각나서 밖으로 나가며 심히 통곡했다.

그날 아침 9시에 예수님께서 십자가에 못 박히셨고 3시경에 돌아가셨다. 그리고 해 지기 전에 무덤에 묻히셨다. 그 후 사흘째 되는 날 새벽에 여인들이 무덤에 갔다가 예수님께서 다시 살아나셨다는 소식을 천사들로부터 듣게 된다. 그 소식을 듣고 올라갔던 베드로와 요한도 빈 무덤을 확인하고 내려왔다. 그날 저녁, 제자들이 유대인들을 두려워하여 문을 걸어 잠그고 모여 있는 자리에 예수님께서 나타나셨다.

그 후에 제자들은 갈릴리로 돌아갔다. 베드로와 도마, 나다나엘, 세배대의 두 아들인 야고보와 요한, 그리고 다른 두 제자들(아마도 안드레와 빌립이었을 것이라고 성경학자들은 생각한다)이 한 집에 모여 있었다. 밤에 베드로가 고기를 잡으러 간다고 나서니까 다른 제자들도 따라나섰다. 그러나 밤이 새도록 한 마리도 잡지 못했다. 새벽녘에 바닷가에서 소리가 들려왔다.

"얘들아, 너희에게 고기가 있느냐?"

원문을 보면 이 질문은 부정형(不定形)이다. "얘들아, 너희에게 고기가 없지?"라는 질문이다. 제자들이 없다고 대답하자 예수님께서 말씀하셨다. "그물을 배 오른편에 던지라. 그러면 잡으리라." 그 말씀에 무심코 배 오른편에 그물을 던졌더니 끌어올릴 수 없을 만큼 많은 고기들이 잡혔다. 그 순간, 요한이 속삭였다. "주님이시다." 그 말을 듣자마자 베드로는 겉옷을 허리에 두른 채 바다로 뛰어들었다. 그 무렵 배는 해안가에서 백여 미터 떨어진 곳에 있었다. 뭍에 올라와보니 예수님께서 숯불 위에 생선과 떡을 굽고 계셨다. 제자들은 큰 물고기가 153마리나 잡힌 무거운 그물을 끌어올리느라 시간이 지체되었다.

그런데 제자들이 뭍으로 올라올 때까지 예수님과 베드로 사이에 아무런 대화가 없었다. 돌이켜보면 예수님께서 부활하신 지 열흘이 넘었고, 오늘 아침까지 세 번이나 대면했지만 예수님과 베드로 사이에 주고받은 대화가 성경에 한 마디도 없다. 적어도 베드로가 자신의 연약함을 고백하고 용서를 구했더라는 내용이 한두 구절쯤은 있어야 했다. 아니면 예수님께서 '내가 너에게 미리 말했지 않았느냐?'는 식의 질책이 한두 마디쯤은 있어야 했다. 베드로가 예수님을 부인했던 이야기는 구구절절이 기록해 놓았는데 그 이후에는 어색할 정도로 아무런 언급이 없다.

어떤 사람이 이런 불평을 했다고 가정해 보자.

> "내가 잘 살 때에는 문턱이 닳도록 드나들던 사람이 내가 어려워지자 얼굴 보기도 힘들었습니다. 들려오는 소문에는 내 험담을 퍼뜨리고 다닌다고 했습니다. 그러다가 내가 다시 잘 살게 되었지요. 그러니까 언제 그랬느냐는 듯이 다시 찾아왔습니다. 한번쯤은 '내가 그동안에 잘못했어요. 미안해요. 마음 풀어요' 할 만도 한데 한 마디도 없습니다. 사람이 어떻게 그렇게 뻔뻔할 수 있지요?"

결자해지(結者解之)라는 말이 있다. 매듭은 묶은 사람이 풀어야 한다는 뜻이다. 오해와 섭섭한 일이 생겼을 때는 그런 상황을 만든 사람이 먼저 해결해야 한다는 말이다. 그런데 많은 사람들이 '결자해지'를 외치면서 상대방이 풀어주기만을 기다린다. 자기가 먼저 풀어보려고 생각하지 않는다. 예수님과 베드로의 관계에서 본다면 '결자해지' 해야 할 사람은 베드로다. 부활하신 예수님께서 나타나셨던 그날 밤, 무릎 꿇고 회개하며 용서를 구했어야 했다. 그러나 예수님을 세 번째 만날 때까지 베드로는 아무 말도 하지 않았다. 그냥 그렇게 지나가려고 생각했을까?

예수님께서 무대를 세우셨다. 3년여 전에 베드로를 부르셨던 그 갈릴리 바다를 배경으로 무대를 꾸미셨다. 그날도 밤새 그물을 던졌지만 고기 한 마리 잡지 못했었다. 그런데 깊은 곳에 가서 그물을 내리라는 말씀에 순종하였더니 두 배에 가득 채울 만큼 많은 고기를 잡았었다. 엉겁결에 예수님의 무릎 아래 엎드려 "주여 나를 떠나소서. 나는 죄인이로소이다" 하는 베드로에게 주님을 "무서워하지 말라. 이제 후로는 네가 사람을 취하리라" 하시며 제자로 부르셨다. 바로 그 갈릴리 바다에서 예수님이 베드로를 다시 만나 주셨다.

"어서 와서 아침 먹자."

제자들이 밤새 얼어붙은 몸을 녹이면서 아침 식사를 했다. 제자들의 마음속에 만 가지 생각이 스쳐 지나갔다. 누구보다도 베드로의 마음이 더 복잡했다. 한참 침묵이 흐른 뒤에 예수님께서 베드로에게 물으셨다.

"요한의 아들 시몬아, 네가 이 사람들보다 나를 더 사랑하느냐?"

예수님께서 베드로의 아픈 곳을 건드리셨다. "모두 주를 버릴지라도 나는 결코 버리지 않겠나이다" 하고 맹세했던 베드로에게, '아직도 그렇게 생각하고 있느냐?'는 질문이었다. 베드로의 성품상 그는 세 번 부인했던 자신의 부끄러움을 이미 제자들에게 고백했을 것이다. 예수님의 말씀에 다른 여섯 제자들도 당황했다. 그들도 베드로에게 질세라 굳은 맹세를 했으니까. 비록 부인하기는 했지만 예수님을 사랑하는 베드로의 마음은 변함이 없었다. 그래서 망설임 없이 대답했다.

"주님 그러하나이다. 내가 주님을 사랑하는 줄 주님께서 아시나이다."

예수님께서 부드러운 음성으로 말씀하셨다.

"내 어린 양을 먹이라."

예수님은 그런 식으로 두 번 더 물으시고 두 번 더 고백하게 하셨다. 예수님은 베드로가 '결자해지' 하도록 기다리지 않으셨다. 베드로에게는 그럴 능력이 없었다. 예수님께서 그 매듭을 풀어주셨다. 은혜는 언제나 예수님께로부터 흘러나온다.

문제는 사람이 일으킨다. 그러나 문제의 수습은 하나님께서 하신다. 죄는 사람들이 짓고 용서는 하나님께서 베푸신다. 떠났던 사람들을 하나님께서 찾아오신다. 잘못을 저질러놓고 원망할 때 하나님께서 위로하시고 품에 안으신다. 예수님께서는 문제를 해결하시기 위해 이 세상에 오셨다. 우리가 아직 연약하여 쓸모없고, 계속하여 죄를 지으며, 하나님과 원수 노릇하고 있을 때에 예수님께서 찾아오셨다. 굳게 닫힌 제자들의 마음을 열어주시기 위해 예수님께서 갈릴리 해변에서 아침 식탁을 준비하시고 초청하셨다.

"어서 오너라. 함께 아침 들자."

요한계시록 3장 20절에서도 예수님은 비슷한 말씀을 하셨다.

"볼지어다. 내가 문 밖에 서서 두드리노니 누구든지 내 음성을 듣고 문을 열면 내가 그에게로 들어가 그와 더불어 먹고 그는 나와 더불어 먹으리라."

우리가 예수님을 외면하며 떠날 때에, 예수님과 우리의 관계가 소원해지고 서먹서먹해질 때에, 예수님께서 먼저 찾아오신다. 오셔서 우리의 경직되고 얼어붙은 마음을 녹여주신다. 얽히고설킨 감정을 풀어주신다. 그리하여 마침내 우리의 입에서 "주님, 감사합니다. 저도 주님 사랑해요" 하는 말이 나오게 하신다. 우리의 눈에서 감사의 눈물이 흐르게 하신다. 절대로 우리 편에서 먼저 시작하는 법이 없다. 하나님께서 먼저 시작하신다. 그래서 은혜다.

예수님께서 베드로에게 장차 일어날 일을 들려주셨다.

"내가 진실로 진실로 네게 이르노니 네가 젊어서는 스스로 띠 띠고 원하는 곳으로 다녔거니와 늙어서는 네 팔을 벌리리니 남이 네게 띠 띠우고 원하지 아니하는 곳으로 데려가리라"(요

21:18).

베드로가 당할 순교에 대한 말씀이다. (요한복음은 베드로가 순교 당한 지 20여 년이 지나서 기록된 책이다.) 베드로가 예수님께서 사랑하시는 제자 요한을 바라보며 물었다.

> "주님 이 사람은 어떻게 되겠사옵나이까?"
> "예수께서 이르시되 내가 올 때까지 그를 머물게 하고자 할지라도 네게 무슨 상관이냐? 너는 나를 따르라 하시더라."

다른 사람에게 관심 두지 말고 '너는 나를 따르라'는 말씀이다. 요한이 다른 제자들보다 훨씬 더 오래 살았기 때문에 예수님의 말씀을 오해하는 사람들이 생겨났다. 요한은 예수님께서 재림하실 때가지 죽지 않고 살아 있을 것이라는 오해였다. 그래서 요한이 해명했다.

> "이 말씀이 형제들에게 나가서 그 제자는 죽지 아니하겠다 하였으나 예수의 말씀은 그가 죽지 않겠다 하신 것이 아니라 내가 올 때까지 그를 머물게 하고자 할지라도 네게 무슨 상관이냐 하신 것이러라"(요 21:23).

그런데 요한복음 말미에 누군가가 마지막 한두 구절을 덧붙여 놓았다.

"이 일들을 증언하고 이 일들을 기록한 제자가 이 사람이라. 우리는 그의 증언이 참된 줄 아노라. 예수의 행하신 일이 이 외에도 많으니 만일 낱낱이 기록된다면 이 세상이라도 이 기록된 책을 두기에 부족할 줄 아노라"(요 21:24-25).

이 문장을 요한복음에 첨가한 사람이 누군지 우리는 알 길이 없다. 그러나 그의 의도는 분명하다. 그가 하려고 했던 말은, 이 복음서를 기록한 사람이 바로 예수님의 사랑을 받았던 제자 요한이며, 그가 기록한 모든 말씀은 진실하다는 뜻이다.

모든 그리스도인들은 살아가면서 한 권의 책을 쓴다. 예수님과 동행한 삶의 기록이다. 우리가 써 놓은 책 뒤에 누군가 훗날 다음과 같은 한두 문장을 더해준다면 그보다 더 큰 영광도 없을 것이다.

"이 사람은 예수님의 제자였다. 그(혹은 그녀)가 제자로서 살아온 삶에 대한 기록은 모두 참된 줄 우리가 증언하노라!"

이야기 다섯_ "나는 공산주의자요"

나는 신학대학을 1970년에 졸업했지만 스스로 생각하기에도 목회자의 자질이 없어서 13년 동안 목사 안수를 받지 않고 교회를 돕는 일들을 해왔다. 그러다가 1983년 3월에 미국 로스앤젤레스에서 감사한인교회를 개척하고 목사 안수를 받았다. 하나님의 은혜로 세 가정에서 시작한 교회는 2년 만에 100여 명에 이르렀다. 그즈음 우리 교회에 새로 출석한 여지 집사님이 나에게 심방을 부탁하며 이렇게 말했다.

"목사님, 우리 시아버님이 70이 넘으셨는데 아무리 전도해도 우리의 말을 안 들어요. 목사님께서 한 번 오셔서 전도해 주시면 꼭 예수님을 믿고 교회에 나오실 것 같아요."

그때까지 나는 개인 전도에 열정이 없었다. 어떤 분이 나에게 "왜 나에게는 예수 믿으라고 하지 않느냐?"고 스스로 마음을 열어서 교회로 인도해본 적은 있었다. 그 외에는 한 번도 개인적으로 전도해 본 적이 없었다. 그런데 집사님의 간절한 청을 거절할 수가 없었다. 1985년 8월 어느 수요일로 기억된다. 아내와 함께 그 집을 찾아갔다. 시아버지가 소파에 앉아 계셨다. 내가 들어가면서 "선생님, 안녕하세요?" 하고 인사하는 말에 거부감을 느끼셨을까? 그럴 수도 있을 것이다. 그때 내 나이 37세, 그리고 그분은 72세였으니까. 어쨌든 별로 탐탁지 않은 눈길로 나를 쳐다보시며 가볍게 목례를 하셨다.

나는 어색하고 불편했다. 며느리 집사님은 과일을 준비하려는지 부엌으로 들어가고 나와 아내만 양탄자 위에 어색하게 자리를 잡고 앉았다. 그리고 물과 기름 같은 대화를 시작했다.

"선생님, 저는 며느님이 나오시는 교회 목사입니다. 우리 교회에 나오세요."
"일 없소. 얼마 전에 친구 딸이 결혼한다고 해서 갔더니 그곳이 교회라고 합디다. 교회는 그때가 처음이자 마지막입니다."

몇 차례 더 의례적인 대화가 오고 갔지만 분위기는 여전히 딱딱했다. 그분은 톡톡 튀듯이 대답하셨다. 마치 탁구시합을 하는 것 같았다. 쫓기는 쪽은 나였다. 다음에 해야 할 말을 미처 생각할 겨를도 없었다. 대화는 점점 겉돌고 있었다. 나는 목사가 사용할 수 있는 중요한 주제를 꺼내들기 시작했다.

"선생님, 우리는 모두 죄인입니다. 예수님 믿고 죄 사함 받으셔야죠."

말하면서도 어딘가 부자연스러운 느낌이 들었다. '뭐라고 대답하시려나? 대부분 이런 경우에는 죄짓지 않고 사는 사람이 세상에 어디 있나요 하고 대답하는 법인데….' 이런 생각을 하고 있는데 그분 대답이 뜻밖이었다.

"나는 누구에게 죄를 지어 본 적도 없고, 누가 나에게 죄를 짓도록 한 적도 없소."

벼랑 끝으로 밀려가는 느낌이었다. 할 수 없이 마지막 수단을 사용했다.

"선생님, 예수님 믿고 천국 가셔야죠."

나이 드신 어른 앞에서, 그것도 복음을 거절하시는 분에게 이런 식의 대화를 한다는 것 자체가 이색했다. 오늘의 전도는 실패했다는 생각이 들었다. 어떻게 하면 부드럽게 대화를 마무리한 후에 간단히 예배를 드리고 떠날 수 있을까를 궁리하기 시작했다. 며느리 집사님은 우리에게 전도할 시간을 넉넉히 주려는 생각인지 아직도 부엌에서 나오지 않고 있었다. 그분은 이번에도 간단하게 대답하셨다.

"나는 그래서 종교가 싫소. 종교는 아편이요."

가만 있자, 종교는 아편이라는 말을 어디에서 들었더라, 이런 생각을 하는 순간에 내 귀를 의심하게 하는 말씀이 들려왔다.

"나는 마르크스 레닌주의자요. 나는 공산주의자요."

내 평생에 본인이 공산주의자라고 말씀하시는 분은 처음이었다. 더구나 그때는 1980년대 중반, 내가 한국을 떠나올 때만 해도 공산주의는 철저한 금기어(禁忌語)였다. 그런데 자칭 공산주의자가 지금 내 앞에 앉아 계셨다. 갑자기 앞이 캄캄해졌다. 사상을 두고 논쟁을 한다고 이분이 예수님을 영접할 것 같지도 않았다.

나는 곁에 앉아 있는 아내에게 눈짓을 보냈다. 그리고 자리에서 일어났다. 과일을 깎아서 나오던 며느리 집사님과 눈이 마주쳤다. 당황한 기색이 역력했다. 아무 설명도 하지 않았다. 인사도 하는 둥 마는 둥 밖으로 나왔다. 하늘은 맑고 햇볕은 뜨거웠다. 8월 중순이었으니까. 차를 타러 걸어오는 동안 하늘을 쳐다보며 마음으로 외쳤다.

'하나님, 그러니까 내가 목사 안 한다고 했잖아요. 전도도 제대로 못하는 주제에 무슨 목사를 해요?'

마음이 무겁고 침울했다. 온몸이 축 처졌다. 아내 보기가 부끄러웠다. 그 집사님에게 이 일을 어떻게 설명해야 할지 답답했다.

그래도 주일은 다가왔다. 예배를 인도하려고 강단 위로 올라갔는데 거기 그분이 계셨다. 스스로 공산주의자라고 말씀하시던 그분이 왼쪽 뒤로부터 세 번째 의자의 가장자리에 앉아 계셨다.

'저 공산주의자 아저씨가 무슨 일로 저기 앉아 계시지?'

어떻게 예배 인도를 했는지 모른다. 큰 걱정이 하나 생겼다. 그때 우리가 빌려서 예배드리던 미국 교회는 나가는 문이 하나뿐이었다. 예배 후에 그분과 인사를 나눌 생각을 하니 마음이 편치 않았다. '그날 그렇게 갑작스럽게 일어나지 말 걸' 하는 후회도 들었다. 고맙게도 그분은 축도를 하는 동안에 교회를 떠나셨다.

다음 주일에도 역시 같은 자리에 앉아 계셨다. 그날도 축도가 마치기 전에 떠나셨다. 마음이 혼란스러웠다. 그분이 교회에 나오신 동기가 무엇일까? 알아보고 싶었지만 며느리 집사님에게 묻지도 못했다. 세 번째 주일에도 여전히 그 자리에 앉아 계셨다. 그날은 예배가 끝날 때가지 남아 계셨다. 나가시면서 그분은 내 손을 꼭 쥐고 고개를 왼편으로 30도쯤 돌리셨다. 그리고 약간 허스키한 음성으로 이렇게 말씀하셨다.

"거, 목사님 말씀 들어보니 세상에 나 같은 죄인이 없군요."

그때나 지금이나 나는 어떤 사람을 염두에 두고 설교하지 않는다. 그것은 내가 가장 싫어하는 일 중의 하나다. 나는 그분을 생각하며 죄에 대하여 특별히 설교하지 않았다. 더구나 공산주의와 같은 사상 이야기도 하지 않았다. 그냥 복음만 전했다. 그런데 어떻게 그분이 자신의 죄를 깨닫게 되셨을까? 지금 생각해도 신비한 일이다.

그 후로 그분은 주일마다 교회에 출석하셨다. 예배가 끝나고 나갈 때는 제일 먼저 나오셔서 내 손을 꼭 잡고 "목사님, 오늘 큰 은혜 받았습니다" 하고 인사를 하셨다. 나중에 집사님도 되셨다. 그렇게 믿음의 생활을 잘 하시다가 1999년 10월에 천국으로 가셨다. 교회에 출석하신 지 15년 후였다. 당뇨병으로 의식을 잃고 계셨을 때에도 그분은 우리 부부를 알아보시고 반색을 하셨다. 병원에서 임종하시기 이틀 전에 다시 방문했다. 자녀들도 못 알아보시던 집사님이 내가 왔다는 말을 들으시고 "우리 목사님 오셨어?" 하시며 눈을 떠서 나를 지긋이 쳐다보셨다.

지금도 여전히 수수께끼다. 어떻게 자신이 죄인임을 아셨을까? 어떻게 구원의 확신을 가지고 천국을 사모하게 되셨을까? 어떻게 영생을 얻게 되셨을까? 하나님의 은혜 아니면 달리 대답할 길이 없다. (35년 전의 일이라서 정확성을 기하기 위해 이 글을 쓰기 전에 그 며느님에게 전화로 확인해 보았다. 그분께서 나의 모든 기억이 정확하다고 확인해 주셨다.)

가슴으로 읽는 성경 4 요한복음

예수, 하나님 아들

1판 1쇄 인쇄 _ 2019년 12월 20일
1판 1쇄 발행 _ 2019년 12월 30일

지은이 _ 김영길
펴낸이 _ 이형규
펴낸곳 _ 쿰란출판사

주소 _ 서울특별시 종로구 이화장길 6
편집부 _ 745-1007, 745-1301~2, 747-1212, 743-1300
영업부 _ 747-1004, FAX 745-8490
본사평생전화번호 _ 0502-756-1004
홈페이지 _ http://www.qumran.co.kr
E-mail _ qrbooks@gmail.com / qrbooks@daum.net
한글인터넷주소 _ 쿰란, 쿰란출판사
페이스북 _ www.facebook.com/qumranpeople
인스타그램 _ www.instagram.com/qrbooks
등록 _ 제1-670호(1988.2.27)
책임교열 _ 김영미·최찬미

 ISBN 979-11-6143-323-3 94230
979-11-6143-143-7 (세트)

책값은 뒤표지에 있습니다.